新疆大学"双一流"建设经费资助

共建"一带一路"国家经济发展质量研究报告

(2022 年)

徐 俊 王 宾 李金叶 陈 雪 等 著

中国财经出版传媒集团

经济科学出版社

Economic Science Press

·北京·

图书在版编目（CIP）数据

共建"一带一路"国家经济发展质量研究报告. 2022
年/徐俊等著. -- 北京：经济科学出版社，2024. 4
ISBN 978 - 7 - 5218 - 5746 - 7

Ⅰ. ①共… Ⅱ. ①徐… Ⅲ. ①"一带一路" - 国际合
作 - 研究报告 - 2022 Ⅳ. ①F125

中国国家版本馆 CIP 数据核字（2024）第 066491 号

责任编辑：袁　溦
责任校对：王京宁
责任印制：邱　天

共建"一带一路"国家经济发展质量研究报告（2022 年）
GONGJIAN "YIDAIYILU" GUOJIA JINGJI FAZHAN ZHILIANG
YANJIU BAOGAO（2022NIAN）
徐　俊　王　宾　李金叶　陈　雪　等著
经济科学出版社出版、发行　新华书店经销
社址：北京市海淀区阜成路甲 28 号　邮编：100142
总编部电话：010 - 88191217　发行部电话：010 - 88191522
网址：www. esp. com. cn
电子邮箱：esp@ esp. com. cn
天猫网店：经济科学出版社旗舰店
网址：http：//jjkxcbs. tmall. com
固安华明印业有限公司印装
710 × 1000　16 开　20.75 印张　257000 字
2024 年 4 月第 1 版　2024 年 4 月第 1 次印刷
ISBN 978 - 7 - 5218 - 5746 - 7　定价：96. 00 元
（图书出现印装问题，本社负责调换。电话：010 - 88191545）
（版权所有　侵权必究　打击盗版　举报热线：010 - 88191661
QQ：2242791300　营销中心电话：010 - 88191537
电子邮箱：dbts@ esp. com. cn）

PREFACE ▷
前　言

　　"一带一路"倡议提出已有 10 个年头，在贸易纷争不断和百年变局交织背景下，"一带一路"正成为包容、平等、多元化的国际公共产品，为完善全球经济秩序和促进各国共同繁荣提供"中国智慧"和"中国方案"。

　　基于此，本团队以共建"一带一路"国家经济发展质量为切入点，讨论共建"一带一路"国家经济发展质量问题。

　　本书主要内容包括六个研究性篇章和 2022 年"一带一路"区域经济发展大事记。其中：

　　第一篇包括第 1～2 章，共 2 章，主要构建共建"一带一路"国家经济发展质量的评价指标体系和测度方法，并对指标体系的权重变化特征与区域异质性进行分析。

　　第二～四篇包括第 3～10 章，共 8 章，主要从总体、区域和国别三个维度深入分析共建"一带一路"国家经济发展质量的变化规律及异质性。其中：第二篇主要关注共建"一带一路"国家经济发展质量的差距变化、动态演进、区域差异、层级结构及排名变化情况；第三篇主要关注"一带"与"一路"、四大地理区域、六大经济走廊间的经济发展质量变化特征；第四篇主要关注共建"一带一路"典型国家，包括排名靠前与靠后、变化幅度较大与较小国家的经济发展质量变化特征。

第五篇包括第 11~14 章，共 4 章，主要关注我国"一带一路"经济领域研究的现状与趋势分析、全球自由贸易协定网络解构及影响因素研究、可再生能源投资对碳排放的影响、共建"一带一路"国家经济旅游生态耦合协调研究等热点问题。

第六篇包括第 15~21 章，共 7 章，主要关注中欧班列"连点成线""织线成网"、新时代中国天然气发展优劣势分析、中国经济成为世界经济增长的重要引擎、数字经济成为上海合作组织成员国合作新亮点、绿色"一带一路"建设成效初显、中非开启全方位合作新征程、能源价格上涨的影响因素分析及启示。

本报告相较于过往年份报告，具有如下几个特点：

一是利用知识图谱分析工具从发文量、作者分布、期刊分布、机构关系、热点演变等多个角度全面系统梳理了"一带一路"经济发展的相关研究。

二是在共建"一带一路"国家经济发展质量部分，在新一轮科技革命加速到来、数字经济发展迅猛的背景下，在指标体系构建方面，考虑了数字化因素，进一步补充和完善了共建"一带一路"国家经济发展质量评价指标体系；在总体、区域、国别分析层面，在分析长期变化趋势的基础上，更加突出关注了 2020~2022 年前后经济发展质量的变化情况。

三是在专题篇中，重点关注了全球自由贸易协定、可再生能源投资、旅游经济等热点问题，全面梳理了中欧班列、绿色"一带一路"、中国与非洲区域国家合作等热点问题。

本报告由团队成员集体合作完成。阿伊吐热克·阿迪力江、陈雪、崔哲霆、丁宁、杜佳和、刘家瑶、刘圣彬、刘杨、徐俊、张伟健等团队成员参与了课题研究和报告撰写。报告大纲由李金叶带领团队成员完成，由李金叶、徐俊完成报告统稿和修改。

本书研究工作受到新疆大学经济与管理学院、新疆宏观经济高质量发展研究中心和新疆大学社科处等的大力支持，在此表示深深的谢意！在研究中参阅了大量学者的研究文献及其观点，在此一并表示感谢。由于本团队的研究积累、研究视角及学术造诣等多方约束，本报告难免存在不足及错误之处，恳请同仁一并参与讨论并不吝赐教。

新疆大学高质量发展研究团队
2024 年 3 月 20 日于乌鲁木齐

CONTENTS ▷
目　录

1

绪　　论

一、研究背景和意义

自 2013 年习近平总书记提出建设"丝绸之路经济带"和"21 世纪海上丝绸之路","一带一路"成为深受欢迎的国际公共产品和国际合作平台,是我国参与全球开放合作、参与全球经济治理、促进全球共同发展繁荣、推动构建人类命运共同体的中国方案①。

2023 年恰逢"一带一路"倡议提出的第十年,政策沟通、设施联通、贸易畅通、资金融通、民心相通五大合作重点内容均取得丰硕成果:政策沟通凝聚国际共识,截至 2023 年 12 月,中国已与 152 个经济体、30 多个国际组织签署了 200 余份共建"一带一路"的合作文件②;设施联通拉近全球距离,在"六廊六路多国多港"互联互通架构基本形成的基础上,我国继续扩大海陆空通道和枢纽的建设;贸易畅通提升便利水平,2022 年,我国与共建"一带一路"国家贸易规模创下新高,货物贸易额达 13.8 万亿元,同比增长 19.4%,高于

---

① 中国一带一路网:https://www.yidaiyilu.gov.cn/p/288384.html.
② 中国一带一路网:https://www.yidaiyilu.gov.cn/.

外贸整体增速 11.7%①；资金融通有效拓宽金融渠道，多元化金融合作为共建项目提供稳定资金支持，人民币国际化进程获得新助力；民心相通促进人文交流，我国加强与沿线在民生援助、文化交流、科技创新等方面的文明对话，推动人类命运共同体的构建。

基于此，本团队在现有研究基础和研究成果的指导下，对 2021～2022 年共建"一带一路"国家经济发展质量进行评估和分析，以期为进一步高质量推动"一带一路"建设提供借鉴和参考。

二、研究思路与内容

在高质量推动"一带一路"建设的背景下，本书从经济发展的有效性、创新性、开放性、绿色性、包容性和安全性六个维度，选取 33 个指标构建了共建"一带一路"国家经济发展质量评价指标体系，并运用熵权法测度共建"一带一路"国家经济发展质量指数。首先，分析了六个维度对共建"一带一路"国家经济发展质量水平的影响差异以及各维度在各区域的差异性；其次，从整体层面，通过基尼（Gini）系数、高斯（Gouss）核密度函数、分位数法、比较法、排序法、二维矩阵等多种方法分析了共建"一带一路"国家经济发展质量的差距变化、动态演进特征、区域差异、名次变化、层级结构变化以及经济发展质量与经济发展速度的协调性；最后，在此基础上，分析了丝绸之路经济带国家与 21 世纪海上丝绸之路国家、六大经济走廊国家、不同地理区域国家间经济发展质量的变化特征以及不同类别下各国间

---

① 中国发展网：https：//baijiahao.baidu.com/s？id = 1755152072731404384&wfr = spider&for = pc.

的国别异质性特征，明晰共建"一带一路"国家经济发展的优点与短板。

在深入分析共建"一带一路"国家经济发展质量的基础上，进一步分析中国与共建"一带一路"国家间的经济合作机制、合作领域、合作模式等，以期寻找中国与共建国家间合作的机遇与存在的短板，为深入推进"一带一路"实现高质量发展提供参考和借鉴。

第一篇　经济发展质量评价指标体系构建

　　本篇主要关注构建和介绍共建"一带一路"国家经济发展质量的评价指标体系和测度方法，并对指标体系的权重变化特征与区域异质性进行分析。

第一章 共建"一带一路"国家经济发展质量评价指标体系构建

经济发展质量是一个综合性、系统性概念，具有丰富的内涵，任何单一指标均无法对经济发展质量做出全面、准确评估，本书构建的指标体系主要反映经济发展质量的深刻内涵和本质要求，能够对共建"一带一路"国家经济发展质量进行基本判断和分析。在充分认识经济发展质量内涵的基础上，借鉴现有的相关研究成果，结合"一带一路"倡议的建设原则和联合国 2030 年可持续发展目标，本书最终选择从经济发展的有效性、创新性、开放性、绿色性、包容性、安全性六个维度出发，遵循科学性、权威性、层次性、可获得性和真实性原则，构建共建"一带一路"国家经济发展质量评价指标体系。

一、评价指标体系构建

（一）经济发展的有效性

共建"一带一路"国家经济发展的有效性，主要体现一国经济发展程度和经济结构的调整与优化。生产力发展的效率水平，是经济社会发展的物质基础。共建"一带一路"国家数量多，但经济规模普遍不大，物质积累、创造财富的能力尚有较大提升潜力。基于此，本书从经济规模和经济增速两个维度分别选取一国国内生产总值（GDP）规模（A_1）、GDP 增长率（A_2）作为经济发展有效性的衡量指标之一；共建国家工业化水平普遍不高，大多数国家处于工业化的前中期，其工业化程度直接反映了经济发展效率。因此，从经济结构维度出发，本书选取第三产业增加值与第二产业增加值的比重（A_4）衡量一国工业化程度。同时，随着各国产业结构的不断升级和优化，第三产业对经济的拉动作用日益增强，消费对经济的贡献不断增大，经济的服务化水平不断提升，同时就业人员也由一、二产业逐步流向第三产业，成为吸纳就业的主力。因此，本书选取消费率（A_3）和第三产业增加值与第二产业增加值比重（A_4）作为经济发展有效性的重要指标。

（二）经济发展的创新性

共建"一带一路"国家经济发展的创新性主要体现一国经济发展动力转换及未来增长潜力。创新能力是一国经济发展的重要动力源泉，也是其经济实现转型升级的关键推动力，更是将"一带一路"建成创新之路的本质要求。科学技术是第一生产力，只有具备创新性的经济才具有竞争力。科研的投入、高科技成果的发明和转化都是创新的源泉，也是提高创新能力的关键。目前，共建"一带一路"国家，尤其是其中的新兴市场国家，处于转型升级的关键时期，创新能力不强，技术发展水平总体不高，科技对经济社会发展的支撑能力有待提高，对经济增长的贡献率远不及发达经济体。尤其在当前第四次工业革命方兴未艾，把握数字经济发展红利，弥补与发达经济体间的数字鸿沟，挖掘创新潜力，提升经济发展质量至关重要。因此，本书选取一国研发投入占 GDP 比重（B_1）作为其创新投入的替代指标、选取一国居民专利申请数（B_2）作为其创新产出的替代指标，从创新环境维度选取创办企业所需天数（B_4）、商业自由度指数（B_5）、税收负担指数（B_6）三个指标，反映一国的创新活力，从创新成果转化维度选取信息和通信技术（ICT）产品出口占出口产品总量的比重（B_3）作为其替代指标。除此之外，随着新一轮科技革命的到来，数字要素作为一种新的生产要素在经济活动中发挥着越来越重要的作用，在数字"一带一路"建设的指引下，正成为共建国家经济快速发展的又一重要驱动因素。借鉴黄鹏等（2021）的相关研究，随着数字贸易迅速发展，加速进入以"数据要素"为主要动力的数字经济全球化时代，为数据成为一种新的要素创造了充分和必要条件，同时指出一国数据要素的稀缺取决于其网络覆盖率等，决定着一国产生数据要素的能力，进而直接影响到数据创造价值的潜力。因此，本书将数字要素作为新兴要素纳入其中，考虑到数据的可获得性和完整性，本书选取一国互联网使用覆盖率（B_7）作为其替代指标。传统的制造业正悄悄地发生一场大变革，工业 4.0 时代的到来，使自动化流水线生产制造模式逐渐向互联自动化智能化生产制造模式过渡，而工业机器人是工业 4.0 时代的重要体现，本书选取工业机器人（B_8）作为其替代指标。

（三）经济发展的开放性

共建"一带一路"国家经济发展的开放性主要体现在一国经济发展活力、国际分工参与程度和国际影响力。"一带一路"源于中国，但机会和成果属于世界，充分体现了"一带一路"是一个顺应全球化潮流，坚定维持多边合作机制的广泛国际合作平台。随着经济全球化、一体化的快速发展，各国已经融为一体，成为命运共同体。要合作就要开放，一国的对外开放程度，体现了各国开展对外合作、实现内外协调和沟通往来的能力。外商直接投资和对外贸易合作是开展国际合作的主要形式：一方面，有利于资本流动，实现合理有效配置，提升经济效率；另一方面，有利于各国充分发挥自然禀赋、人力资本等比较优势，维持全球贸易体系健康有序运转。基于此，本书选取外商直接投资占 GDP 比重（C_1）和对外贸易额占 GDP 比重（C_2）作为开放成果的重要替代指标，选取一国投资自由度（C_5）和贸易自由度（C_6）作为其开放环境的重要衡量指标。随着各国居民收入的持续改善，国际交通网络的通达性不断提高，互联互通便利性不断提高，留学生、跨境旅游等多种形式的国际人员往来日益密切，有利于促进民心相通水平不断提升。本书选取国际旅游依存度（C_3）作为开放性的重要指标之一。在各国资本、货物、服务、人员等的交流和往来中，货币是实现对外交流不可或缺的重要因素之一，因此，选取一国货币自由度（C_4）作为其开放性的又一重要指标。

（四）经济发展的绿色性

共建"一带一路"国家经济发展的绿色性主要体现在一国经济发展的可持续性和人与自然和谐程度。"一带一路"不仅是繁荣之路，更是绿色之路。始终秉持绿色发展理念，注重与联合国 2030 可持续发展议程对接，为落实 2030 可持续目标提供了新动力，也为共建国家和地区的绿色发展带来了新机遇，促进绿色成为共建"一带一路"国家经济发展的普遍形态。绿色发展是国家通过巩固自然资源基础，促进经济发展与生态环境良性循环的能力，也是经济发展质量持续提升的根本保障。共建"一带一路"国家覆盖范围广，各国间资源禀赋差异大，经济发展对能源的依赖程度不一，本书选取一国人均一次能源消费量（D_1）作为其能源消费的代替指标。为了促进绿色可持续发展，一方面，减少污染物、有害气体的排放等是实现绿色发展的重要举措，因此选取人均二氧化碳排放量（D_3）作为其替代指标；另一方面，在减排的同时，要更加注重节能，不能重蹈发达经济体"先发展后治理"的老路，而是要选择走绿色可持续发展之路，提高资源和环境的生产率、减少一次能源的使用、通过技术革新降低能耗，提升资源利用效率。因此，本书选取矿石和金属出口占比（D_2）作为一国经济发展绿色性的重要指标。

（五）经济发展的包容性

共建"一带一路"国家经济发展的包容性主要体现在一国经济发展成果的普惠性和各国人民获得发展机会的均等性。2007 年 8 月亚洲开发银行首次提出"包容性增长"的概念，主要是指社会和经济协调发展、可持续发展，倡导机会平等，使人民能够公平合理地分享经济增长带来的繁荣。一国提高国民生存和发展能力的水平，主要表现为经济发展成果分配的协调性和共享性。一国的经济的最终发展目的就是提高国民收入，提高居民生活质量，因此选取一国人均 GDP（E_1）作为包容性的衡量指标之一。获得平等就业机会是实现社会公平的重要方面，因此本书选取一国服务业就业人员占就业人数的比重（E_2）作为就业维度的替代指标。为居民提供良好的居住环境和配套服务，提升城市化水平是关键因素之一，因此将城镇化水平（E_3）列为经济发展分享性的重要指标之一。除收入、社会保障、城市化程度外，让每个公民享受良好的教育，既有利于提高整个国家公民的素质，也有利于提高人力资本水平，更好服务于本国经济高质量发展，因此选取高等教育入学率（E_4）作为分享性的重要替代指标之一。福利经济学认为，所有的发展成果都是为人的全面发展服务的，最终都是提升人的素质和生活质量，因此选取人类发展指数（E_5）作为包容性的又一重要指标，体现人的全面发展。社会保障水平是实现社会公平和提高社会福利的重要指标，实现幼有所养、老有所依，抚养比越大，说明社会抚养负担越大，因此选取抚养比（E_6）作为社会保障水平的重要替代指标之一。

（六）经济发展的安全性

共建"一带一路"国家经济发展的安全性主要体现在一国经济发展的抗风险能力以及经济韧性。传统安全和非传统安全始终是影响一国经济发展的重要因素，近年来，中美贸易摩擦尘埃未定、地缘政治风险逐步加大，全球经济格局东升西降，给本国经济发展乃至地区经济发展带来灾难性影响，因此选取政治稳定性和非暴力指数[1]（F_1）作为政治安全性的重要衡量指标之一。一国政府的财政健康是一国政治安全和经济安全的重要保障，因此选取财政健康指数（F_2）作为一国财政安全的重要替代指标。金融是经济发展的晴雨表，一国货币是各国开展合作的重要往来媒介，一定的国际储备是保持币值稳定、应对冲击的重要保障，因此选取汇率波动（F_4）、国际储备（F_5）作为一国金融安全的重要替代指标。新冠疫情给全球经济带来巨大冲击，对全球生产链、价值链造成了不同程度的影响，部分进出口商品出现短缺，价格产生不同幅度波动。因此确保与人类生存密切相关的农产品贸易等必需品的供给，提高价值链、生产链的韧性显得尤为重要。本书选取一国人均耕地（F_6）、通胀率（F_3）作为粮食安全的重要衡

---

[1] 资料来源于全球治理指数，网站：http：//info. worldbank. org/governance/wgi/.

量指标之一。

共建"一带一路"国家经济发展质量评价指标体系如表 1 - 1
所示。

表 1 - 1   共建"一带一路"国家经济发展质量评价指标体系

维度	符号	指标	指标属性
有效性	A_1	GDP 规模（亿美元）	正向指标
	A_2	GDP 增长率（%）	正向指标
	A_3	消费率（%）	正向指标
	A_4	第三产业增加值/第二产业增加值	正向指标
创新性	B_1	研发投入占 GDP 比重（%）	正向指标
	B_2	专利申请数（个）	正向指标
	B_3	信息和通信技术（ICT）产品出口占比（%）	正向指标
	B_4	创办企业所需天数（天）	逆向指标
	B_5	商业自由度	正向指标
	B_6	税收负担指数	正向指标
	B_7	互联网普及率（%）	正向指标
	B_8	工业机器人	正向指标
开放性	C_1	外资/GDP（%）	正向指标
	C_2	外贸/GDP（%）	正向指标
	C_3	国际旅游依存度（%）	正向指标
	C_4	货币自由度	正向指标
	C_5	投资自由度	正向指标
	C_6	贸易自由度	正向指标
绿色性	D_1	人均一次能源使用量（标准吨煤）	逆向指标
	D_2	矿石和金属出口占商品出口比重（%）	逆向指标
	D_3	人均二氧化碳排放量（吨/人）	逆向指标

续表

维度	符号	指标	指标属性
包容性	E_1	人均 GDP（亿元）	正向指标
	E_2	服务业吸纳就业人数占比（%）	正向指标
	E_3	城镇化率（%）	正向指标
	E_4	高等教育入学率（%）	正向指标
	E_5	人类发展指数 HDI	正向指标
	E_6	抚养比	逆向指标
安全性	F_1	政治稳定与非暴力指数	正向指标
	F_2	财政健康指数	正向指标
	F_3	通胀率（%）	负向指标
	F_4	汇率波动	负向指标
	F_5	国际储备	正向指标
	F_6	人均耕地（亩）	正向指标

二、数据来源及说明

本书构建的共建"一带一路"国家经济发展质量评价指标体系由六个维度的 33 个指标构成，所需原始数据主要来源于世界银行数据库（World Bank Open Data）①、联合国贸易与发展会议数据库（United Nations Conference on Trade and Development Statistics，UNCTADstat）②、"一带一路"数据库③、世界知识产权保护数据库（World Intellectual Property Organization，WIPO）④、中经网、美国传统基金会（Heritage

---

① 世界银行数据库官方网站：https：//data. worldbank. org/.
② 联合国商品贸易数据库官网网站：https：//comtrade. un. org/.
③ 一带一路数据库官方网站：https：//www. ydylcn. com/skwx _ ydyl/sublibrary? SiteID = 1&ID = 8721.
④ 世界知识产权保护数据库官方网站：https：//www. wipo. int/reference/en/.

Foundation)①、全球治理指标数据库（Worldwide Governance Indicators，WGI）各国统计年鉴及相关统计局网站等。部分国家个别年份存在缺失值，运用插值法将其补齐，为了数据的平稳性，对部分指标进行了标准化处理。考虑到数据的完整性、研究结论的可靠性，最终将研究期间设定为 2013～2022 年，共获得 20130 个样本观测值。各变量的描述性统计如表 1－2 所示。

表 1－2　　　　　　　　各变量的描述性统计特征

维度	符号	观测值	均值	标准差	最小值	最大值
有效性	A_1	620	5810.60	17985.88	66.78	207800
	A_2	620	3.86	5.92	－25.46	37.65
	A_3	620	74.94	8.91	38.92	95.74
	A_4	620	28.65	10.25	9.97	73.10
创新性	B_1	620	1.04	1.04	0.06	6.03
	B_2	620	5750.57	19091.68	1.00	157093.00
	B_3	620	6.10	9.96	－0.05	49.02
	B_4	620	16.32	15.20	－28.6	86.60
	B_5	620	71.02	12.06	37.30	117.30
	B_6	620	54.60	18.09	10.00	90.00
	B_7	620	67.22	23.96	－8.03	112.33
	B_8	620	76591.37	1930290	0	2729842
开放性	C_1	620	4.65	18.36	－159.39	222.76
	C_2	620	0.75	11.45	－50.23	44.12
	C_3	620	6.10	4.20	0.02	26.55
	C_4	620	75.79	8.81	30.10	93.20
	C_5	620	59.45	22.20	0	95.00
	C_6	620	78.68	9.27	26.40	95.20

---

① 美国传统基金会官方网站：www. heritage. org.

维度	符号	观测值	均值	标准差	最小值	最大值
绿色性	D_1	620	130.61	129.69	7.08	830.95
	D_2	620	7.65	12.63	0.06	67.07
	D_3	620	6.91	7.26	0.21	46.78
包容性	E_1	620	19667.25	22037.89	801.39	149809.80
	E_2	620	60.95	13.78	25.19	92.47
	E_3	620	66.92	19.88	18.20	100.00
	E_4	620	59.22	28.27	3.09	155.57
	E_5	620	0.80	0.11	0.38	1.04
	E_6	620	50.62	11.11	16.31	90.02
安全性	F_1	620	48.67	31.83	− 64.15	149.53
	F_2	620	76.70	23.33	− 25.60	173.30
	F_3	620	5.41	9.63	− 39.54	73.63
	F_4	620	1414.90	5531.67	0.28	42000
	F_5	620	1342.40	4133.42	3.14	39000
	F_6	620	0.27	0.31	0.01	1.73

资料来源：本表由课题组计算整理所得。

三、样本选取与说明

截至2023年12月，根据中国一带一路网①显示，已同中国签订共建"一带一路"合作文件的国家达到152个。考虑到数据的可得性、真实性以及研究结论的科学性，本书最终选取共建"一带一路"的61个国家作为研究样本。具体名单如下（排名不分先后）：阿根廷、埃及、阿曼、阿塞拜疆、爱沙尼亚、奥地利、巴基斯坦、巴西、

---

① 中国一带一路网官方网站：https：//www.yidaiyilu.gov.cn/.

白俄罗斯、保加利亚、比利时、波兰、丹麦、俄罗斯、厄瓜多尔、菲律宾、芬兰、哥伦比亚、哈萨克斯坦、韩国、吉尔吉斯斯坦、捷克、卡塔尔、科威特、克罗地亚、拉脱维亚、立陶宛、卢森堡、罗马尼亚、马耳他、马来西亚、蒙古国、孟加拉国、秘鲁、摩尔多瓦、南非、尼日利亚、葡萄牙、塞浦路斯、沙特阿拉伯、斯里兰卡、斯洛伐克、斯洛文尼亚、塔吉克斯坦、泰国、坦桑尼亚、突尼斯、乌克兰、乌兹别克斯坦、希腊、新加坡、新西兰、匈牙利、伊朗、以色列、意大利、印度、印度尼西亚、越南、智利、中国。

第二章 共建"一带一路"国家经济发展质量水平测度与分析

一、指标体系权重计算

常用的计算指标权重的方法有主观赋权法和客观赋权法。主观赋权法是一种根据评价者主观上对各项指标重视程度的判定来赋予各指标权重的做法。国内学者针对经济发展质量的评价方法主要有主成分分析法、因子分析法、熵值法、相对指数法和标准离差法等等。参考魏敏等[1]，本书选取均值化处理后的参照数据来计算各项指标权重，再通过加总计算各维度层的权重。最终，本书选用熵权法（Entropy Method）进行赋权，熵权法是一种计算离散信息权重的方法，此方法根据指标变异性大小确定权重，赋权法更加客观。具体的计算步骤如下：

参照国家各年数据处理后用矩阵 $Q = (q_{ij})_{n \times m}$ 表示，式中 $i = 1$，2，3，…，61，分别代表61个样本国家，$j = 1$，2，3，…，33，分别代

---

[1] 魏敏，李书昊. 新时代中国经济高质量发展水平的测度研究［J］. 数量经济技术经济研究，2018，35（11）：3 – 20.

表选取的 61 个样本国家和 33 个指标。

求出各项指标的信息熵：

$$E_j = -\frac{1}{\ln n} \sum_{i=1}^{n} (q_{ij} \times \ln q_{ij}) \qquad (2-1)$$

得到各项指标权重：

$$w_j = \frac{1 - E_j}{m - \sum_{j=1}^{m} E_j} \qquad (2-2)$$

在得到各项指标的权重后，即可计算出各维度层的权重，进而用于对共建"一带一路"国家经济发展质量进行评价。

对经样本国家均值化后的数据进行加权求和，即可得到各个国家每年各项指标得分，具体计算公式为：

$$Q_{it} = \sum_{j=1}^{m} (w_{ijt} \times q_{ijt}) \qquad (2-3)$$

其中，$Q_{it}(i = 1, 2, 3, 4, 5, 6)$ 分别为第 t 年的有效性、创新性、绿色性、开放性、包容性、安全性的各维度得分。通过加总六个维度的得分，即可得到共建"一带一路"国家的经济发展质量水平。

二、经济发展质量测算结果

根据前文构建的评价指标体系，测算得到 2013 ~ 2022 年 61 个共建"一带一路"国家的经济发展质量水平。具体如表 2 - 1 和表 2 - 2 所示，分别呈现了 2021 年和 2022 年 61 个共建"一带一路"国家经济发展质量评价得分情况，考虑到篇幅有限，其他年份测算结果未能全部列出，但在后续章节具体分析中会使用到各年各共建国家经济发展质量得分，具体见后文。

表 2 - 1　　　2021 年共建"一带一路"国家经济发展质量得分

排名	国家	得分	排名	国家	得分	排名	国家	得分
1	中国	0.5894	22	俄罗斯	0.1951	43	坦桑尼亚	0.1506
2	韩国	0.3827	23	泰国	0.1925	44	白俄罗斯	0.1502
3	新加坡	0.3038	24	哈萨克斯坦	0.1905	45	科威特	0.1457
4	以色列	0.2976	25	印度	0.1879	46	印度尼西亚	0.1452
5	丹麦	0.2527	26	波兰	0.1874	47	阿曼	0.1451
6	菲律宾	0.2512	27	阿根廷	0.1848	48	南非	0.1377
7	卢森堡	0.2426	28	卡塔尔	0.1741	49	斯里兰卡	0.1357
8	马来西亚	0.2410	29	塞浦路斯	0.1736	50	阿塞拜疆	0.1341
9	芬兰	0.2348	30	保加利亚	0.1729	51	埃及	0.1339
10	拉脱维亚	0.2299	31	克罗地亚	0.1720	52	突尼斯	0.1238
11	比利时	0.2294	32	乌克兰	0.1658	53	厄瓜多尔	0.1209
12	新西兰	0.2287	33	斯洛伐克	0.1643	54	乌兹别克斯坦	0.1200
13	爱沙尼亚	0.2267	34	斯洛文尼亚	0.1633	55	吉尔吉斯斯坦	0.1188
14	越南	0.2258	35	希腊	0.1627	56	秘鲁	0.1180
15	捷克	0.2256	36	沙特阿拉伯	0.1617	57	尼日利亚	0.1126
16	奥地利	0.2185	37	蒙古国	0.1595	58	塔吉克斯坦	0.1113
17	匈牙利	0.2095	38	葡萄牙	0.1576	59	伊朗	0.1086
18	马耳他	0.2077	39	摩尔多瓦	0.1572	60	孟加拉国	0.1060
19	立陶宛	0.2057	40	罗马尼亚	0.1563	61	巴基斯坦	0.1040
20	意大利	0.1991	41	智利	0.1540	均值		0.1831
21	巴西	0.1978	42	哥伦比亚	0.1507			

资料来源：本表由课题组根据测算结果整理所得。

表 2 – 2　　　　　2022 年共建"一带一路"国家经济发展质量得分

排名	国家	得分	排名	国家	得分	排名	国家	得分
1	中国	0.6109	22	巴西	0.1963	43	智利	0.1512
2	韩国	0.3964	23	泰国	0.1952	44	哥伦比亚	0.1495
3	新加坡	0.3167	24	俄罗斯	0.1947	45	白俄罗斯	0.1489
4	以色列	0.3144	25	哈萨克斯坦	0.1920	46	阿曼	0.1480
5	丹麦	0.2611	26	印度	0.1900	47	印度尼西亚	0.1430
6	卢森堡	0.2501	27	阿根廷	0.1843	48	埃及	0.1379
7	菲律宾	0.2497	28	卡塔尔	0.1832	49	南非	0.1352
8	马来西亚	0.2440	29	克罗地亚	0.1820	50	斯里兰卡	0.1335
9	芬兰	0.2413	30	塞浦路斯	0.1805	51	阿塞拜疆	0.1331
10	拉脱维亚	0.2397	31	保加利亚	0.1798	52	突尼斯	0.1266
11	比利时	0.2386	32	斯洛文尼亚	0.1703	53	厄瓜多尔	0.1224
12	爱沙尼亚	0.2383	33	乌克兰	0.1690	54	吉尔吉斯斯坦	0.1212
13	捷克	0.2364	34	沙特阿拉伯	0.1690	55	秘鲁	0.1191
14	越南	0.2357	35	希腊	0.1680	56	尼日利亚	0.1187
15	新西兰	0.2355	36	斯洛伐克	0.1670	57	乌兹别克斯坦	0.1171
16	奥地利	0.2243	37	葡萄牙	0.1667	58	塔吉克斯坦	0.1129
17	匈牙利	0.2123	38	科威特	0.1645	59	伊朗	0.1082
18	立陶宛	0.2108	39	罗马尼亚	0.1624	60	孟加拉国	0.1063
19	马耳他	0.2107	40	蒙古国	0.1599	61	巴基斯坦	0.1030
20	意大利	0.2035	41	坦桑尼亚	0.1571	均值		0.1838
21	波兰	0.1968	42	摩尔多瓦	0.1561			

资料来源：本表由课题组根据测算结果整理所得。

三、经济发展质量评价指标体系动态变化特征分析

考虑到每年共建"一带一路"国家的经济基础条件发生了不同程

度的变化，使得构建的指标评价体系各维度的权重也处于动态变化过程，本书对比分析 2013 年、2021 年和 2022 年六个维度权重变化情况，分别绘制 2013 年、2021 年和 2022 年六维度占比，如图 2 - 1、图 2 - 2 和图 2 - 3 所示，具体分析如下。

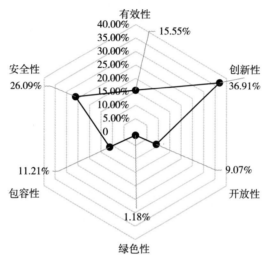

图 2 - 1　2013 年各维度占比情况

2013 年，总体来看，在评价指标体系六个维度中，创新性、安全性、有效性维度权重较高，而包容性、开放性、绿色性维度权重相对较低。具体地，创新性维度权重达到 36.91%，安全性维度权重达到 26.09%，有效性维度权重达到 15.55%，包容性维度权重达到 11.21%，开放性维度权重达到 9.07%，绿色性维度权重达到 1.18%。可以看出，创新性维度权重最高，安全性维度权重位列第二，均高于 20%，有效性、包容性维度权重位列中下游位置，而开放性、绿色性维度权重相对较低，均低于 10%。

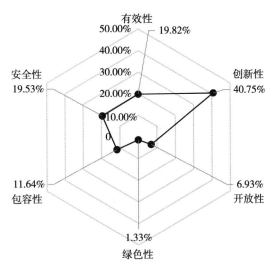

图 2 - 2 2021 年各维度占比情况

相较于 2013 年，2021 年各维度权重变化较明显。在评价指标体系六个维度中，总体来看，创新性维度权重相对较高，其他维度权重相对较低。具体地，创新性维度权重达到 40.75%，有效性维度权重达到 19.82%，安全性维度权重达到 19.53%，包容性维度权重达到 11.64%，开放性维度权重达到 6.93%，绿色性维度权重达到 1.33%。可以看出，创新性维度权重最高，超过 40%，有效性、安全性、包容性维度权重位于中游位置，位于 10%~20%，而开放性、绿色性维度权重相对较低，均低于 10%。

相较于 2021 年，2022 年各维度权重变化较小。总体来看，创新性、有效性、包容性维度的权重相对较高，而安全性、开放性和绿色性维度权重相对较低。具体地，创新性维度权重达到 47.31%，提高了 6.56%，表明创新在经济发展中的重要性日益突出。有效性维度权重达到 21.75%，提高了 1.93%，有效性维度权重排第二。绿色性维度权重达到 1.61%，提高了 0.28%，表明绿色转型在经济发展中日益

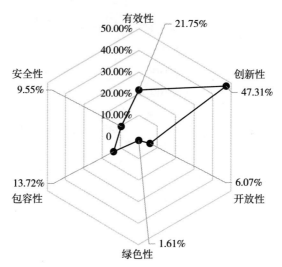

图 2 - 3　2022 年各维度占比情况

重要。除此之外，包容性维度权重达到 13.72%，安全性维度权重达到 9.55%，开放性维度权重达到 6.07%，与 2021 年相比，存在一定的下降趋势。

第二篇　总　体　篇

本篇主要关注共建"一带一路"国家经济发展质量的差距变化、动态演进、区域差异、层级结构及排名变化情况。

第三章　共建"一带一路"国家经济发展质量总体特征分析

一、共建"一带一路"国家经济发展质量差距分析

1912 年,意大利统计与社会学家科拉多·基尼(Corrado Gini)提出了基尼系数,主要用于衡量收入分配平等程度,后来学者们不断沿用此指标拓展分析差距变化情况。本书参照诸多学者的做法,运用基尼系数计算共建"一带一路"国家在 2013～2022 年经济发展质量的变化情况(变化趋势如图 3-1 所示)。若基尼系数变大,表明共建国家经济发展质量差距变大,反之则表明差距变小。研究期间,基尼系数先是在 0.174(2013 年)附近波动,后从 0.177(2018 年)上升至 0.193(2022 年),十年间上升了 10.92%,整体呈现先稳定后上升的趋势,表明共建"一带一路"国家间的经济发展质量差距先保持不变后快速扩大。

从变化过程看,大致可分为 2013～2017 年、2018～2022 年两个阶段:第一个阶段平均值为 0.173,标准差为 0.0013,年均下降 0.13%,呈现稳定微降发展趋势,表明共建"一带一路"国家间发展质量差距在稳步缩小,展现出较好发展协调性;第二个阶段平均值为

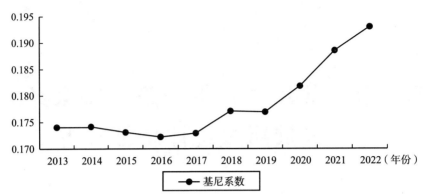

图 3 - 1　2013～2022 年共建"一带一路"国家经济发展质量差距变化

资料来源：由课题组整理计算所得。

0.183，标准差为 0.0112，年均上升 1.80%，呈现迅速上升发展趋势，表明共建"一带一路"国家间发展质量差距在快速扩大，发展质量展现出分异性特征。

二、共建"一带一路"国家经济发展质量动态演进特征

为了进一步分析共建"一带一路"国家经济发展质量的动态变化特征，采用高斯（Goussian）核密度估计函数对 2013 年、2016 年、2019 年、2022 年共建国家经济发展质量进行估计，如图 3 - 2 所示。通过对变量的概率密度进行估计，进而利用平滑连续密度曲线表征其动态演进特征[①]，进而从核密度曲线的峰值、分布位置和拓展性方面进行分析。某一变量 x 的密度函数 $g(x)$ 在点 x 的概率密度可具体表达如下：

$$g(x) = \frac{1}{nh} \sum_{i=1}^{n} f\left(\frac{x_i - \bar{x}}{h}\right) \qquad (3-1)$$

---

① 陈景华，王素素，陈敏敏. 中国服务业 FDI 分布的区域差异与动态演进：2005～2016 年［J］. 数量经济技术经济研究，2019，36（5）：118－132.

其中，n 是样本国家数目，x 表征共建"一带一路"国家经济发展质量水平，$\bar{x}$ 为经济发展质量水平均值，h 为带宽，主要表征密度函数曲线的平滑程度。进一步选择高斯函数分析共建"一带一路"国家经济发展质量的动态演进规律，具体可表达如下：

$$f(x) = \frac{1}{2\pi}exp\left(-\frac{x^2}{2}\right) \qquad (3-2)$$

在上述基础上，核密度函数通常还需满足如下条件：

$$\begin{cases} \lim\limits_{x\to\infty}f(x)\cdot x = 0 \\ f(x) \geqslant 0\,;\ \int_{-\infty}^{+\infty}f(x)dx = 1 \\ supf(x) < +\infty\,;\ \int_{-\infty}^{+\infty}f^2(x)dx < +\infty \end{cases} \qquad (3-3)$$

通过高斯核密度估计函数绘制核密度曲线如图 3 - 2 所示，2013 ~ 2022 年，从分布位置看，核密度曲线整体右移，表明共建"一带一路"

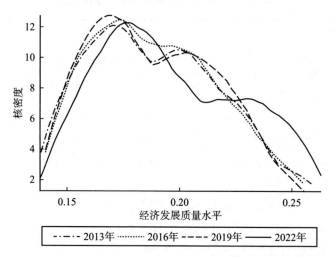

图 3 - 2　共建"一带一路"国家经济发展质量水平动态演变趋势

注：横坐标表示共建"一带一路"国家经济发展质量水平，纵坐标表示运用高斯核密度函数估计得到的经济发展质量的核密度值。

国家经济发展质量水平不断提高；从分布形态看，右尾拉长，分布延展性在一定程度存在拓宽趋势，表明共建国家经济发展质量水平的差距在扩大；从波峰看，由"双峰"形状向"单峰"形状过渡，峰值有所下降，表明两极分化现象在减弱，且绝对差异有所减小。

三、共建"一带一路"区域经济发展质量区域差异分析

共建"一带一路"国家数量众多、覆盖范围广，且发展水平差异明显。依据地理区位分布特征，根据世界银行的划分标准，本书依次将样本国家分为欧洲国家、亚洲国家、非洲国家、南美洲国家和大洋洲国家五个区域，依次计算五个区域的年度平均值，得到 2013～2022年各个区域经济发展质量（分类如表 3-1 所示）。

表 3-1　　　　　　共建"一带一路"国家地理区位分布情况

区域	国家名单
欧洲	卢森堡、丹麦、比利时、希腊、芬兰、匈牙利、捷克、拉脱维亚、爱沙尼亚、塞浦路斯、保加利亚、斯洛文尼亚、意大利、奥地利、立陶宛、葡萄牙、斯洛伐克、乌克兰、俄罗斯、波兰、罗马尼亚、白俄罗斯、克罗地亚、马耳他、摩尔多瓦（25个）
亚洲	新加坡、以色列、韩国、马来西亚、中国、沙特阿拉伯、伊朗、卡塔尔、蒙古国、泰国、菲律宾、阿曼、印度尼西亚、吉尔吉斯斯坦、越南、阿塞拜疆、哈萨克斯坦、印度、巴基斯坦、斯里兰卡、孟加拉国、科威特、乌兹别克斯坦、塔吉克斯坦（24个）
南美洲	智利、哥伦比亚、阿根廷、巴西、厄瓜多尔、秘鲁（6个）
非洲	南非、突尼斯、埃及、坦桑尼亚、尼日利亚（5个）
大洋洲	新西兰（1个）

资料来源：依据世界银行划分标准整理所得。

　　五大区域经济发展质量水平均有显著程度提升，如图3-3所示，但是受新冠疫情和国际局势的影响，2020年经济发展受到较大冲击，经济发展水平出现下降。2020年之后，除南美洲之外，欧洲、亚洲、非洲和大洋洲的发展质量水平均有所提高。整体来看，大洋洲在观测期内经济发展质量最高；亚洲的经济发展质量水平在2019年之后赶超欧洲，位列第二；南美洲位列第四；非洲的经济发展质量水平最低。值得关注的是，2021～2022年，各区域经济发展质量总体呈现出回升趋势。

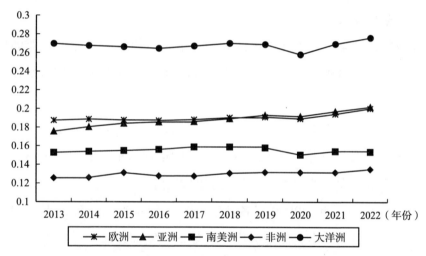

图3-3　2013～2022年共建"一带一路"各区域经济发展质量水平变化情况

资料来源：由课题组整理计算所得。

　　具体来看，大洋洲地区经济发展质量位于五大区域之首。由表3-1可知，大洋洲包含的共建"一带一路"国家仅有新西兰，该国是发达国家，资源丰富，制度健全，工业发达，故其经济发展质量较高。就欧洲和亚洲地区来说，以2019年为节点，两地区的经济发展质量有所变化。2019年之前，欧洲地区的经济发展质量高于亚洲地区，2019

年之后，亚洲地区的经济发展质量高于欧洲地区，2019 年亚洲的经济发展质量为 0.1931，比欧洲地区高 0.0021。2022 年亚洲的发展质量上升为 0.2019，比欧洲地区高 0.0016。就南美洲地区来说，其经济发展质量在 2019 年之前呈现上升趋势，2019 年之后逐渐下降到 2013 年的初始水平。受新冠疫情影响，南美洲 2020 年的经济发展质量仅为 0.1505，是十年来的最低水平。非洲地区经济发展质量水平相对较低，位列五大区域末尾，由 2013 年的 0.1255 上升至 2019 年的 0.1317，2020 年略下降至 0.1316，2022 年上升至 0.1351。

从变化幅度看，2013 ~ 2022 年，亚洲地区增幅最大，欧洲次之、非洲地区位列第三，大洋洲地区和南美洲地区增速相对缓慢。亚洲地区经济发展质量水平提高了 0.0263，欧洲地区经济发展质量水平提高了 0.0129，非洲地区经济发展质量水平提高了 0.0095，大洋洲地区经济发展质量水平提高了 0.0065，南美洲地区经济发展质量水平提高了 0.0009。各地区增幅差距较大，亚洲的增幅水平是欧洲的 2 倍、非洲的 2.7 倍、大洋洲的 4 倍、南美洲的 29 倍。

相较于 2019 年，2020 年各地区均有不同幅度的下降，大洋洲地区下降幅度最大，南美洲地区次之，亚洲、欧洲、非洲地区下降幅度相对较小。具体地，大洋洲地区经济发展质量水平下降了 0.0107，南美洲地区经济发展质量水平下降了 0.0075，欧洲地区经济发展质量水平下降了 0.0016，亚洲地区经济发展质量水平下降了 0.0013，非洲地区经济发展质量水平下降了 0.00009。

四、共建"一带一路"国家经济发展质量排名变化分析

随着各国国内国际环境的变化，相较于 2021 年，2022 年共建

"一带一路"国家的经济发展质量水平出现了不同程度的波动，如表 3 - 2 所示。排名上升的国家有 17 个，名次下降的国家有 21 个，23 个国家排名未发生变化。就国别来看，科威特上升位数最多达到 7 位，科威特经济发展质量水平由 2021 年的 0.1456 上升至 2022 年的 0.1644，位次由第 46 位上升至第 39 位。下降位数最多的有新西兰、斯洛伐克、蒙古国、摩尔多瓦和乌兹别克斯坦，都下降了 3 位。从位次变化幅度来看，变化幅度超过 5 位的国家只有科威特，其他国家的变化幅度均在 5 位以内。

表 3 - 2　　　　　　　　各国经济发展质量名次变化情况

国家	2021 年	2022 年	变化位次	国家	2021 年	2022 年	变化位次
中国	1	1	0	保加利亚	31	32	- 1
韩国	2	2	0	斯洛文尼亚	35	33	+ 2
新加坡	4	4	0	乌克兰	33	34	- 1
以色列	5	5	0	沙特阿拉伯	37	35	+ 2
丹麦	6	6	0	希腊	36	36	0
卢森堡	8	7	+ 1	斯洛伐克	34	37	- 3
菲律宾	7	8	- 1	葡萄牙	39	38	+ 1
马来西亚	9	9	0	科威特	46	39	+ 7
芬兰	10	10	0	罗马尼亚	41	40	+ 1
拉脱维亚	11	11	0	蒙古国	38	41	- 3
比利时	12	12	0	坦桑尼亚	44	42	+ 2
爱沙尼亚	14	13	+ 1	摩尔多瓦	40	43	- 3
捷克	16	14	+ 2	智利	42	44	- 2
越南	15	15	0	哥伦比亚	43	45	- 2
新西兰	13	16	- 3	白俄罗斯	45	46	- 1
奥地利	17	17	0	阿曼	48	47	+ 1

国家	2021 年	2022 年	变化位次	国家	2021 年	2022 年	变化位次
匈牙利	18	18	0	印度尼西亚	47	48	−1
立陶宛	20	19	+1	埃及	52	49	+3
马耳他	19	20	−1	南非	49	50	−1
意大利	21	21	0	斯里兰卡	50	51	−1
波兰	27	22	+5	阿塞拜疆	51	52	−1
巴西	22	23	−1	突尼斯	53	53	0
泰国	24	24	0	厄瓜多尔	54	54	0
俄罗斯	23	25	−2	吉尔吉斯斯坦	56	55	+1
哈萨克斯坦	25	26	−1	秘鲁	57	56	+1
印度	26	27	−1	尼日利亚	58	57	+1
阿根廷	28	28	0	乌兹别克斯坦	55	58	−3
卡塔尔	29	29	0	塔吉克斯坦	59	59	0
克罗地亚	32	30	+2	伊朗	60	60	0
塞浦路斯	30	31	−1	孟加拉国	61	61	0
—	—	—	—	巴基斯坦	62	62	0

资料来源：由课题组整理计算所得。

五、共建"一带一路"国家经济发展质量梯度特征分析

考虑到共建"一带一路"国家数目多，国间经济发展质量水平呈现出明显的异质性特征，进一步运用三分位法将共建"一带一路"国家依次分为第一梯队、第二梯队和第三梯队，进一步分析共建"一带一路"各国经济发展质量的跨越层级性。

（一）"第一梯队"国家经济发展质量分析

依据三分位法的划分方法，将共建"一带一路"国家经济发展

质量水平位列第 1～19 名的划分为"第一梯队",国家名单及排名如表 3-3 所示。相较于 2021 年,2022 年"第一梯队"国家中有 4 个国家排名上升,12 个国家的排名次序未变,还有 3 个国家的排名出现下滑。从区域分布看,"第一梯队"中,欧洲国家占绝对主导地位。其中,欧洲国家 11 个,占"第一梯队"国家总数比重达到 57.89%,亚洲国家 7 个,占比达到 36.84%,大洋洲国家 1 个,占比达到 5.26%。2022 年,欧洲地区进入的国家有丹麦、卢森堡、芬兰、拉脱维亚、比利时、爱沙尼亚、捷克、奥地利、匈牙利、立陶宛和马耳他,共 11 个,占欧洲国家总数的 44%,欧洲地区接近半数国家进入"第一梯队",整体经济质量领先于其他国家。亚洲地区进入的国家有中国、韩国、新加坡、以色列、菲律宾、马来西亚和越南共 7 个,占亚洲国家总数的 29%,亚洲地区约占"第一梯队"的三成以上。大洋洲地区,只有新西兰进入"第一梯队"。尚未有非洲国家进入"第一梯队",表明非洲国家的经济发展质量竞争力相对较弱。

表 3-3 第一梯队国家排名变化情况对比

序号	2021 年		2022 年		上升/下降
	国家	排名	国家	排名	
1	中国	1	中国	1	—
2	韩国	2	韩国	2	—
3	新加坡	3	新加坡	3	—
4	以色列	4	以色列	4	—
5	丹麦	5	丹麦	5	—
6	菲律宾	6	卢森堡	6	↑
7	卢森堡	7	菲律宾	7	↓
8	马来西亚	8	马来西亚	8	—

续表

序号	2021 年		2022 年		上升/下降
	国家	排名	国家	排名	
9	芬兰	9	芬兰	9	—
10	拉脱维亚	10	拉脱维亚	10	—
11	比利时	11	比利时	11	—
12	新西兰	12	爱沙尼亚	12	↑
13	爱沙尼亚	13	捷克	13	↑
14	越南	14	越南	14	—
15	捷克	15	新西兰	15	↓
16	奥地利	16	奥地利	16	—
17	匈牙利	17	匈牙利	17	—
18	马耳他	18	立陶宛	18	↑
19	立陶宛	19	马耳他	19	↓

（二）"第二梯队"国家经济发展质量分析

"第二梯队"是位列第 20～39 名的国家（排名如表 3－4 所示）。相较于 2021 年，2022 年"第二梯队"国家中有 7 个国家排名上升，5 个国家的排名次序未变，8 个国家的排名出现下滑。从区域来看，"第二梯队"中，欧洲国家居多，亚洲次之。其中，欧洲国家 12 个，占"第二梯队"国家数比重达到 60%，亚洲国家 6 个，占比达到 30%，南美洲国家 2 个，占比达到 10%。从国别来看，2022 年，欧洲地区进入的国家有意大利、波兰、俄罗斯、克罗地亚、塞浦路斯、保加利亚、斯洛文尼亚、乌克兰、希腊、斯洛伐克、葡萄牙和罗马尼亚，共 12 个，占欧洲国家总数的 48%，欧洲地区接近一半国家进入"第二梯队"，整体经济质量领先于其他国家。亚洲地区进入的国家有泰国、哈萨克斯坦、印度、卡塔尔、科威特5个，占亚洲国家总数的20.8%。南美洲地区只有阿根廷和巴西进入"第二梯队"。尚未有非洲国家进入"第二梯队"。

表 3 - 4　　　　　　　第二梯队国家排名变化情况对比

序号	2021 年		2022 年		上升/下降
	国家	排名	国家	排名	
1	意大利	20	意大利	20	—
2	巴西	21	波兰	21	↑
3	俄罗斯	22	巴西	22	↓
4	泰国	23	泰国	23	—
5	哈萨克斯坦	24	俄罗斯	24	↓
6	印度	25	哈萨克斯坦	25	↓
7	波兰	26	印度	26	↓
8	阿根廷	27	阿根廷	27	—
9	卡塔尔	28	卡塔尔	28	—
10	塞浦路斯	29	克罗地亚	29	↑
11	保加利亚	30	塞浦路斯	30	↓
12	克罗地亚	31	保加利亚	31	↓
13	乌克兰	32	斯洛文尼亚	32	↑
14	斯洛伐克	33	乌克兰	33	↓
15	斯洛文尼亚	34	沙特阿拉伯	34	↑
16	希腊	35	希腊	35	—
17	沙特阿拉伯	36	斯洛伐克	36	↓
18	蒙古国	37	葡萄牙	37	↑
19	葡萄牙	38	科威特	38	↑
20	摩尔多瓦	39	罗马尼亚	39	↑

（三）"第三梯队"国家经济发展质量分析

共建"一带一路"国家经济发展质量位列第 40 ~ 61 名的国家划分为"第三梯队"，国家名单及排名如表 3 - 5 所示。相较于 2021 年，"第三梯队"国家中在 2022 年有 6 个国家排名上升，6 个国家的排名次序未变，10 个国家的排名出现下滑。从区域来看，"第三梯队"中，亚洲国家居多，欧洲、非洲、南美洲国家数目相对较少。从国家数目来看，欧洲国家 2 个，占"第三梯队"的比重为 9%，亚洲国家 11 个，占比达到 50%，非洲国家 5 个，占比达到 22.7%，南美洲国家 4 个，占比达到 18%。欧洲地区进入的国家有摩尔多瓦和白俄罗斯，占欧洲国家总数的 8%。亚洲地区进入的国家有蒙古国、阿曼、印度尼西亚、斯里兰卡、阿塞拜疆、吉尔吉斯斯坦、乌兹别克斯坦、塔吉克斯坦、伊朗、孟加拉国和巴基斯坦，共 11 个，占亚洲国家总数的 45.8%，占比接近一半。非洲地区有 5 个国家进入"第三梯队"，分别是坦桑尼亚、埃及、南非、突尼斯和尼日利亚。

表 3 - 5　　　　　　　　第三梯队国家排名变化情况对比

序号	2021 年		2022 年		上升/下降
	国家	排名	国家	排名	
1	罗马尼亚	40	蒙古国	40	↓
2	智利	41	坦桑尼亚	41	↑
3	哥伦比亚	42	摩尔多瓦	42	↓
4	坦桑尼亚	43	智利	43	↓
5	白俄罗斯	44	哥伦比亚	44	↓
6	科威特	45	白俄罗斯	45	↓
7	印度尼西亚	46	阿曼	46	↑

序号	2021 年		2022 年		上升/下降
	国家	排名	国家	排名	
8	阿曼	47	印度尼西亚	47	↓
9	南非	48	埃及	48	↑
10	斯里兰卡	49	南非	49	↓
11	阿塞拜疆	50	斯里兰卡	50	↓
12	埃及	51	阿塞拜疆	51	↓
13	突尼斯	52	突尼斯	52	—
14	厄瓜多尔	53	厄瓜多尔	53	—
15	乌兹别克斯坦	54	吉尔吉斯斯坦	54	↑
16	吉尔吉斯斯坦	55	秘鲁	55	↑
17	秘鲁	56	尼日利亚	56	↑
18	尼日利亚	57	乌兹别克斯坦	57	↓
19	塔吉克斯坦	58	塔吉克斯坦	58	—
20	伊朗	59	伊朗	59	—
21	孟加拉国	60	孟加拉国	60	—
22	巴基斯坦	61	巴基斯坦	61	—

六、共建"一带一路"国家发展速度与发展质量协调性分析

为了进一步考究共建"一带一路"国家经济发展质量与经济增长速度之间的协调度,本书以 2022 年共建"一带一路"国家经济发展质量作为横坐标,运用各国经济增速作为纵坐标,使用两者的平均值作为原点绘制散点图,如图 3-4 所示,描述共建"一带一路"国家经济发展速度与经济发展质量间的相对协调关系。根据经济增速与经

济发展质量协调关系的差异和其落在散点图中的象限位置分为四个类型：第一象限为高－高型，即经济发展质量较高与经济发展速度较快并存；第二象限为低－高型，即低经济发展质量与高经济发展速度；第三象限为低－低型，即低经济发展质量与低经济发展速度；第四象限为高－低型，即高经济发展质量与低经济发展速度。

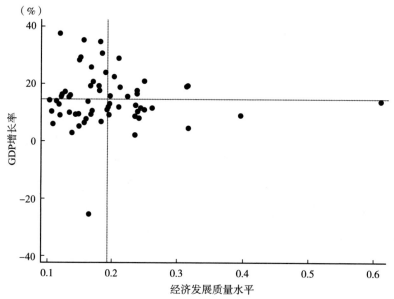

图 3－4　共建"一带一路"国家经济发展质量与经济发展速度同步发展情况

资料来源：由课题组整理计算所得。

（一）高质量与高速度型国家

在共建"一带一路"国家中，落在散点图第一象限（高－高型）的国家有 10 个，以 2022 年为例，平均增速达到 19.508%，经济发展质量达到 0.241，经济增速与经济发展质量明显高于所有样本均值及其他类型国家。其中包括：7 个欧洲国家，分别是马耳他、意大利、匈牙利、波兰、奥地利、爱沙尼亚和比利时；3 个亚洲国家，分别是菲律宾、以色列和新加坡。2022 年，高 - 高型欧洲国家的平均增速达到 19.38%，经济发展质量水平达到 0.218，近年来经济保持高质量增长的同时，经济发展速度也有明显提升；2022 年，亚洲 3 国的经济平均增速为 19.79%，经济发展质量达到 0.294。总体来看，高 - 高型中亚洲国家的增速及经济发展质量都要高于欧洲国家。

（二）质量滞后型国家

在共建"一带一路"国家中，落在散点图第二象限的国家数目为 17 个，即为低 - 高型国家，经济发展质量相对较低，但保持相对较高的经济增长速度。以 2022 年为例，低 - 高型国家平均增速达到 23.74%，经济发展质量达到 0.155，这类型国家中多为欧洲和南美洲国家，近年来保持着较好的经济增长态势，但是经济发展质量有待提升。其中，欧洲国家有 7 个，分别是摩尔多瓦、克罗地亚、希腊、斯洛文尼亚、葡萄牙、保加利亚和塞浦路斯，平均增速达到 24.67%，经济发展质量均值达到 0.172；南美洲有 5 个，分别是秘鲁、阿根廷、智利、哥伦比亚、厄瓜多尔，平均增速达到 28.47%，经济发展质量均值达到 0.145。综合来看，这类型国家整体保持着较高增长水平，囿于发展基础薄弱，工业化程度及基础设施建设较差，整体经济增长质量相对较低，但呈现出了较大的发展潜力，也是"一带一路"发展的巨大推动力。

（三）质量与速度同步型国家

在共建"一带一路"国家中，落在散点图第三象限的国家有 20 个，在四个类型中包含国家数目最多，属于低 - 低型国家，即经济增速较低与经济发展质量较低并存。以 2022 年为例，经济增速平均水平为 7.78%，只有样本国家平均增速的一半，经济发展质量平均水平达到 0.145，也低于样本均值。其中，欧洲地区有 4 国属于此类国家，分别是罗马尼亚、白俄罗斯、乌克兰、斯洛伐克，平均增速为9.78%，经济发展质量为 0.162；亚洲地区有 13 个属于此类国家，分别是巴基斯坦、塔吉克斯坦、乌兹别克斯坦、孟加拉国、伊朗、斯里兰卡、阿曼、印度尼西亚、蒙古国、沙特阿拉伯、卡塔尔、哈萨克斯坦、科威特，平均增速达到 7.26%，经济发展质量为 0.142，其中，科威特的增速为 - 25.46%，拉低了整个地区的平均经济增速；非洲地区有 3 个属于此类国家，分别是尼日利亚、坦桑尼亚和埃及，平均增速为 6.24%，经济发展质量为 0.138。综合来看，这类型国家中，欧洲地区平均增速及经济发展质量相对较高，非洲地区经济增速及经济发展质量略低于其他地区。与整个样本国家相比较而言，这部分国家仍处于低质量、低增速并存的状态，有待积极抓住"一带一路"发展机遇，提升发展速度，推动国家地区高质量发展。

（四） 质量超前型国家

在共建"一带一路"国家中，落在第四象限的国家有 15 个，即为高 - 低型国家，具有较高的经济增长质量，但经济增速相对较缓。以 2022 年为例，高 - 低型国家平均经济增速为 10.03%，经济发展质量达到 0.271，表现出经济增长乏力及经济萎缩的特点。其中，欧洲地区有 7 个国家，分别是俄罗斯、立陶宛、捷克、卢森堡、拉脱维亚、芬兰和丹麦，经济发展质量均值达到 0.233，但其经济平均增速为 11.13%；亚洲地区有 5 个国家，分别是泰国、马来西亚、越南、韩国、中国，平均经济发展质量水平达到 0.336，经济增速为9.24%，远低于其他亚洲国家；南美洲国家包括巴西，2022 年经济发展质量达到 0.1963，经济增速为 13.11%；大洋洲地区新西兰，经济发展质量水平达到 0.236，经济增速为 6.60%，综合来看，这类国家多为发达经济体，经济发展质量水平相对较高，进入了高质量发展阶段，但其经济增速相对较低，应该搭上诸多发展中国家的"快车"，进一步共享发展机遇。

七、本章结论与启示

本章从有效性、创新性、开放性、绿色性、包容性和安全性六个维度共选取 33 个指标运用熵权法对 61 个共建"一带一路"国家的经济发展质量水平进行综合评价，通过基尼系数、高斯核密度函数等分析共建国家经济发展质量的差距及动态性变化特征，进一步从区域分布、国别地位、梯度分布、增速与质量协调性等维度分析共建"一带一路"国家经济发展质量的总体性特征，主要得到如下结论：

第一，2013~2022 年，共建"一带一路"国家的经济发展质量水平整体上呈现上升趋势，尽管在 2020 年受新冠疫情影响，经济发展质量有所下降，但在 2020 年之后各个区域都呈现出不同程度的增长和提高。

第二，相较于 2021 年，2022 年共建"一带一路"国家的经济发展质量水平出现了不同程度的波动。排名上升、下降和不变的国家数量相距不大。发展质量水平的排名未发生变化的国家数量最多达到 23 个；名次下降的国家有 21 个；排名上升的国家数量最少，有 17 个。

第三，相较于 2021 年，2022 年"第一梯队"国家中 4 个国家排名上升，12 个国家的排名次序未变，3 个国家的排名出现下滑；"第二梯队"国家中 7 个国家排名上升，5 个国家的排名次序未变，8 个国家的排名出现下滑；"第三梯队"国家中 6 个国家排名上升，6 个国家的排名次序未变，10 个国家的排名出现下滑。从区域分布看，"第一梯队"中，欧洲国家和亚洲国家的数量最多，分别有 11 个和 7 个，另外包括 1 个大洋洲国家；"第二梯队"中，依旧是欧洲国家数量最多，有 12 个，其次还包括 6 个亚洲国家和 2 个南美洲国家；"第三梯队"中，亚洲国家最多，有 11 个，其次是非洲国家，有 5 个，欧洲国家最少，仅有 2 个。

第三篇 区 域 篇

本篇主要关注"一带"与"一路"、四大地理区域、六大经济走廊间的经济发展质量变化特征。

第四章 "一带"与"一路"共建国家经济发展质量分析

一、"一带"与"一路"共建国家分布情况

将丝绸之路经济带共建国家和21世纪海上丝绸之路共建国家（以下简称"一带"和"一路"）的经济发展质量比较分析，厘清其发展途径。参照"一带一路"网对共建国家的分类，本书所选样本"一带"与"一路"共建国家具体分布名单如表4-1所示。

表4-1 丝绸之路经济带共建国家和21世纪海上丝绸之路
经济带共建国家分布情况

分类	国家
丝绸之路经济带（共34个）	阿曼、阿塞拜疆、爱沙尼亚、白俄罗斯、保加利亚、波兰、俄罗斯、哈萨克斯坦、吉尔吉斯斯坦、捷克、卡塔尔、科威特、克罗地亚、拉脱维亚、立陶宛、罗马尼亚、摩尔多瓦、蒙古国、沙特阿拉伯、塔吉克斯坦、斯洛伐克、斯洛文尼亚、乌克兰、乌兹别克斯坦、匈牙利、以色列、奥地利、比利时、丹麦、芬兰、卢森堡、葡萄牙、伊朗、中国
21世纪海上丝绸之路（共27个）	埃及、巴基斯坦、菲律宾、马来西亚、马耳他、秘鲁、尼日利亚、孟加拉国、斯里兰卡、坦桑尼亚、泰国、希腊、新加坡、印度、印度尼西亚、越南、阿根廷、巴西、厄瓜多尔、哥伦比亚、韩国、南非、塞浦路斯、突尼斯、新西兰、意大利、智利

资料来源：中经网"一带一路"数据库（https://ydyl.cei.cn/）。

二、"一带"与"一路"共建国家经济发展质量走势分析

通过选取 34 个"一带"共建国家和 27 个"一路"共建国家发现，"一带"共建国家的经济发展质量高于"一路"共建国家，这主要是由于"一带"共建国家有相当部分是欧洲发达国家，其经济发展相对较快。对比可见"一带"与"一路"共建国家的经济发展质量有高度的一致性，如图 4-1 所示。

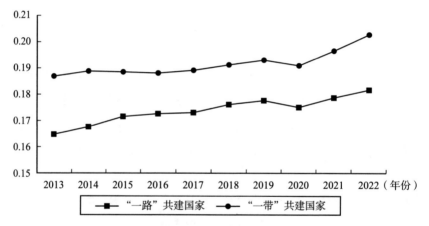

图 4-1 2013~2022 年"一带"与"一路"共建国家经济发展质量走势变化情况

资料来源：由课题组整理计算所得。

自 2013 年始，"一带"与"一路"共建国家的经济发展质量整体呈波动提升态势。在 2019 年，二者同时达到第一个峰值，分别是 0.193 和 0.178，经过短时回落后，2022 年同时到达第二个峰值，分别达 0.203 和 0.182。因受到新冠疫情的影响，2020 年经济发展质量为近十年来的最低值，出现了回落的现象，但从 2021 年开始迅速恢复，并超越了新冠疫情暴发前的经济发展质量水平。

随着"一带一路"倡议的实施，共建国家的经济发展质量在波动中逐步提高，2013～2022年，"一带"与"一路"共建国家的经济发展质量快速上升。与2013年相比，2022年"一带"共建国家的经济发展质量提高了0.016个百分点，"一路"共建国家的经济发展质量提高了0.017个百分点，反映出在这十年间，"一带一路"倡议对"一路"共建国家的经济发展质量促进作用相对而言较高于"一带"共建国家。2020年由于新冠疫情的暴发，世界经济陷入衰退困局，新冠疫情严重冲击全球实体部门，但2022年后，经济发展又迅速得到恢复。与2019年相比，2022年"一带"共建国家的经济发展质量由0.193上升到0.203，上升了0.010个百分点，"一路"共建国家的经济发展质量由0.178上升到0.182，上升了0.004个百分点。

三、本章结论与启示

本章主要介绍了"一带"与"一路"共建国家的分布情况及经济发展质量的差异。总体来看，随着"一带一路"倡议的实施，不论"一路"共建国家还是"一带"共建国家，其经济发展质量整体均在波动中逐步提高。具体来说，34个"一带"共建国家的经济发展质量一直高于27个"一路"共建国家，"一带"与"一路"共建国家的经济发展质量有高度的一致性。

第五章 "一带一路"六大经济走廊经济发展质量分析

一、六大经济走廊国家分布情况

国家发展和改革委员会、外交部、商务部在 2015 年联合发布的《推动共建丝绸之路经济带和 21 世纪海上丝绸之路的愿景与行动》中首次提出,根据"一带一路"走向,共同建设新亚欧大陆桥、中蒙俄、中国—中亚—西亚、中国—中南半岛、中巴和孟中印缅六大经济走廊。建设六大经济走廊,就是紧紧围绕政策沟通、设施联通、贸易畅通、资金融通和民心相通全方位推进共建国家的互联互通和互利合作。六大经济走廊作为"一带一路"的基本支撑框架,支撑起了整个"一带一路"建设。十年来,六大经济走廊建设亮点纷呈,为建立和加强各国互联互通伙伴关系、畅通亚欧大市场发挥了重要作用。新亚欧大陆桥、中蒙俄、中国—中亚—西亚经济走廊经过亚欧大陆中东部地区,不仅将充满经济活力的东亚经济圈与发达的欧洲经济圈联系在一起,更畅通了连接波斯湾、地中海和波罗的海的合作通道。中国—中南半岛、中巴和孟中印缅经济走廊经过亚洲东南部这一全球人口最稠密地区,连接沿线主要城市和人口、产业集聚区。中巴经济走廊是

共建"一带一路"的旗舰项目,建设起步早、进展快,第一阶段的
22个优先项目已基本完成。六大经济走廊作为"一带一路"分区施
策的载体,提升了"一带一路"倡议与沿线各国发展战略的契合度,
以务实举措弥补了共建"一带一路"过程中面临的共建国家制度、资
源禀赋、发展水平、与中国经济结构互补性及国际合作关系强弱的差
异性,各走廊共建国家分布情况如表5-1所示。

表5-1 六大经济走廊共建国家

经济走廊	共建国家
新亚欧大陆经济走廊	中国、法国、德国、希腊、奥地利、意大利、比利时、丹麦、西班牙、芬兰、爱尔兰、卢森堡、荷兰、葡萄牙、瑞典、波兰、立陶宛、爱沙尼亚、拉脱维亚、捷克、斯洛伐克、匈牙利、斯洛文尼亚、克罗地亚、波黑、黑山、塞尔维亚、阿尔巴尼亚、罗马尼亚、保加利亚、北马其顿
中国—中亚—西亚经济走廊	中国、哈萨克斯坦、土库曼斯坦、乌兹别克斯坦、塔吉克斯坦、吉尔吉斯斯坦、阿曼、也门、阿联酋、沙特阿拉伯、土耳其、阿富汗、伊朗、科威特、卡塔尔、巴林、伊拉克、黎巴嫩、叙利亚、以色列、约旦
中国—中南半岛	中国、新加坡、泰国、印度尼西亚、越南、马来西亚、菲律宾、柬埔寨、老挝、文莱
孟中印缅经济走廊	孟加拉国、中国、印度、缅甸
中蒙俄经济走廊	中国、蒙古国、俄罗斯
中巴经济走廊	中国、巴基斯坦

注:表中是六大经济走廊所有国家,囿于数据缺失,部分国家未能进入本书的研究范畴。

二、六大经济走廊经济发展质量比较分析

"一带一路"倡议得到越来越多国家和国际组织的积极响应,成
为当今世界深受欢迎的国际公共产品和国际合作平台。本节把握"一
带一路"经济高质量发展的内涵,从经济发展的有效性、创新性、开

放性、绿色性、包容性以及安全性出发构建"一带一路"六大经济走廊经济发展质量体系（评价指标体系构建方法详见第二章），综合分析六大经济发展走廊的经济发展质量，计算得到的 2013～2022 年六大经济走廊经济发展质量情况，如表 5-2 所示。

表 5-2　　　　　　　　　六大经济走廊经济发展质量水平

年份	中蒙俄	新亚欧大陆桥	中国—中亚—西亚	中国—中南半岛	中巴	孟中印缅
2013	0.274	0.206	0.179	0.226	0.278	0.240
2014	0.281	0.209	0.183	0.236	0.289	0.248
2015	0.286	0.208	0.184	0.248	0.300	0.255
2016	0.285	0.208	0.184	0.252	0.302	0.257
2017	0.290	0.209	0.186	0.251	0.308	0.263
2018	0.301	0.213	0.189	0.259	0.326	0.277
2019	0.309	0.215	0.193	0.268	0.335	0.286
2020	0.305	0.215	0.191	0.270	0.336	0.287
2021	0.315	0.222	0.197	0.278	0.347	0.294
2022	0.322	0.231	0.204	0.285	0.357	0.302

资料来源：由课题组整理计算所得。

　　十年来，从经济发展质量水平来看，中巴经济走廊一直位于六大走廊发展的领先位置。中巴经济走廊是共建"一带一路"的旗舰项目，中巴两国政府高度重视。中巴经济走廊起点在新疆喀什，终点在巴基斯坦瓜达尔港，全长 3000 千米，贯通南北丝路关键枢纽，北接"丝路经济带"、南连"21 世纪海上丝绸之路"，是一条包括公路、铁路、油气和光缆通道在内的贸易走廊。

　　六大经济走廊经济发展质量年平均增长情况，如图 5-1 所示，十年来，六大走廊经济发展水平的年平均增速为2.1%，而中巴经济走廊经济发展质量的年平均增速为2.8%，领先于其他经济走廊。2015年4月20日，两国领导人出席中巴经济走廊部分重大项目动工仪式，签订了51项合作协议和备忘录，其中近40项涉及中巴经济走廊建设①。"中巴友谊路"——巴基斯坦喀喇昆仑公路升级改造二期、中巴经济走廊规模最大的公路基础设施项目——白沙瓦至卡拉奇高速公路顺利开工建设、瓜达尔港自由区起步区加快建设、走廊沿线地区能源电力项目快速上马。

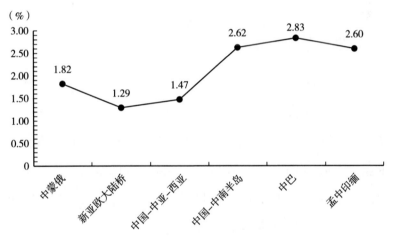

图5-1 "六大经济走廊"经济发展质量十年平均增速

资料来源：由课题组整理计算所得。

巴中全天候战略合作伙伴关系深入人心，覆盖两国双边合作的各个领域。中国是巴基斯坦最大的贸易伙伴，也是最大的投资来源国。在中巴经济走廊建设的第一阶段，中巴经济走廊帮助巴基斯坦发展了主要的基础设施网络并满足了巴基本能源需求，使巴国家和国际公路

---

① 中国政府网：https://www.gov.cn/xinwen/2017-05/11/content_5192752.htm#1.

网络得到升级，改善了中巴两国的区域连通性。自中巴自贸协定第二阶段议定书2019年12月1日生效以来，两国之间的贸易更充分地围绕着产业、能源、农业、信息通信技术、铁路公路网等重点领域，将瓜达尔港建设成为贸易和转运、投资和区域互联互通的枢纽，贸易额进一步提升。2021年中巴双边贸易额创下新纪录，达278.2亿美元，同比增长59.1%[①]。

三、各经济走廊共建国家经济发展水平比较分析

（一）中巴经济走廊

中巴经济走廊北联新疆喀什，南达巴基斯坦瓜达尔港，是一条串联"丝绸之路经济带"和"21世纪海上丝绸之路"的大动脉。中巴两国期望以走廊发展为中心，以能源、港口建设、交通设施和产业协作为重点，形成多元化、宽领域的"1+4"合作布局，进一步深化中巴全天候战略合作伙伴关系，促进中巴两国共商共建共享，联袂构建互联互通的"命运共同体"。

2013~2021年巴基斯坦国内生产总值变化情况（以2015年不变价美元核算）如图5-2所示。自2013年巴基斯坦加入"一带一路"倡议以来，国内生产总值呈高速发展态势，但受新冠疫情影响，巴基斯坦2020年的国内生产总值受到冲击，呈下降趋势，2021年巴基斯坦的国内生产总值达3394亿美元（不变价美元），国内生产总值企稳回升，再创新高。巴基斯坦总理夏巴兹·谢里夫（Shahbaz Sharif）曾

---

① 中国商务部：http://yzs.mofcom.gov.cn/article/t/202203/20220303287052.shtml.

表示："中巴经济走廊有助于我们提高本土发展的能力。自 2013 年启动以来，中巴经济走廊持续取得快速而切实的进展。近十年来，中巴经济走廊建设帮助巴基斯坦减少了过去电力短缺和基础设施薄弱带来的瓶颈问题，为发展持续的经济现代化奠定了基础。"① 中国是巴基斯坦最大的贸易伙伴，自贸协定第二阶段已于 2020 年实施。2021 年，巴基斯坦对中国的出口达到 36 亿美元，多年来，中国一直是巴基斯坦最大的外国直接投资净来源国。

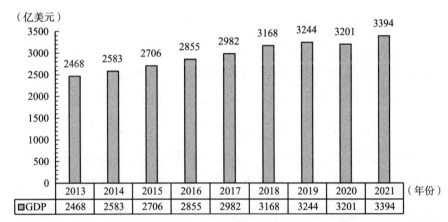

图 5－2　2013～2021 年巴基斯坦 GDP 变化情况（以 2015 年不变价 GDP 核算）

资料来源：世界银行。

（二）中蒙俄经济走廊

作为连接蒙古草原与欧亚大陆的商贸通道，"草原丝绸之路"在历史上为欧亚地区商贸的繁荣和发展作出了重要贡献。随着信息技术的逐步成熟和中、蒙、俄三国建立的良好政治经贸合作基础，2014

---

① 中国一带一路网：https：//baijiahao. baidu. com/s? id = 1761214030014960868&wfr = spider&for = pc.

年，中、蒙、俄三国元首在杜尚别会谈时，中方首次提出了中蒙俄经济走廊的概念框架，并得到了其他各方的积极响应。随后，《建设中蒙俄经济走廊规划纲要》于 2016 年发布，建设中蒙俄经济走廊被正式纳入"一带一路"国际合作规划。

中蒙俄经济走廊建设作为一项复杂的系统工程，将"丝绸之路经济带"与俄罗斯跨欧亚大铁路、蒙古国"草原之路"倡议相对接，在"一带一路"倡议合作框架中占有非常重要的地位。中蒙俄经济走廊作为"一带一路"倡议的重要组成部分，更明晰了中国进一步扩大内陆开放、沿边开放以及深入实施西部大开发和振兴东北等老工业基地的战略目标。十年来，中蒙俄经济发展走廊的经济发展质量平均增速为 1.82%，2022 年中蒙俄走廊在六大经济走廊发展质量中排名第二。中蒙二连浩特—扎门乌德跨境经济合作区、满洲里综合保税区、策克口岸跨境铁路、莫斯科—喀山高铁项目、乌力吉公路口岸建设项目等重大项目和博览会的成功开展，推动中蒙俄经贸合作取得了新进展。

2013 年中蒙俄经济走廊的建立，实现了中国和俄罗斯两国贸易整体上企稳攀升的态势，如图 5-3 所示。2015 年，由于俄罗斯受到西方国家的经济制裁以及面临全球能源资源短缺的危机，中俄贸易出现下滑，双边贸易额仅达到 680.27 亿美元。自 2016 年起，双方加大了在石油、天然气等能源领域的合作力度，贸易逐渐复苏。2020 年受新冠疫情的影响，中俄双边贸易遭受冲击，双边贸易额同比下降 3.0%。2022 年 2 月，两国签署《中俄关于新时代国际关系和全球可持续发展的联合声明》和《中俄货物贸易和服务贸易高质量发展的路线图》。2022 年中俄双边贸易额再创新高，突破了 1900 亿美元的大关，达到 1902.71 亿美元。未来，中俄双方将继续加强在金融领域的互利合作，在双边贸易、投资、信贷等经贸活动中扩大合作；打造更加紧密的能源合作伙伴关系，加大推进油气、煤炭、电力、核能等能源合作项目，推动落实包括使用低排放能源和可再生能源等有助于减少温室气体排放的倡议。

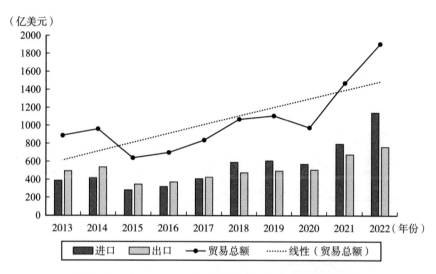

图 5 - 3　2013 ~ 2022 年中国对俄罗斯进出口贸易趋势

资料来源：中华人民共和国商务部。

（三）新亚欧大陆桥经济走廊

新亚欧大陆桥又名"第二亚欧大陆桥"，是从江苏省连云港市到荷兰鹿特丹港的国际化铁路交通干线，国内由陇海铁路和兰新铁路组成。大陆桥途经江苏、安徽、河南、陕西、甘肃、青海、新疆 7 个省区，到中哈边界的阿拉山口出国境。中线与俄罗斯铁路友谊站接轨，进入俄罗斯铁路网，途经斯摩棱斯克、布列斯特、华沙、柏林达荷兰的鹿特丹港，全长 10900 千米，辐射世界 30 多个国家和地区。"一带一路"倡议提出十年来，中欧班列作为推进新亚欧大陆桥经济走廊建设的重要抓手，展现出强大的发展韧性。中欧班列是指按照固定的车次、线路、班期和全程运行时刻开行，往来于中国与欧洲以及共建"一带一路"各国的集装箱国际线路联运班列。中欧班列的货运量可以作为我国与共建国家货物贸易状况的"风向标"。中国作为世界体量最大的制成品出口国与工业品进口国，中欧班列可以将世界市场与国内产能相连接，促进产品跨区域流通。2011～2022 年中欧班列开行数如图 5 - 4 所示。

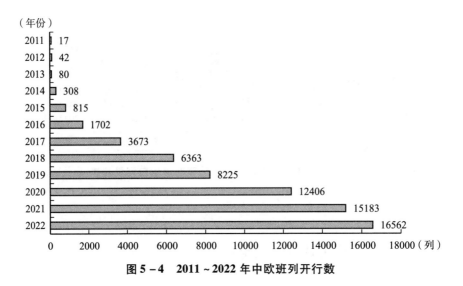

图 5 - 4　2011～2022 年中欧班列开行数

资料来源：一带一路网。

截至 2022 年 12 月，经中欧班列东通道出境可通达俄罗斯、波兰、德国、比利时等 13 个国家，入境班列主要到达国内哈尔滨、沈阳、西安、南京、郑州、长沙、成都等 60 个城市。通行线路由 2013年开行初期的 1 条增至 22 条，运输货物从最初的电器产品扩大到日用百货、工业机械、金属、农副产品、木材等 12 大品类。2022 全年开行中欧班列 1.6 万余列、发送 160 万标箱，同比分别增长 9%、10%。

（四）中国—中亚—西亚经济走廊

六大经济走廊中的"中国—中亚—西亚"经济走廊东起中国，经中亚向西到阿拉伯半岛，是丝绸之路经济带的重要组成部分。2013～2022 年，中国—中亚—西亚走廊经济发展质量年平均值为 0.189，经济质量年平均增速为 1.47%。

中国同阿拉伯国家在经济走廊建设中实施了一系列大型合作项目，能源、基础设施、产业园区、金融等领域合作全面推进，此外，中阿在环保、技术转移和跨境电子商务等领域不断涌现新的合作潜力。在中国同阿拉伯国家经济合作不断向纵深拓展的进程中，继中国—埃及苏伊士经贸合作区之后，中资企业与沙特阿拉伯、阿曼、阿联酋等国分别合作建设特色产业园区，它们成为中国—阿拉伯国家开展产能合作的重要载体。产业是中国—中亚—西亚经济走廊建设的载体，经济走廊具备良好的合作基础、广阔的市场空间和互补性较强的产业体系，中国产业门类齐全且发展水平较高，阿拉伯国家人力和原材料等发展要素丰富，有近四亿人口的巨大消费市场，海湾国家有雄厚的资本，这为中国与阿拉伯国家加强产业合作创造了良好条件。

（五）孟中印缅经济走廊

印缅经济走廊连接中国西南部、印度东北部、缅甸和孟加拉国大部分地区。其东起昆明（中国），西至加尔各答（印度），跨越大片地区，其关键节点包括曼德勒（缅甸）、达卡（孟加拉国）、吉大港（孟加拉国）及其他主要城市和港口，孟中印缅经济走廊建设的重点是深化互联互通等领域合作，孟中印缅经济走廊建设倡议对深化四国间友好合作关系、建立东亚与南亚两大区域互联互通有重要意义。

2013～2021 年，孟中印缅走廊经济质量年平均值为 0.271，经济发展质量年平均增速为 2.60%，在六大经济走廊中发展排名领先。中缅油气管道项目由来自中国、缅甸、韩国、印度的 6 家公司共同出资建成，是中国企业迄今在缅甸投资成功的最大合资项目，投产以来已累计向中国输气 127 亿立方米，为缅甸下载天然气 14 亿立方米，为缅甸带来巨大的直接收益和大量的专业人才，扩大了当地就业。由中国出口信用保险公司担保、中国机械进出口（集团）有限公司实施的孟加拉国希拉甘杰电站二期 225 兆瓦联合循环电厂项目，建成后极大改善了当地工业用电和居民用电状况。孟中印缅经济走廊建设促进了沿线地区的普遍发展，从而打造了一条兴旺的经济带，该走廊建设不仅有助于减少贫穷和改善民生，还带动了四国所在区域走向共同繁荣。图 5－5 为孟印缅 2013～2021 年 GDP 增长率，因新冠疫情影响 2020 年三国 GDP 受到冲击，出现断崖式下降，但十年间 2021 年又有所恢复。

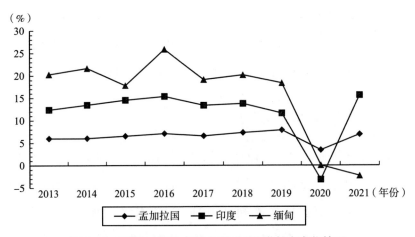

图 5－5　2013～2021 年孟印缅 GDP 增长率变化情况

资料来源：世界银行。

(六) 中国—中南半岛经济走廊

中国—中南半岛经济走廊东起珠三角经济区，沿南广高速公路、南广高速铁路，经南宁、凭祥、河内至新加坡，纵贯中南半岛的越南、老挝、柬埔寨、泰国、缅甸、马来西亚等国家，是中国连接中南半岛的大陆桥，也是中国与东盟合作的跨国经济走廊。该走廊以沿线中心城市为依托，以铁路、公路为载体和纽带，以人员、物资、资金、信息的流通为基础，开拓新的战略通道和空间，加快形成优势互补、区域分工、共同发展的区域经济体。2013～2021年，中国—中南半岛走廊经济发展质量年平均值为0.257，经济发展质量年平均增速为2.62%。

2013～2021年中国对中南半岛经济走廊沿线七个国家的直接投资存量存在量的差别，但中国对其直接投资存量增长幅度都较大，其中上升趋势最为显著的是新加坡。在2013年"一带一路"倡议的带动下，中国对中南半岛经济走廊的直接投资存量增幅上升。2019年，中国对中南半岛经济走廊共建国家的直接投资存量均在40亿美元以上，其中最低为缅甸41亿美元，最多为新加坡526.37亿美元，是缅甸的12.7倍。"一带一路"倡议的提出，通过互联互通的建设，为中国对中南半岛经济走廊共建国家直接投资提供了稳定健康的环境。尤其是新加坡吸引的中国投资量显著高于其他六国，在中国—中南半岛经济走廊中占据重要地位。

中国对中南半岛经济走廊共建国家的直接投资在中国对外直接投资中的比重不断上升，预示着中南半岛经济走廊与中国的合作机制在六个经济走廊中更加成熟稳定。中国作为东南亚生产网络的核心国家，同时也在推动东南亚经济发展过程中发挥着重要作用。

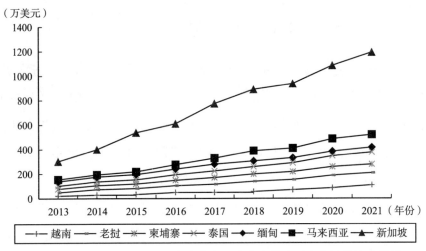

图 5 - 6　2013～2021 年中国对中南半岛经济走廊共建国家直接投资存量情况

资料来源：中国对外直接投资数据公报。

2016 年，第九届泛北部湾经济合作论坛暨中国—中南半岛经济走廊发展论坛发布《中国—中南半岛经济走廊倡议书》。中国与老挝、柬埔寨等国签署共建"一带一路"合作备忘录，启动编制双边合作规划纲要。2018 年，中国—中南半岛经济走廊在矿业、工程机械、农业、建筑等领域展开了密切合作。同时，跨境经济合作区建设也加快推进，20 家境外合作区通过商务部确认考核，其中 1/3 的合作区位于东南亚，主要集中在泰国、柬埔寨、越南等国。目前，中国在东南亚沿线建设的海外园区正在向更加多元化和高级化的方向发展，投资领域已经从传统的能源、矿产、建筑向新能源、制造业和科技合作等新领域转变。

四、本章结论与启示

2023 年是"一带一路"建设开启 10 周年。本章通过建立"一带一路"六大经济走廊经济发展质量评价指标体系，来分析 2013～2022 年六大经济走廊经济发展质量变化情况，并从多方面进行了分析，主要得出结论如下：

第一，2013～2022 年，六大经济走廊经济发展质量年平均增速达到 2.1%，各方面领域皆取得重大成果。六大经济走廊是"一带一路"的战略支柱和区域经济合作网络的重要框架。十年来，六大经济走廊建设亮点纷呈，为建立和加强各国互联互通伙伴关系、畅通亚欧大市场发挥了重要作用。一批标志性项目取得实质性进展：中老铁路全线开通运营，雅万高铁、中泰铁路建造稳步推进。中巴经济走廊"两大"公路顺利完工并移交通车，中俄黑河大桥建设竣工。国际民航运输航线网络不断拓展。国际贸易快速增长，我国与共建"一带一路"国家贸易往来日益密切，已成为 25 个共建国家最大的贸易伙伴，辐射"一带一路"的自由贸易区网络加快建设，我国与 13 个共建国家签署了 7 个自贸协定，与欧盟、新加坡等 31 个经济体签署了"经认证的经营者（AEO）"互认协议。

第二，2013～2022 年，中巴经济走廊经济发展年平均增速达 2.83%，持续取得快速而切实的进展，发展质量稳中向好。作为"一带一路"的旗舰项目，中巴经济走廊为两国在漫长的发展道路上相互支持、增进人民福祉描绘了长远蓝图。在实现侧重于能源和基础设施建设的早期收获阶段后，中巴经济走廊的建设愈发具体。两国间自贸协定第二阶段已于 2020 年实施，进一步改善了巴基斯坦商品在中国市场的准入情况，未来在新的历史起点上，两国将会在银行、数字货币和电子商务等领域开展更深入的合作。

第三，2013～2022 年，中国和俄罗斯新时代全面战略协作伙伴关系达到历史最高水平并持续向前发展。中俄两国贸易增长势头呈现出蓬勃生机，企稳回升，不断开展各领域多方面的合作。双方视彼此为优先合作伙伴，持续优化贸易结构，2022 年中俄双边贸易额达到 1902.71 亿美元，突破 1900 亿美元大关①。中俄双方关系成熟、稳定、自主、坚韧，成为当今大国关系的典范。双方签署《中华人民共和国和俄罗斯联邦关于新时代国际关系和全球可持续发展的联合声明》和《中俄货物贸易和服务贸易高质量发展的路线图》，不断培育经贸新增长点，拓展经贸合作广度，提升合作效率。双方在现代化建设过程中持续深化和拓展务实合作，实现两国共同发展和繁荣。

第四，2013~2022 年，中欧班列的开行数量不断突破纪录，连通中欧物流的作用进一步凸显，成为我国与共建"一带一路"国家互通互惠互联的有效载体。截至 2022 年 1 月底，中欧班列累计开行突破 5 万列，运送货物超 455 万标箱，货值达 2400 亿美元，通达欧洲 23 个国家 180 个城市，为推动"一带一路"高质量发展作出了积极贡献。未来，中欧班列作为推进新亚欧大陆桥经济走廊建设的重要抓手，将会展现出强大的发展韧性。

作为面向 21 世纪的新型合作机制，十年对于共建"一带一路"来说不过是一个开始。许多重要的基础设施才刚刚建成。但面对全球形势急剧变化之百年未有之大变局，我们可以站在 2023 年"一带一路"建设开启 10 周年的时间节点上，对共建"一带一路"的发展趋势作出展望：进一步打通"硬联通""软联通""心联通"，把政策沟通、设施联通、贸易畅通、资金融通、民心相通日益深入地统筹于具

---

① 中国新闻网：https://baijiahao.baidu.com/s? id = 1777088211094813824&wfr = spider&for = pc.

体的共建项目中；致力于打造"一带一路"成为全球化、多边主义更强有力的载体，成为现有多边机制不可或缺的强有力组成部分，把共建"一带一路"的相关工作做好、做深，将"一带一路"的"丝路精神"转化为世界的精神财富。

第六章　共建"一带一路"各区域经济发展质量水平分析

考虑到"一带一路"跨越区域范围广，各区域国家间呈现出了明显的国别异质性，进一步依据各国地理区位将共建国家分为亚洲、欧洲、南美洲、非洲和大洋洲五大区域进行对比分析并对各区域国家间经济发展质量差异性进行分析。

一、亚洲地区

自"一带一路"倡议实施以来，"一带一路"建设在亚洲取得显著成就，并在应对新冠疫情、助力各国恢复经济方面发挥了重要作用。"一带一路"倡议作为国际合作机制与全球治理平台受到亚洲各国的普遍欢迎。中国与亚洲国家围绕互联互通、贸易与产业投资展开合作，取得了丰硕成果。在"一带一路"倡议的推动下，共建国家陆上、海上、天上、网上交通四位一体联通，方便了共建国家的交往与经济合作。铁路等基础设施"硬联通"建设成果斐然。中老铁路正式全线开通运营，中巴经济走廊、雅万高铁、中吉乌铁路持续推进，为当地稳经济、惠民生作出重要贡献。此外，我们与亚洲共建"一带一路"国家在战略对接、机制平台建设"软联通"和民心相通"心联通"方面也取得了很大进展，形成相互促进的局面。

（一）区域总体特征分析

本书中涉及的亚洲国家有 25 个，各国经济发展质量水平及排名情况如表 6 − 1 所示。2022 年，排名前十的亚洲国家分别为中国（0.611）、韩国（0.396）、新加坡（0.317）、以色列（0.314）、菲律宾（0.250）、马来西亚（0.244）、越南（0.236）、泰国（0.195）、哈萨克斯坦（0.192）、印度（0.190），排名后十位的分别为阿曼（0.148）、印度尼西亚（0.143）、斯里兰卡（0.133）、阿塞拜疆（0.133）、吉尔吉斯斯坦（0.121）、乌兹别克斯坦（0.117）、塔吉克斯坦（0.113）、伊朗（0.108）、孟加拉国（0.106）、巴基斯坦（0.103）。

表 6 − 1　　　　2022 年沿线亚洲国家经济发展质量水平及排名

排名	国家	得分	排名	国家	得分
1	中国	0.611	14	科威特	0.164
2	韩国	0.396	15	蒙古国	0.160
3	新加坡	0.317	16	阿曼	0.148
4	以色列	0.314	17	印度尼西亚	0.143
5	菲律宾	0.250	18	斯里兰卡	0.133
6	马来西亚	0.244	19	阿塞拜疆	0.133
7	越南	0.236	20	吉尔吉斯斯坦	0.121
8	泰国	0.195	21	乌兹别克斯坦	0.117
9	哈萨克斯坦	0.192	22	塔吉克斯坦	0.113
10	印度	0.190	23	伊朗	0.108
11	卡塔尔	0.183	24	孟加拉国	0.106
12	塞浦路斯	0.181	25	巴基斯坦	0.103
13	沙特阿拉伯	0.169		均值	0.201

资料来源：由课题组计算整理所得。

从时间维度上看，如图6-1所示，2013~2022年，亚洲国家的经济发展质量均保持在发展态势，经过十年的发展，印度、泰国、越南在2022年经济发展质量进入了前十名，塞浦路斯、卡塔尔、蒙古国跌出前十名；从变化幅度上看，在前十名国家中，中国、以色列的变化幅度最大，分别变化了34.5%与28.4%，十年来中国经济高速发展。

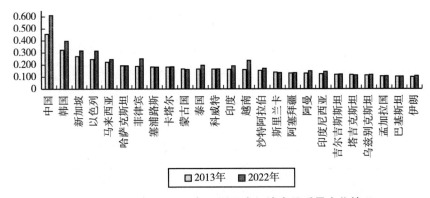

图6-1 2013年和2022年亚洲国家经济发展质量变化情况

（二）亚洲地区国家间经济发展质量水平差异分析

根据亚洲国家地理区位特征，进一步可分为东亚、东南亚、南亚、西亚、中亚。本书选取了2022年东亚、东南亚、南亚、西亚、中亚五个区域进行比较。从表6-2中可以看出，东亚的得分在2022年是最高的，主要受中国（0.611）和韩国（0.396）经济发展质量的影响。南亚得分最低，仅有0.133，2022年亚洲经济发展质量的前十名国家中仅有一个为南亚的国家，因此南亚的分数是最低的。

表6-2   2022年亚洲各区域经济发展质量对比

区域	东亚	东南亚	南亚	中亚	西亚
质量水平	0.389	0.231	0.133	0.136	0.175

资料来源：由课题组计算整理所得。

从时间维度上分析，2013~2022年，亚洲地区东亚、东南亚、南亚、西亚、中亚五个区域经济发展质量差异的动态变化趋势如图6-2所示。不难发现，2013~2022年，亚洲地区的经济发展质量水平总体上呈现稳中有进趋势：东亚的综合经济发展质量水平从2013年的0.314增长到2022年的0.389，东亚经济始终保持在亚洲前列；东南亚的综合经济发展质量水平从2013年的0.188增长至2022年的0.231，东南亚地区部分国家加入东盟后经济发展速度提升；南亚的综合经济发展质量水平从2013年的0.127增长到2022年的0.133，南亚地区始终经济增长缓慢；中亚的综合经济发展质量水平从2013年的0.135增长到2022年的0.136，中亚地区经济增长缓慢；西亚的综合经济发展质量水平从2013年的0.160增长到2022年的0.175。

图6-2 2013~2022年亚洲各区域经济发展质量趋势

二、欧洲地区

2013～2022 年，"一带一路"倡议已在欧洲大地结出硕果。中欧班列力保中欧沿线贸易稳定，希腊比雷埃夫斯港（比港）从海上护航国际供应链安全，还有多个风电、光伏发电项目落地波黑、克罗地亚和匈牙利等国，在共建"一带一路"的蓝图中，中欧、亚欧合作是可以提供强劲合作动力的重要引擎。这既是"一带一路"在地缘经济上的自然延伸，也是中欧、亚欧合作的良好基础使然。

（一）区域总体特征分析

本书在欧洲选取的共建"一带一路"国家有 24 个，从表 6 - 3 中可以看出 2022 年排名前列的国家为丹麦（0.261）、卢森堡（0.250）、芬兰（0.241）、拉脱维亚（0.240）、比利时（0.239）、爱沙尼亚（0.238）、捷克（0.236）、奥地利（0.224）、匈牙利（0.212）、立陶宛（0.211）。排名靠后的国家为克罗地亚（0.182）、保加利亚（0.180）、斯洛文尼亚（0.170）、乌克兰（0.169）、希腊（0.168）、斯洛伐克（0.167）、葡萄牙（0.167）、罗马尼亚（0.162）、摩尔多瓦（0.156）、白俄罗斯（0.149）。

表 6 - 3 　　　　　2022 年欧洲各国经济发展质量得分及排名

排名	国家	质量得分
1	丹麦	0.261
2	卢森堡	0.250
3	芬兰	0.241

续表

排名	国家	质量得分
4	拉脱维亚	0.240
5	比利时	0.239
6	爱沙尼亚	0.238
7	捷克	0.236
8	奥地利	0.224
9	匈牙利	0.212
10	立陶宛	0.211
11	马耳他	0.211
12	意大利	0.204
13	波兰	0.197
14	俄罗斯	0.195
15	克罗地亚	0.182
16	保加利亚	0.180
17	斯洛文尼亚	0.170
18	乌克兰	0.169
19	希腊	0.168
20	斯洛伐克	0.167
21	葡萄牙	0.167
22	罗马尼亚	0.162
23	摩尔多瓦	0.156
24	白俄罗斯	0.149

资料来源：由课题组计算整理所得。

在进一步研究中，将2013年得分与2022年得分进行对比，黑色为2022年，灰色为2013年，由图6-3可知，总体上看这些国家的分数都是上升的，经过十年的发展，立陶宛、拉脱维亚等国家在2022年的经济发展质量进入了前十名，俄罗斯、马耳他跌出了前十，同时，在2022年的前十名里面，拉脱维亚总分的变化是最大的，提升了25.7%。

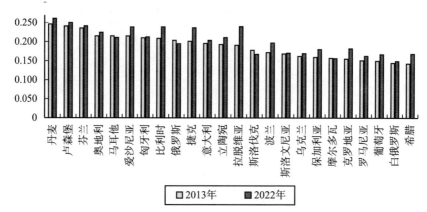

图6-3　2013年与2022年欧洲国家经济发展质量对比

（二）欧洲地区国家之间经济发展质量水平差异分析

从地理区位上看，欧洲地区主要可以分为东欧、西欧、南欧、北欧、中欧。本节选取了2022年东欧、西欧、南欧、北欧、中欧五个部分进行比较，从表6-4中可以看出，北欧的综合经济发展质量在2022年是最高的，主要来自丹麦（0.261）、芬兰（0.241）的经济发展质量的影响。

表6-4　　　　　　　　2022年欧洲各区域经济发展质量对比

区域	北欧	东欧	中欧	西欧	南欧
质量水平	0.251	0.194	0.207	0.244	0.180

资料来源：由课题组计算整理所得。

2013~2022年，欧洲五个区域经济发展质量差异的动态变化趋势如图 6 - 4 所示。不难发现,欧洲地区的经济发展质量水平从总体上看是呈现上升趋势的,北欧的综合经济发展质量水平从 2013 年的 0.241 增长到 2022 年的 0.251,东欧的综合经济发展质量水平从 2013 年的 0.181 增长到 2022 年的 0.194,南欧的综合经济发展质量水平从 2013 年的 0.167 增长到 2022 年的 0.180,中欧的综合经济发展质量水平从 2013 年的 0.195 增长到 2022 年的 0.207,西欧的综合经济发展质量水平从 2013 年的 0.225 增长到 2022 年的 0.244。

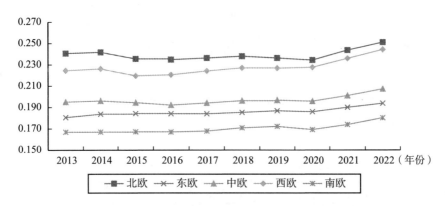

图 6 - 4　2013~2022 年欧洲各区域经济发展质量变化趋势

资料来源:由课题组计算整理所得。

三、南美洲、大洋洲地区

中阿两国在 2022 年 2 月 4 日签署了共建"一带一路"的谅解备忘录,这意味着由中国提出的"一带一路"倡议在南美洲画出了更大的同心圆。在新冠疫情席卷了全世界之后,"一带一路"也成为了一个可以促进南美地区贸易、基础设施建设的良好机遇。

2022 年 1 月,区域全面经济伙伴关系协定(RCEP)正式生效,给中国经济发展多个领域都将带来长期利好和深远影响，有助于与大洋洲的合作，大洋洲地区具有重要的地缘位置，也是各大国都比较关注的地区，目前，中国已经是大洋洲多数国家的第一大贸易伙伴，务实合作已经成为中国与大洋洲各国的强力助推器。

（一）区域总体特征分析

在样本选取的共建"一带一路"国家中大洋洲、南美洲国家共有 7 个，由表 6 - 5 可知，在 2022 年的发展质量水平上，前三名为新西兰（0.235）、巴西（0.196）和阿根廷（0.184），后三名为哥伦比亚（0.150）、厄瓜多尔（0.122）和秘鲁（0.119）。

表 6 - 5　　　　　2022 年大洋洲、美洲各国经济发展质量排名

排名	国家	质量水平
1	新西兰	0.235
2	巴西	0.196
3	阿根廷	0.184
4	智利	0.151
5	哥伦比亚	0.150
6	厄瓜多尔	0.122
7	秘鲁	0.119

资料来源：由课题组整理计算所得。

在时间维度上，由图 6 - 5 可知，将 2013 年与 2022 年进行对比分析，2022 年，新西兰、厄瓜多尔、秘鲁、哥伦比亚的经济质量较 2013 年是显著提升的，而阿根廷、巴西、智利的经济质量是显著下降的，同时可以看出在当前样本下，大洋洲经济发展质量是优于南美洲的。

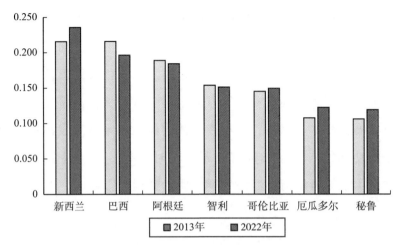

图 6 − 5　2013 年与 2022 年南美洲大洋洲地区经济发展质量对比

资料来源：由课题组整理计算所得。

（二）南美洲和大洋洲地区国家之间经济发展质量差异分析①

在样本中，共建"一带一路"的国家共 61 个，位于南美洲的国家主要是智利、哥伦比亚、巴西、阿根廷、厄瓜多尔、秘鲁，其中智利、巴西、厄瓜多尔为主要经济体。位于大洋洲的国家是新西兰。

1. 智利

智利位于南美洲西南部，安第斯山脉以西，东邻玻利维亚和阿根廷，北界秘鲁，西濒太平洋，南与南极洲隔海相望，是拉美经济较发达的国家之一。但由测度结果可知，智利近年来经济发展逐步下坡，如图 6 − 6 所示，其经济发展质量水平从 2013 年的 0.154 上涨到 2019 年的 0.159，之后由于新冠疫情的影响，下降到 2022 年的 0.151。在六个维度中，包容性最低。

---

① 本部分国家资料来源于中华人民共和国外交部网站：https：//www.mfa.gov.cn/web/gjhdq_676201/gj_676203/yz_676205/.

　　智利有1860万人口，被世界银行集团视为高收入经济体，也是南美洲第一个经济合作与发展组织（OECD）成员国，同时还是跨太平洋伙伴关系协定（TPP）的四个发起国之一。相较于巴西、阿根廷等拉美大国，智利在人口资源等方面不具备优势，但经济发展却是拉美国家发展的样本。但是，近年智利社会保障体系并未发挥社会财富的再分配功能，未能缩小贫富差距，同时引起了全国性的抗议及骚乱，并且由于新冠疫情，经济发展的质量受到了影响。

图6-6　2013~2022年智利经济发展质量趋势

资料来源：由课题组计算整理所得。

2. 巴西

　　巴西是南美洲最大的国家，金砖国家之一、南美洲国家联盟成员、里约集团创始国之一。但据测度，巴西的经济发展质量得分较低，自2013年以来经济发展逐步下坡，由图6-7可知，从2013年的0.216下降到2022年的0.196。六个维度中，创新性较低。

　　进入21世纪后，巴西经济发展历程也跌宕起伏。2010年，巴西

GDP 增速逐渐回温到最高7.5％的水平，随后急转直下，并在2015 年和2016 年大幅萎缩。虽然后期走出衰退，但增速徘徊在1％的低水平。在此背景下，巴西的债务水平越来越高，同时产品为低端产品，缺少技术含量，可替代性强，国内的东西卖不出去，而本国的内需又不足，这便直接导致了国内商品降价促销，而国内消费的下降又导致收益大幅下降，甚至出现公司亏损破产的现象。随之而来的便是负债高筑与贫富差距扩大、社会矛盾加深的死循环。同时由于新冠疫情的影响，经济进一步下降，出口也进一步减少。

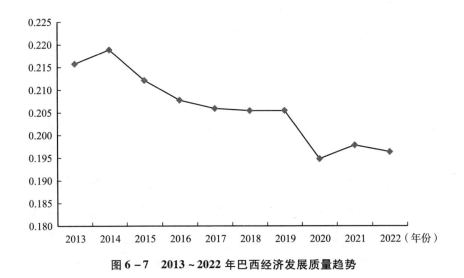

图6－7 2013～2022 年巴西经济发展质量趋势

资料来源：由课题组计算整理所得。

3. 厄瓜多尔

厄瓜多尔位于南美洲西北部，北与哥伦比亚相邻，南接秘鲁，西滨太平洋，与智利同为南美洲不与巴西相邻的国家。据测度，厄瓜多尔的经济发展质量得分较低，但由图6－8 可知，2013～2022 年总体为上升趋势，从2013年的0.108上涨到2022年的0.122。在六个维度中，得分均不高，但同比上升。

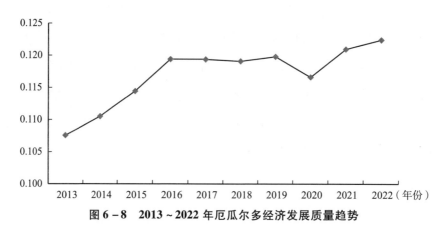

图6-8 2013~2022年厄瓜尔多经济发展质量趋势

资料来源：由课题组计算整理所得。

作为国土面积只有25.6万平方千米的沿海国家，厄瓜多尔非常注重对外贸易。在推崇出口商品和市场的多样化的前提下保护本国民族工业和鼓励国家工业制品出口。厄瓜多尔的经济以石油、香蕉、虾、木材及其他主要农产品的出口以及在国外的厄瓜多尔移民的侨汇为基础。厄瓜多尔与中国关系密切，国内大部分商品都由中国制造。厄瓜多尔香蕉享誉全球，年对华出口量约为25万吨。在签订自贸协定后，关税减免，产品竞争力加强，厄瓜多尔对华出口规模将进一步增长。

4. 新西兰

新西兰是大洋洲第三大国家，国土面积为26万多平方千米，人口不到500万人，是一个地广人稀的国家，国土面积主要由北岛、南岛以及其他岛屿组成。据测度，新西兰的经济质量发展得分较高，由图6-9可知，从2013年的0.216增长到2022年的0.235。六个维度中，开放性排名最高。

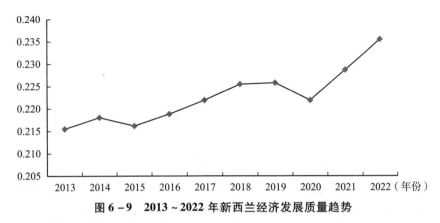

图 6 - 9 2013~2022 年新西兰经济发展质量趋势

资料来源：由课题组计算整理所得。

新西兰作为全世界环境最好的国家之一，国际旅游依存度较为突出。新西兰具有独特的风情和风景，每年吸引几百万的人口进入，尤其是欧美、东亚的游客。旅游每年带来巨大的收入是新西兰发展的一个基础，随着新西兰不断加大对旅游的投入，整个旅游产业进一步扩大，形成了完整的产业链，形成良性循环。但 2020 年新冠疫情暴发后，旅游行业受到打击，直到 2022 年，经济逐步好转。

四、非洲地区

"一带一路"倡议提出近十年来，非洲国家踊跃参与，中非共建的多项大型基建项目已经开始造福非洲大陆。与此同时，在"一带一路"倡议下，中企援建的"小而美"项目也深受非洲人民欢迎。"一带一路"倡议，将为消除贫困的中非人民带来共同的福祉。

（一）区域总体特征分析

从表 6 - 6 看，总体而言，在共建"一带一路"国家中，非洲国家的经济发展质量综合水平相对较弱，在样本中共有五个非洲国家，分别为坦桑尼亚、埃及、南非、突尼斯、尼日利亚，得分分别为0.157、0.138、0.135、0.127、0.119。非洲的经济发展质量是较低的，原因在于：非洲自然条件复杂多样，气候炎热潮湿，导致热带病流行；战争动乱频发，基础设施水平较差，百姓生活缺乏保障；科技水平较落后导致工业不发达；等等。基础设施落后、政治不稳定、资金缺乏、人才短缺是非洲国家实现经济高质量发展的瓶颈；发展环境恶劣是非洲当前最大的障碍之一，导致非洲的部分国家错失了经济全球化良机，不管是在教育上还是文化上，都与经济发展质量较高的国家存在一定的差距。

表 6 - 6   非洲地区国家 2022 年经济发展质量排名

排名	国家	质量得分
1	坦桑尼亚	0.157
2	埃及	0.138
3	南非	0.135
4	突尼斯	0.127
5	尼日利亚	0.119

资料来源：由课题组计算整理所得。

从时间维度上看，2013～2022 年，非洲经济发展质量得分波动区间为 0.125～0.135，如图 6 - 10 所示。具体来看，2013～2015 年，非洲经济发展质量得分增速较为突出，2015～2017 年，非洲经济发展质量得分不断下降，2018～2022 年稳步上升。

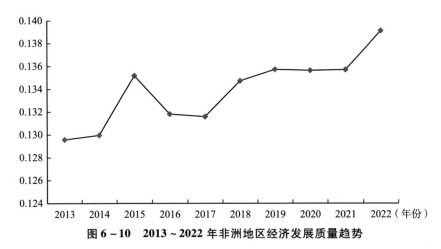

图 6 - 10　2013 ~ 2022 年非洲地区经济发展质量趋势

资料来源：由课题组计算整理所得。

（二）非洲各国家差异性分析①

在非洲五个国家中，从经济规模、政治影响、地理区位上看，主要经济体有 5 个，为突尼斯、南非、埃及、坦桑尼亚和尼日利亚。

1. 突尼斯

突尼斯是阿拉伯国家联盟、非洲联盟、马格里布联盟及伊斯兰会议组织成员国，地处非洲大陆最北端，西邻阿尔及利亚，东、北临地中海，东南与利比亚为邻，与意大利隔海相望，兼具非洲、阿拉伯和地中海三重属性。从图 6 - 11 看，突尼斯的经济发展质量得分稳步上升，从 2013 年的 0.121 上涨到 2022 年的 0.127。在六个维度中，开放性比较高。

在开放性方面，2020 年 6 月 27 日起，突尼斯海陆空口岸全部开放，旅游业将渐次恢复正常。突尼斯位于非洲大陆最北端，地处地中

---

① 本部分国家资料来源于中华人民共和国外交部网站：https：//www.mfa.gov.cn/web/gjhdq_676201/gj_676203/yz_676205/.

海地区的中央，隔突尼斯海峡与意大利的西西里岛相望，西与阿尔及利亚为邻，东南与利比亚接壤，拥有 1300 千米的海岸线，地形复杂。北部多山，中西部为低地和台地，东北部为沿海平原，南部为沙漠。温和的气候，好客的人民，海滩、沙漠、山林，悠久文明和多元文化，让这里成为世界最具魅力的旅游胜地之一。2022 年，突尼斯旅游开始恢复正常。

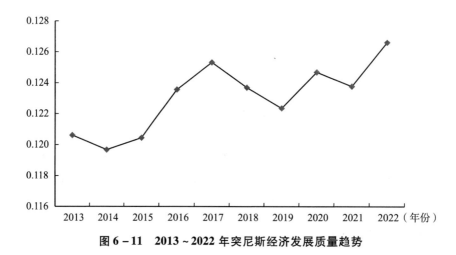

图 6 – 11　2013～2022 年突尼斯经济发展质量趋势

资料来源：由课题组计算整理所得。

2. 南非

南非共和国，简称"南非"，地处南半球，有"彩虹之国"之美誉，位于非洲大陆的最南端，陆地面积为 1219090 平方千米，其东、南、西三面被印度洋和大西洋环抱，陆地上与纳米比亚、博茨瓦纳、莱索托、津巴布韦、莫桑比克和斯威士兰接壤。南非是非洲的第二大经济体，国民拥有较高的生活水平，经济相比其他非洲国家相对稳定。从图 6 – 12 可知，南非的经济发展质量得分较低，2013～2022

年，经济发展质量逐步下降，从 2013 年的 0.146 下降到 2022 年的 0.135。六个维度中，南非的创新性和绿色性较低。

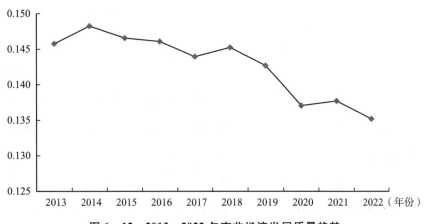

图 6 – 12　2013～2022 年南非经济发展质量趋势

资料来源：由课题组计算整理所得。

在创新性方面，南非在研究和创新基础设施的交付、扩展和推广方面仍面临挑战。其中包括国家创新体系现有基础设施的多样性不足、资金不足、国内宽带互联网连接成本高，以及许多公共机构组织未能充分发挥其基础设施预算的作用或未能妥善维护其基础设施等。南非创新体系的发展仍存在一些限制性因素，如各级人才储备不足，现有投资不足以至于无法满足基础设施需求，以及对国内外私人在创新方面的投资缺乏激励政策等。

在绿色性方面，作为一个资源型国家，南非拥有许多世界级的大型矿床，如维特沃特斯兰德盆地的金铀矿床，德兰士瓦盆地的铁、锰、石棉矿床，布什维尔德杂岩体的铂、镍、铬、磁铁矿、钒、锡、萤石矿床，帕拉博拉杂岩体铜、磷灰石、蛭石、磁铁矿矿床，以及金刚石矿床等，均为世界著名的超大型矿床。

3. 埃及

埃及是四大文明古国之一，非洲第三大经济体，第三人口大国，国土面积达 100.145 万平方千米，国土面积排名世界第 30 位，94% 国土为沙漠。埃及地处亚非欧三大洲交界处，北面隔地中海与欧洲相望，西南部直通非洲大陆腹地，扼守"21 世纪海上丝绸之路"的战略要冲。苏伊士运河走廊连接南海、印度洋至红海、地中海的枢纽，是联通欧亚的航天生命线。因此，埃及对接"一带一路"倡议有着天然的地理优势。埃及是非洲工业化基础较好的国家，公路、铁路、空运和水运交通运输系统完善，还拥有与欧、亚、非各国相连的海运、空运航线，以及同周边非洲国家相连的陆路交通网，交通便利，地理位置优越。从图 6-13 可知，埃及的经济发展质量得分较低，但 2013～2022 年经济发展质量指数不断上升，从 2013 年的 0.115 上涨到 2022 年的 0.138。六个维度中，埃及的有效性较低，而绿色性、创新性方面较高。

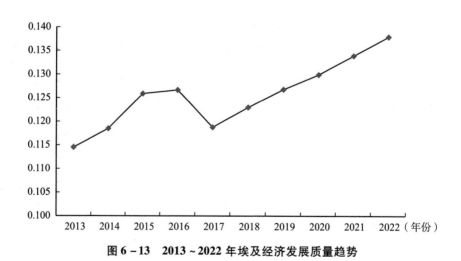

图 6-13　2013～2022 年埃及经济发展质量趋势

资料来源：由课题组计算整理所得。

绿色性方面,埃及积极开展新能源。埃及全年日照充足,位于埃及南部的阿斯旺本班光伏产业园项目占地 37 平方千米,是世界最大的光伏产业园之一。2019 年园区建成投产当年,埃及利用太阳能产出的电能总量达到 24 亿千瓦时,有效缓解了当地用电紧张问题。埃及计划到 2022 年将清洁能源发电量占总发电量的比例提升至 20%,到 2035 年提升至 40%。埃及政府不断健全管理和监管机制,为光伏发电设定了上网补贴电价,同时鼓励有实力的国际企业参与可再生能源电力市场。

4. 坦桑尼亚

坦桑尼亚是联合国、"不结盟运动"、英联邦、非洲联盟、东非共同体、南部非洲发展共同体及环印度洋地区合作联盟等组织的成员国。从图 6 – 14 可知,坦桑尼亚的经济发展质量得分较低,但 2013 ~ 2022 年经济发展质量指数不断上升,从 2013 年的 0. 119 上涨到 2022 年的 0. 157。六个维度中,开放性比较高。

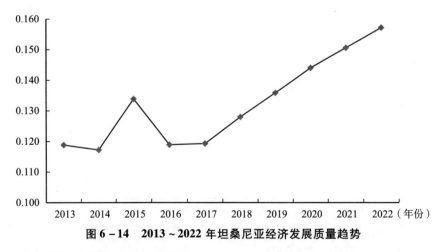

图 6 – 14 2013 ~ 2022 年坦桑尼亚经济发展质量趋势

资料来源:由课题组计算整理所得。

开放性方面，坦桑尼亚位于非洲大陆的东部边缘，是东非最大的国家，面对印度洋。优越的地理位置赋予了这个国家宜人的、适合旅行的天气和气候——白天阳光充足，夜晚凉爽舒适。坦桑尼亚有多个"世界地理之最"：非洲最高峰——乞力马扎罗山，非洲最低点——坦噶尼喀湖，还有非洲最大的湖泊——维多利亚湖。坦桑尼亚被称为"非洲旅游王国"，吸引旅游人员。

5. 尼日利亚

尼日利亚是非洲最大的石油生产国和世界第六大石油出口国，是联合国、不结盟运动、77 国集团、世界贸易组织、石油输出国组织、非洲联盟和西非国家经济共同体等国际组织成员国，为非洲第一大经济体。2021 年尼日利亚国内生产总值为 4401 亿美元，人均国内生产总值为 2062 美元，国内生产总值增长率为 3.6%。从图 6 - 15 可知，尼日利亚的经济发展质量在 2013 年较高，但 2013～2022 年经济发展质量指数不断下降，从 2013 年的 0.128 下降到 2022 年的 0.119。六个维度中，有效性较弱。

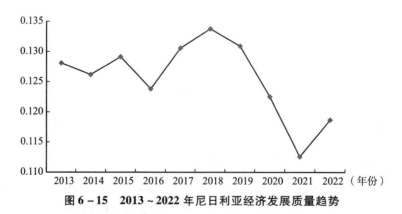

图 6 - 15　2013～2022 年尼日利亚经济发展质量趋势

资料来源：由课题组计算整理所得。

有效性方面，尼日利亚虽然经济总量排在非洲各国之首，但由于尼日利亚人口众多，其人均 GDP 在 2019 年只是略微超过 2000 美元——略微超过非洲平均水平，和印度人均水平相仿。尼日利亚虽然是非洲最大的石油开采国，同时还是非洲最大的石油原油出口国，但对石油的"再加工能力较差"，对外大量出口石油原油的同时，却大量进口提炼好的汽油、柴油等。

五、本章结论与启示

本章对样本国家的地理区位特征进行了分析，得出以下结论：

2013~2022 年，亚洲国家的经济发展质量呈现上升趋势，从内部看，东亚、东南亚、西亚、中亚、南亚依次递减；大洋洲国家的经济发展质量综合水平整体较高；南美洲国家经济发展质量相对较低；非洲国家、欧洲国家经济发展质量整体稳步上升。

"一带一路"倡议的推进，为各共建国家发展贡献了新的机遇，在未来我们需要不断拓展合作领域，提升发展质量，提高抵御风险的能力，为地区经济发展和全球经济复苏增添新的活力。

第四篇 国 别 篇

　　本篇主要关注共建"一带一路"排名靠前、排名靠后和典型国家经济发展质量变化，及"一带"与"一路"共建国家差异，深入国别层面探讨高水平推动"一带一路"建设的成功经验。

第七章 共建"一带一路"经济发展质量水平排名靠前共建国家分析

一、经济质量排名靠前国家比较分析

通过对 61 个共建"一带一路"国家经济发展质量的测算,经济质量排名前十的共建国家排名及经济质量发展水平如表 7 – 1 所示。具体来看,亚洲国家占据 6 席,分别是中国 (0.611)、韩国 (0.396)、新加坡 (0.317)、以色列 (0.314)、菲律宾 (0.250)、马来西亚 (0.244)。欧洲国家占据 4 席,分别是丹麦 (0.261)、卢森堡 (0.250)、芬兰 (0.241) 和拉脱维亚 (0.240)。大洋洲、南美洲和非洲未有国家进入前十。

表 7 – 1   2022 年经济质量排名前十名国家

排名	国家	区域	经济质量得分
1	中国	亚洲	0.611
2	韩国	亚洲	0.396
3	新加坡	亚洲	0.317
4	以色列	亚洲	0.314

排名	国家	区域	经济质量得分
5	丹麦	欧洲	0.261
6	卢森堡	欧洲	0.250
7	菲律宾	亚洲	0.250
8	马来西亚	亚洲	0.244
9	芬兰	欧洲	0.241
10	拉脱维亚	欧洲	0.240

资料来源：由课题组测算并整理所得。

二、发展速度与发展质量协调性分析

考虑到共建"一带一路"国家经济发展程度与所处经济发展阶段存在较大差异，进一步借鉴二维矩阵的思想比较分析共建"一带一路"国家经济发展增速与经济发展质量的协调性。具体地，将 2022 年"一带一路"经济发展质量排名前十的共建国家经济发展质量与平均经济发展质量的差值作为横坐标，运用各国经济增速与平均经济增速的差值作为纵坐标，使用两者的平均值作为原点，绘制散点图，其描述了经济质量水平前十的共建国家经济发展速度与经济发展质量的相对水平。由散点图 7 - 1 可知，在前十的国家中主要有低质量 - 高速度（低 - 高型）、高质量 - 高速度（高 - 高型）、低质量 - 低速度（低 - 低型）与高质量 - 低速度（高 - 低型）四种类型。

其中，中国位于第一象限，属于高经济质量水平高经济增长速度的高速高质型国家。新加坡、以色列和菲律宾三个国家分布在第二象限，属于低经济质量水平高经济增长速度的质量滞后型国家。丹麦、卢森堡、马来西亚和芬兰位于第三象限，相比前列中的其他国家，这四个国家经济质量与经济发展速度相对落后,属于低经济质量与低经济发展速度的质速同步型国家。韩国分布在第四象限,属于高经济质量低经济发展速度的质量超前型国家。

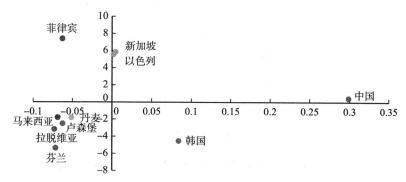

图 7-1 排名靠前国家经济发展质量与经济发展速度同步发展情况

(一)高速高质型国家

在经济质量前十的国家中,中国属于高经济质量水平高经济增长速度的高速高质型国家,说明中国在保持较高经济发展质量的同时,经济增长速度同样保持较高水平。2013~2022年,中国经济质量水平均呈现波动上升的趋势,如图7-2所示。

经济质量排名前十的国家中,中国排名首位,并且经济质量水平显著高于其他国家。2013~2022年中国经济质量水平均呈现波动上升的趋势,经济质量稳定在0.4541~0.6109。十年来,中国经济实力跃上新台阶,在转向高质量发展的进程中,不断创新和完善宏观调控,经济发展既保持了量的合理增长,也实现了质的稳步提升。在科技创新方面,中国科技创新事业发生历史性、整体性、格局性重大变化,全球创新指数排名从十年前的第19位提升到现在的第11位,

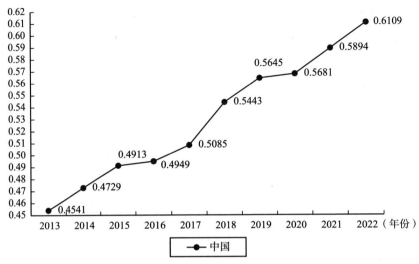

图 7 - 2　2013～2022 年高速高质型国家经济发展质量变化情况

资料来源：由课题组计算整理所得。

成功进入创新型国家行列。在创新创业创造方面，中国成为全球高度活跃的创新创业沃土。数字经济蓬勃发展，规模已位居全球第二。人工智能、区块链、量子通信、智能驾驶等新技术开发应用走在全球前列，快递外卖、互联网医疗、线上办公、新个体经济、无人经济等新业态新模式层出不穷，创造了数以亿计的灵活就业岗位。在改革开放方面，全方位高水平开放型经济加快形成，共建"一带一路"取得实打实、沉甸甸的成果，与 150 多个国家、30 多个国际组织签署了 200 多份共建"一带一路"合作文件，中老铁路建成通车，雅万高铁等一大批项目扎实推进。中国经济质量各项指标虽还处于发展中国家水平，但已稳居世界第二大经济体，因此中国拥有较高的经济质量。

（二）质量滞后型国家

在经济质量排名前十的国家中，新加坡、以色列、菲律宾属于经济质量相对落后型国家,说明这三个国家的经济发展质量相比经济发展速度处于相对滞后的水平。2013~2022年,以上三个国家经济质量水平均呈现波动上升的趋势,如图7-3所示。

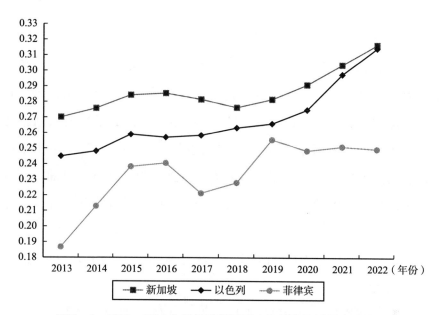

图7-3 2013~2022年质量滞后型国家经济发展质量变化情况

资料来源:由课题组计算整理所得。

1. 新加坡

新加坡经济质量增长呈现初期较为平稳,然后波动上升的趋势。2013~2018年,新加坡经济质量增长趋势较为平稳,仅有轻微波动。2018年后开始上升,2022年上升至0.3167。新加坡位于东南亚,北隔柔佛海峡与马来西亚为邻,南隔新加坡海峡与印度尼西亚相望,毗邻马六甲海峡南口,国土除新加坡岛之外,还包括周围数岛。得益于服务业与航运行业,新加坡经济高度发达,其经济模式被称作"国家资本主义"。根据2014年的全球金融中心指数(GFCI)排名报告,新加坡是继纽约、伦敦之后的第三大国际金融中心，也是亚洲重要的服务和航运中心之一。因此，新加坡经济质量一直稳居世界经济质量前列。

2. 以色列

以色列经济质量排名第五，经济质量保持相对平稳上升的状态，平均波动水平未超过 0.3，2022 年经济质量得分最高为 0.31。以色列是世界贸易组织和经济合作与发展组织成员国，以科技金融立国，是高度发达的自由市场经济，在 2022 联合国人类发展指数的最新报告中，以色列排在第 22 位，被列为"高度发达"国家，其生活水平高于许多西方国家。以色列经济的繁荣使得这个国家拥有先进的福利制度、现代化的基础设施，以及可以与硅谷相媲美的高科技产业。近年来，以色列宏观经济发展较为稳定，经济增长率保持在 3.5% 以上。因此，以色列 2013～2022 年的经济质量保持相对平稳上升的状态。

3. 菲律宾

菲律宾经济质量总体呈现先波动上升然后有向下趋势的状态，2013～2019 年呈现波动上升趋势，2019 年后经济质量有向下趋势。最高值是 2019 年的 0.2556。近些年菲律宾的经济已经有了显著高效的发展，人均 GDP 在亚洲的排名位居中国、韩国、日本、泰国和马来西亚之后，较以往也有所提升，这也得益于菲律宾政府积极转变传统的经济发展模式，大力扶持基础设施建设，颁布一些政策，积极鼓励引进外商投资。2019～2022 年，菲律宾开始逐步迈向"后杜特尔特时期"，菲律宾国家在政治、经济、外交及国家安全等多方面都有了新变化与新发展。菲律宾在国际经贸疲软、新冠疫情的背景下经济增长势头呈现走弱趋势。因此，菲律宾在 2013～2019 年经济质量保持上升状态，2019～2022 年经济质量有向下趋势。

（三）质速同步型国家

在经济质量前列的国家中，丹麦、卢森堡、马来西亚、芬兰和拉脱维亚属于低经济质量水平低经济增长速度的质速同步型国家，说明这类国家经济发展质量水平较低，经济增长速度也同样较低。2013～2022年，丹麦、卢森堡、马来西亚和芬兰经济质量水平均呈现波动上升的趋势，如图7-4所示。

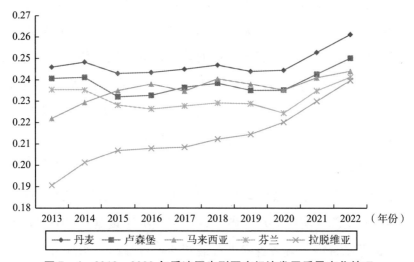

图7-4 2013～2022年质速同步型国家经济发展质量变化情况

资料来源：由课题组计算整理所得。

1. 丹麦

丹麦经济质量水平保持相对稳定的水平，平均变动水平未超过0.02，在经济质量排名前十的国家当中排行第六。丹麦作为发达的西方工业国家，农牧渔业及食品加工业发达，有"欧洲乳酪市场"之称，在许多工业领域有先进的生产技术和经验。政府坚持适度紧缩的财政政策，采取积极措施稳定金融市场及汇率。2022年环境绩效指数报告显示，丹麦在该指数的排名中再次位列第一，反映了其在一系列可持续发展挑战面前，相关政策表现得强而有力，并在很多问题上发挥了领导作用。丹麦是发达的西方工业国家，人均国内生产总值居世界前列，在世界经济论坛2019年全球竞争力报告中列第10位。

2. 卢森堡

2013~2022年卢森堡经济质量变化趋势整体呈现与丹麦一致性的特征，平均变动水平未超过0.02，经济质量最大值是2022年的0.2501。卢森堡作为发达资本主义国家，人均国内生产总值连续多年位居全球第一。卢森堡的自然资源比较贫乏，国家小、市场也狭小，经济对外依赖性比较大。值得一提的是，卢森堡的钢铁工业、金融业和卫星通信业是卢森堡经济的三大重要支柱产业。在2017年全球金融中心指数报告中，卢森堡被评为全球最具竞争力的金融中心第18位，在欧洲排名第三，仅次于伦敦和苏黎世。

3. 马来西亚

马来西亚的经济质量在2013~2022年变化不大，平均变动水平低于0.03，但是总体呈现上升趋势。2013年经济质量是0.0019，2022年经济质量是0.2440。马来西亚央行最新的报告显示，2021年马来西亚全年GDP的增长率为3.1%。世界银行预测，马来西亚的经济将持续看涨，2022年的增幅可达到5.8%。在其发布的2022年全球机会指数中，梅肯（Milken）研究院将马来西亚列为新兴经济体中最具吸引力的外国直接投资目的国。马来西亚还被世界知识产权组织列为排名第三的最具创新型中上收入经济体。瑞士洛桑管理学院颁布的2021年世界竞争力年鉴，根据马来西亚吸引战略和优质投资的能力将其列在第25位。

4. 芬兰

2013~2022年芬兰的经济质量整体波动趋势较为平稳，2020年经济质量得分最低,为 0.2244,2022 年芬兰的经济质量得分最高,为 0.2413,最高与最低仅相差 0.168。木材加工、造纸和林业机械等行业为芬兰重要的支柱性产业,具有世界领先水平。20 世纪 90 年代初,芬兰遭遇经济危机后,芬兰政府坚持发展高科技,引导经济向信息化知识化转型,信息通信、能源环保、化工等产业迅速发展,国民经济逐渐走出困境。目前,国际评级机构标准普尔(Standard & Poor)和惠誉(Fitch)对芬兰债务信用的评级为 AA +,穆迪(Moody)的评级为 Aa,均为第二高等级。

5. 拉脱维亚

拉脱维亚经济质量在经济质量排名前十的国家中排名第十,2013 ~ 2022 年拉脱维亚的经济质量整体呈现上升,2013 年经济质量为 0.191,2022 年经济质量为 0.240,十年间经济质量增长了 0.049。在 2008 年世界金融危机之后,拉脱维亚是欧盟国家中第一个实现经济复苏的经济体。随后,拉脱维亚的经济增长速度一直在欧盟国家中居于前列。由于外部环境的改善、私人和公共投资、就业和工资的增加,2017 ~ 2022 年拉脱维亚经济增速明显加快。自 2013 年以来,拉脱维亚的经济一直在稳步增长,主要得益于其强大的制造业和服务业以及与欧盟和其他国际伙伴的贸易关系。拉脱维亚处于主要欧亚市场的十字路口,地理位置优越,是亚欧往来货物运输最方便实用的枢纽之一,同时也拥有良好的交通系统基础设施,能够促进贸易往来。

(四) 质量超前型国家

2013 ~ 2022 年,韩国经济质量水平呈现波动上升的趋势。2013 ~ 2022 年韩国经济质量缓慢波动上升,2013 年经济质量为 0.323,2022 年经济质量为 0.397,十年间经济质量水平上升近 0.07 分,如图 7 - 5

所示。韩国经济质量水平自 21 世纪以来便处在世界先进行列，其经济质量评分在世界排名只次于中国，排名第二。韩国已经是世界最大的半导体生产国，可以说正站在世界制造业价值链的顶端。据国际货币基金组织（IMF）数据显示，韩国人均年收入从 1963 年的 100 美元增加到 2022 年的 59224 美元以上，已经步入发达国家标准。1997 年受亚洲金融危机的影响，韩国经济增长严重下滑，但是得益于韩国电子信息、汽车以及文化等产业的崛起，之后韩国经济快速上升。电子工业以高技术密集型产品为主，为世界十大电子工业国之一，半导体集成电路发展迅速。近年来韩国重视互联网技术（IT）产业，不断加大投入，IT 技术水平和产量均居世界前列。文化行业在 2004 年已经成为仅次于汽车制造的第二大出口创汇产业，到 2021 年文化产业出口额提高到 124.5 亿美元。2021 全球创新指数报告发布，韩国排名全球第五、亚洲第一。因此，韩国凭借其高科技产业、"韩流"文化输出以及在亚太地区的特殊位置与作用，经济高速增长，成为发达国家之一，经济质量也处于较高水平。

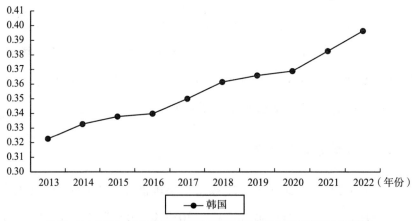

图 7-5　2013～2022 年质量超前型国家经济发展质量变化情况

资料来源：由课题组计算整理所得。

三、本章结论与启示

共建"一带一路"国家经济发展质量报告国别篇,主要对样本国家中排名前列的国家进行深入分析,主要得出以下结论:

在共建国家经济质量排名前列的国家中,亚洲国家占据 6 席,表明亚洲地区的经济质量显著优于其他大洲经济质量水平。欧洲地区经济质量发展水平也存在较大差异,前十名国家中除丹麦、卢森堡、芬兰与拉脱维亚外无其他国家上榜,并且这四个国家在前十名当中排名靠后。

在经济增速与经济质量协调性分析中发现:中国属于高经济质量水平及高经济增长速度的高速高质型国家;新加坡、以色列、菲律宾三个国家属于低经济质量水平高经济增长速度的质量滞后型国家;丹麦、卢森堡、马来西亚、芬兰、拉脱维亚五个国家属于低经济质量与低经济发展速度的质速同步型国家;韩国属于高经济质量低经济发展速度的质量超前型国家。

共建"一带一路"国家多为发展中国家,经济发展阶段各异,经济增速与经济发展质量的协调性呈现出了明显的异质性特征。在"一带一路"建设实施中,在注重"速度"的同时,进一步提升"质量",高标准、高起点、高效率、高质量推动"一带一路"建设,最终实现可持续发展。

第八章 共建"一带一路"经济发展质量水平排名靠后共建国家分析

一、经济质量排名靠后国家比较分析

根据 61 个共建"一带一路"国家经济发展质量测算结果，经济发展质量排名后十位共建国家的经济质量水平如表 8 – 1 所示。在经济发展质量排名后十位的共建国家中，亚洲国家占据 6 席，分别是吉尔吉斯斯坦（0.121）、乌兹别克斯坦（0.117）、塔吉克斯坦（0.113）、伊朗（0.108）、孟加拉国（0.106）、巴基斯坦（0.103）。非洲国家占据 2 席，分别是突尼斯（0.127）和尼日利亚（0.119）。南美洲国家同样占据 2 席，分别为厄瓜多尔（0.122）和秘鲁（0.119）。其中，亚洲国家的平均经济发展质量水平为 0.112，明显低于其他大洲的整体平均经济发展质量水平 0.122。

表 8 – 1　　　　　2022 年经济质量排名后十位国家名单

排名	国家	区域	得分
1	突尼斯	非洲	0.127
2	厄瓜多尔	南美洲	0.122

排名	国家	区域	得分
3	吉尔吉斯斯坦	亚洲	0.121
4	秘鲁	南美洲	0.119
5	尼日利亚	非洲	0.119
6	乌兹别克斯坦	亚洲	0.117
7	塔吉克斯坦	亚洲	0.113
8	伊朗	亚洲	0.108
9	孟加拉国	亚洲	0.106
10	巴基斯坦	亚洲	0.103

资料来源：由课题组测算整理所得。

二、经济增速与经济质量协调性分析

为了进一步考察经济发展质量排名后十位国家的发展状况，本章首先通过构建这十个国家经济发展质量与经济增速之间的协调度散点图，如图8-1所示，其以2022年排名后十位国家的经济发展质量与平均经济发展质量的差值作为横坐标，运用各国经济增速与平均经济增速的差值作为纵坐标，使用两者的平均值作为原点，将排名后十位国家的经济发展质量与经济增速之间的协调度进行三类划分（未有国家落入第二象限）：（1）高速高质型国家，主要分布在第一象限，表现为突尼斯、厄瓜多尔、吉尔吉斯斯坦和秘鲁四个国家的经济发展速度与经济发展质量处于相对较高的同步水平；（2）质速同步型国家，主要分布在第三象限，表现为塔吉克斯坦、伊朗、孟加拉国和巴基斯坦四个国家的经济发展速度与经济发展质量处于相对较低的同步水平；（3）质量超前型国家，主要分布在第四象限，表现为尼日利亚和乌兹别克斯坦这两个国家的经济发展质量相比经济发展速度处于相对超前的水平。下面将根据协调度的三类划分对不同国家的经济发展质量进行具体分析。

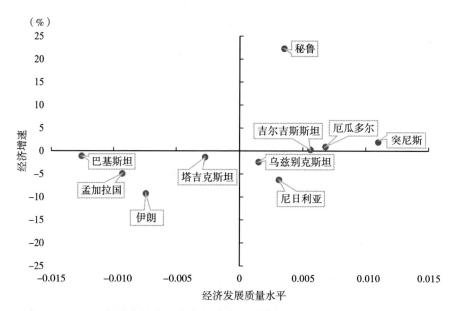

图 8 - 1　2022 年排名后十位国家经济发展质量与经济发展速度同步发展情况

资料来源：由课题组计算整理所得。

（一）高速高质型国家

在这十个国家中，突尼斯、厄瓜多尔、吉尔吉斯斯坦和秘鲁分布在第一象限，其经济发展速度与经济发展质量处于相对较高的同步水平，属于高速高质型国家，如图 8 - 2 所示。

1. 突尼斯

突尼斯的经济发展质量自 2013 年的 0.1206 波动上升至 2022 年的 0.1266，但经济发展质量排名由 2013 年的第 52 位下降至 2022 年的第 53 位。受新冠疫情等情况影响，2019～2021 年突尼斯经济发展质

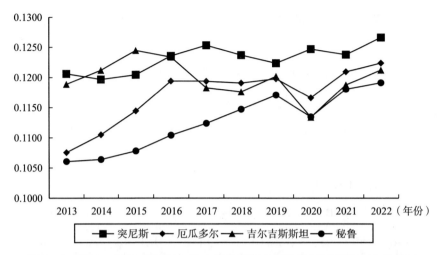

图 8 - 2 2013~2022 年质量与速度同步型国家经济发展质量水平变化情况

资料来源：由课题组计算整理所得。

量增长缓慢。为此，2022 年 4 月，突尼斯经济与规划部公布了一揽子紧急经济措施以振兴国民经济，主要包括以下四个方面：一是助力企业恢复现金流，打通企业融资渠道；二是鼓励对发展前景广阔的产业进行投资；三是促进商业监管；四是简化手续及推动出口。经营者在投资下降和失业率上升的背景下重拾信心，使得 2022 年突尼斯经济发展质量达到了近十年的峰值，经济发展速度也实现了较快增长。

2. 厄瓜多尔

厄瓜多尔的经济发展质量自 2013 年的最低点 0.108 波动上升至 2022 年的峰值 0.122，经济发展质量排名由 2013 年的第 58 位上升至 2022 年的第 54 位。厄瓜多尔经济以石油业、渔业和农牧业为主。受新冠疫情、国际油价下跌等情况影响，2020 年厄瓜多尔经济发展质量大幅下跌。2022 年受国际形势的影响，国际油价经历过山车行情，对厄瓜多尔石油行业造成了较大冲击，同时影响厄瓜多尔香蕉和鱼类产品出口。得益于米拉多尔（Mirador）和弗鲁塔北（Fruta del Norte）两大矿山 2022 年首次完全达产，2022 年厄瓜多尔矿产品出口额较 2021 年增长 32.6%，促进了 2022 年厄瓜多尔经济复苏。厄瓜多尔政府不断提升经济管理水平，其财政赤字率由 2020 年的 7.7% 下降至 2022 年的 1.7%，促进了厄瓜多尔 2022 年经济发展质量和经济发展速度的双向提升。

3. 吉尔吉斯斯坦

吉尔吉斯斯坦的经济发展质量自 2013 年的 0.119 波动上升至 2022 年的 0.121，其中，2015 年达到峰值 0.1245，2020 年达到谷值 0.113，经济发展质量排名由 2013 的第 53 位下降至 2022 年的第 55 位。吉尔吉斯斯坦经济严重依赖黄金生产、汇款和外国援助。其经济在 2020 年受到新冠疫情的严重打击，国内生产总值缩减了 8.4%，经济发展质量下降到近十年最低水平。但吉尔吉斯斯坦经济表现出较大的韧性，其经济发展质量和经济发展速度均实现了不同程度的上升。

4. 秘鲁

秘鲁的经济发展质量自 2013 年的谷值 0.106 平稳上升至 2022 年的峰值 0.119，经济发展质量排名由 2013 的第 59 位上升至 2022 年的第 56 位。秘鲁是拉美地区受新冠疫情冲击最严重的国家之一，2020 年经济一度萎缩 11%，经济发展质量相较于 2019 年下降了 3.1%。但在政府积极推行疫苗接种和采取扩张性财政政策的努力下，秘鲁国内防疫措施逐步放宽，经济活动有序重启。2021 年经济强劲反弹，增长 13.3%，居拉美地区第二位，创 1992 年以来最高增速。2022 年虽然面临国际经济增长放缓、金融环境收紧和秘鲁地方政府换届导致公共支出减少等影响，但内外需强劲、贸易利好等因素共同推动了秘鲁经济增长，秘鲁国内制造业、建筑业、服务业快速复苏，由此带来的就业恢复和民众购买力提升，不断刺激私人消费及投资增长。同时，秘鲁是资源丰富、种植业发达的传统农矿业国，对外部市场依赖性较强，主要出口矿产、能源和农产品等。随着原材料的价格上涨以及全球经济反弹带来的外部需求增加，秘鲁外贸增速明显提高，导致秘鲁2022年经济发展质量和速度都有较大程度的上升。

（二）质速同步型国家

在这十个国家中，塔吉克斯坦、伊朗、孟加拉国和巴基斯坦分布在第三象限，其经济发展速度与经济发展质量处于相对较低的同步水平，属于质速同步型国家，如图8-3所示。

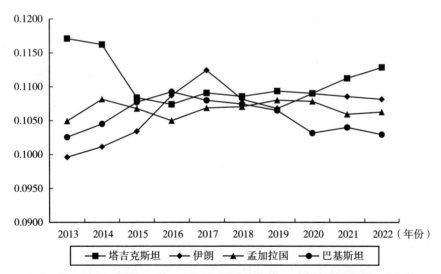

图8-3 2013~2022年低速度与低质量型国家经济发展质量水平变化情况

资料来源：由课题组计算整理所得。

1. 塔吉克斯坦

塔吉克斯坦的经济发展质量自 2013 年峰值的 0.1171 下降至 2016 年的谷值 0.107，随后缓慢上升至 2022 年的 0.113。2022 年经济发展质量排名与 2013 年相同——均列第 55 位。2015 年，塔吉克斯坦受俄罗斯经济下滑和其主要出口商品国际市场价格疲软、外劳侨汇收入大幅减少等因素影响，经济下行趋势明显，消费和外贸形势均不容乐观，国家财政资金十分紧张，外汇储备不断减少，外汇市场持续震荡，国内消费需求明显减弱，经济发展质量显著降低。2022 年，塔吉克斯坦政府采取多项措施扶持企业发展并改善投资环境，为发展国内生产提供税收和海关优惠，新投产工业企业 487 家，运输领域实施 17 个投资项目，新增就业岗位 19 万个，促进了 2022 年塔吉克斯坦经济发展质量回暖。

2. 伊朗

伊朗的经济发展质量自 2013 年的 0.099 波动上升至 2022 年的 0.108，其中，2017 年达到峰值 0.112，经济发展质量排名由 2013 的第 62 位上升至 2022 年的第 60 位。2018 年以来，伊朗经济发展质量处于较低水平。2022 年，随着伊朗国内外需求反弹，伊朗经济持续稳步复苏。伊朗的国内生产总值（GDP）在 2021～2022 年增长 4.7%，实现连续七个季度同比增长。此外，全球石油需求复苏以及石油出口回升推动伊朗石油产量同比增长 10.1%，使得伊朗的经济发展质量有所上升。但伊朗通胀形势不容乐观。受货币总量快速增长、通胀预期较高以及全球大宗商品价格上涨推动，2021～2022 年的消费者价格指数和核心通胀率分别攀升至 40.2% 和 36.7%，消费者价格指数达十年来最高水平。

3. 孟加拉国

孟加拉国的经济发展质量自 2013 年的 0.105 波动上升至 2022 年的 0.106，其中，2014 年达到峰值 0.108，2022 年经济发展质量排名与 2013 年相同——均列第 60 位。孟加拉国是国际公认的世界最不发达国家之一，尽管其在新冠疫情期间经济仍保持高速增长，但其经济发展已开始出现停滞迹象。成衣（RMG）集中的制造业推动了孟加拉国的经济发展，成衣的出口减少，食品和能源等必要商品的进口账单上升，以及财政赤字的直接影响，都恶化了孟加拉国的经常账户平衡。同时，孟加拉国还面临着包括汇款收缩、外汇枯竭和货币走弱等严重的经济问题，多种因素使得孟加拉国的经济发展质量长期处于较低的水平。

4. 巴基斯坦

巴基斯坦的经济发展质量自 2013 年的谷值 0.103 上升至 2016 年的峰值 0.109，随后波动下降至 2022 年的 0.103。究其原因，一方面是其脆弱的经济基础。巴基斯坦独立以来，国家经济发展主要依赖于国外援助。创汇产品不足，其外汇储备难以满足进口需求，2022 年以来，粮食价格飙升，外部影响进一步加剧了巴基斯坦的外汇缺失。另一方面是其失效的国内治理和混乱的国内秩序。以上多种因素导致了巴基斯坦经济发展质量和经济发展速度处于较低水平。

（三）　质量超前型国家

在这十个国家中，尼日利亚和乌兹别克斯坦分布在第四象限，其经济发展质量相比经济发展速度处于相对超前的水平，属于质量超前型国家，如图 8-4 所示。

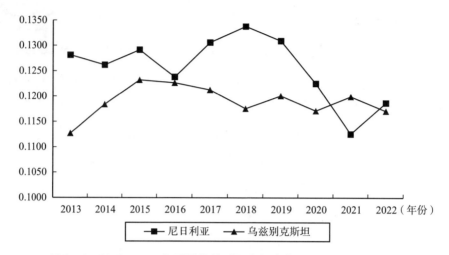

图 8 - 4　2013～2022 年质量超前型国家经济发展质量水平变化情况

资料来源：由课题组计算整理所得。

1. 尼日利亚

尼日利亚的经济发展质量自 2013 年的 0.128 波动下降至 2022 年的 0.119，其中，2018 年达到峰值 0.134，2021 年达到谷值 0.113，而经济发展质量由 2013 年的第 50 位下降至 2022 年的第 57 位。在人口素质条件的限制下，尼日利亚在技术型劳动力上仍然存在较大的缺口，只能承接一些技术水平较低的轻工业转移，实际上也就只能停留在初级产品加工的全球产业链底端。

2. 乌兹别克斯坦

乌兹别克斯坦的经济发展质量自 2013 年的谷值 0.113 波动上升至 2022 年的 0.117，其中，2015 年达到峰值 0.123，而经济发展质量由 2013 年的第 57 位下降至 2022 年的第 58 位。新冠疫情等因素使乌兹别克斯坦经济复苏变得艰难。但乌兹别克斯坦自 2017 年以来实施的市场改革使该国对外部冲击有了更强的抵御能力。市场改革以来，乌兹别克斯坦政府减少了货币和贸易限制，放开了一些以前由国家监管的商品和服务的价格，并改善了商业环境，为私营部门的发展创造一个公平的竞争环境，消除经济中非法既得利益的风险，使乌兹别克斯坦 2022 年经济发展质量实现了一定程度的上涨。

三、本章结论与启示

在共建"一带一路"国家经济质量排名后十位的国家中，突尼斯、厄瓜多尔、吉尔吉斯斯坦和秘鲁的经济发展速度与经济发展质量处于相对较高的同步水平。塔吉克斯坦、伊朗、孟加拉国和巴基斯坦这四个国家的经济发展速度与经济发展质量处于相对较低的同步水平。尼日利亚和乌兹别克斯坦的经济发展质量相比经济发展速度处于相对超前的水平。

新冠疫情对排名后十位国家的经济发展质量及速度均造成了不同程度的打击。2022 年，部分国家实现了经济的回暖，还有部分国家在"泥潭"中越陷越深。共建"一带一路"国家经济质量排名后十位的国家应不断推进"一带一路"建设，发掘区域内市场的潜力，促进投资和消费，创造需求和就业，共同打造开放、包容、均衡、普惠的区域经济合作架构，以应对全球经济衰退和复杂动荡的国际局势，实现沿线各国多元、自主、平衡、可持续的发展。

第九章 共建"一带一路"典型国家经济发展质量变化分析

一、经济质量变化幅度明显的国家分析

共建"一带一路"国家经济质量变化幅度最为明显的五个国家，如表 9 - 1 所示，东南亚国家占 4 个，分别是越南（0.236）和菲律宾（0.250）。亚洲、非洲、西亚中的国家各 1 个，分别为中国（0.611）、坦桑尼亚（0.158）、以色列（0.314）。东南亚地区的经济质量增幅显著高于其他洲。亚洲地区经济质量增幅较大，但经济质量水平处于较低水准。美洲及大洋洲地区经济发展质量变化幅度较小。

表 9 - 1　　2013～2022 年经济质量变化幅度最大的五个国家

排名	国家	地区	2013 年	2022 年	变化幅度（%）
1	越南	东南亚	0.159	0.236	48.22
2	中国	亚洲	0.454	0.611	34.55
3	菲律宾	东南亚	0.187	0.250	33.66
4	坦桑尼亚	非洲	0.119	0.158	32.21
5	以色列	西亚	0.245	0.314	28.36

资料来源：由课题组测算并整理所得。

（一）越南

越南经济质量总体上呈现不断上升的趋势，2013 年的经济质量为 0.159，2022 年增长至 0.236，年均增长 4.47%，如图 10-1 所示，2022 年越南 GDP 增长率达到 8.02%，不仅超预期实现其年度发展计划，还创造了近十年来的发展奇迹，在亚洲国家中独领风骚。2013 年越南宏观经济出现积极变化，国内生产总值增长 5.4%，高于三年来的平均水平。2014 年越南经济增长加快，通货膨胀触及十年来最低水平。根据越政府关于 2020 年以及 2016～2020 年五年社会经济增长报告，2016～2019 年的年均经济增长率为 6.8%。2020 年尽管受新冠疫情的严重影响，增长率仍达到 2.91%，使越南成为地区和全球增长最快的国家之一。2016～2020 年的劳动生产率提高了 5.8%，超过了既定目标，进出口增长了 1.7 倍，连续五年保持贸易顺差。电子商务以 25% 的速度增长，旅游业年均增速近 30%，2019 年国际游客数量达到 1800 万人次，比 2015 年增加了 1000 万人次以上。

在过去的五年中，特别是在 2020 年，数字化转型的实施和数字技术在经济中的应用增长强劲，成为助推经济增长和提高劳动生产率的动力。2022 年外国直接投资创下近五年最高成绩，外商直接投资达到近 223 亿美元，比 2021 年增长 13.5%。不过，2022 全年退出市场的企业数量却增加近 20%，越南新注册资本、注册资本和外资入股金额预计约 277 亿美元，较 2021 年下降 11%。2022 年，越南还实现国家预算总收入盈余 94 亿美元（222.5 万亿越南盾），全年贸易顺差达到 112 亿美元，其中加工工业品占比达 89%，商品进出口额超过 7300 亿美元，其中 36 个项目出口额超过 10 亿美元。海产品出口额首次突破 100 亿美元，越南成为世界第三大海产品出口国。

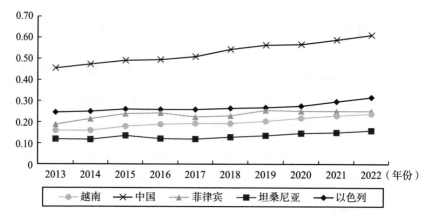

图 9 - 1　2013～2022 年经济质量幅度变化较大国家经济发展质量变化情况

资料来源：由课题组计算整理所得。

（二）中国

中国经济质量增幅位于亚洲前列，2013～2022 年经济质量呈现不断上升趋势，从 2013 年的 0.454 上升至 2022 年的 0.611，年均增长 3.35%。城镇化扎实推进，近亿人口成功脱贫。这十年，我国人口数量保持平稳增长，大中小城市和小城镇协调发展，城市群建设成效显著。城镇人口比重不断上升，2022 年城镇人口为 9.22 亿人，较十年前增加约 2 亿人。常住人口城镇化率达到 64.7%。我国脱贫攻坚取得伟大成功，近亿人口成功摆脱贫困。2012 年的 9899 万贫困人口到 2020 年全部脱贫，贫困发生率下降 10.2 个百分点。中国国内生产总值突破百万亿元大关，2022 年我国国内生产总值突破 120 万亿元，同比增长 3%。财政收入从 2012 年的 11.73 万亿元增长至 2022 年的 20.37 万亿元，接近翻一番。财政支出也从 2012 年的 12.60 万亿元增长至 2022 年的 26.06 万亿元。人均国内生产总值十年内翻番，2022 年达到 85698 元。中国全面建成了小康社会，人民生活水平显著提升。居民人均可支配收入翻番，2022 年居民可支配收入达到 3.69 万元，比 2012 年增长 2.04 万元。居民消费水平整体提升，2022 年居民人均消费支出达到 24538 元。2022 年，我国外贸进出口总值为 42.07 万亿元，2021 年首次突破 6 万亿美元，一年内跨越 5 万亿美元和 6 万亿美元两大台阶。十年来，我国经济实力不断壮大。2022 年我国固定资产投资为 57.21 万亿元，较 2012 年实现翻番。

（三）菲律宾

菲律宾经济质量在较高水平上有小幅波动，呈现"上升－下降－再上升－再下降"的波动变化特征，从 2013 年的 0.187 增长到 2015 年的 0.239，下降至 2016 年的 0.250，再增长至 2018 年的 0.256，再下降至 2021 年的 0.250。2012 年国内生产总值为 2839 亿美元，2015 年 OECD 国家及多边援助方对菲律宾官方发展援助总额达 35.23 亿美元，最大来源为日本政府，约占 38.5%。2016 年菲律宾吸收外商直接投资为 46.1 亿美元，同比下降 10.7%，主要来自荷兰、澳大利亚、美国、日本、新加坡，主要流向制造业、水电气供应、服务业等行业。2018 年菲律宾经济增长率滑落至三年来的最低年度增幅，为 6.2%。菲律宾的产业结构仍以农业、采矿业、低端制造业为主。近年来，虽然也积极发展了现代化服务业，但实际效果有限。2020 年新冠疫情在全球大流行，给世界各地的居民出行带来了巨大冲击，菲律宾经济发展和复苏也因此受到影响。2021 年国内生产总值为 3941 亿美元，2022 年受益于强劲的国内消费和投资需求，菲律宾经济活动加速扩张。2022 年 11 月，菲律宾通胀率达 8%，通胀仍是菲律宾经济面临的一大难题。

（四）坦桑尼亚

坦桑尼亚经济质量呈现"上升—下降—再上升"态势，总体基本呈现上升趋势，从 2013 年的 0.119 上升至 2022 年的 0.158。坦桑尼亚是非洲经济增长最快的国家之一，近十多年来，坦桑尼亚经济保持了强劲的高速增长，GDP 年均增长率约 6.5%，坦桑尼亚经济以农牧业为主，结构单一，基础薄弱，发展水平低下。农业是坦桑尼亚的经济支柱，以种植业、养殖业、林业、渔业、牧业为主体。2013~2015年，坦桑尼亚经常账户余额占 GDP 的比重分别为 -10.1%、-10.1% 和 -8.4%，经常账户逆差规模较为稳定。坦桑尼亚政府一直实施赤字财政政策。2014~2016 年坦桑尼亚财政赤字缩小，主要源于进口贸易额减少以及国内旅游业收入和黄金出口增加。但 2017 年年初政府全面禁止矿砂出口后，矿业出口收入受到影响，财政赤字开始扩大。2016~2017 年，坦桑尼亚经常账户逆差显著收窄，占 GDP 比重由 -4.5% 下降到 -3.8%。2018 年，坦桑尼亚央行维持了宽松货币政策立场，以刺激私营部门的信贷增长，并支持更广泛的经济活动，同年 11 月，公布了 2019~2020 财年预算框架和国家发展计划，确定了六个优先发展战略领域。在此期间，央行将贴现率从 12.0% 下调至 9.0%，并继续通过公开市场操作向银行体系提供流动性。受全球新冠疫情影响，2020 年全球大部分经济体都出现了负增长，但坦桑尼亚经济为正增长。2021 年国内生产总值约 679 亿美元，较 2020 年增长 4.8%，联合国贸易和发展会议发布《世界投资报告 2022》显示坦桑尼亚 2021 年吸收外商直接投资（FDI）达 9.22 亿美元，同比增长 34.6%。根据 2022 全球国家软实力 100 强榜单，2022 年坦桑尼亚软实力价值 32.71 亿美元，位列全球国家软实力 100 强软实力价值排序第 86 名；软实力指数 0.1207，位列全球国家软实力 100 强软实力指数排序第 95 名。

（五）以色列

以色列经济质量基本呈现不断上升趋势，从 2013 年的 0.245 上升至 2022 年的 0.314。2013 年全年经济增长速度由 2012 年的 3.1% 下降为 2.9%，2014 年增长为 3.9%。2015 年，以色列对研发投入的资金占全国 GDP 的 4.5%，其中，科学技术对 GDP 的贡献超过 90%。2016 年以色列国内生产总值为 3221 亿美元，GDP 同比增长 4.0%，明显高于 2014 年、2015 年的 2.6% 和 2.5% 的增长率。2018 年以色列经济实际增速为 3.3%，增速位居发达国家前列。《以色列蓝皮书：以色列发展报告（2020）》显示，2019 年以色列局势呈现出经济稳步发展和政局持续动荡的二元性。经济方面，2019 年 GDP 增速保持在 3.5%，高科技产业仍是经济的重要动力引擎。《以色列发展报告（2021）》指出，2020 年，以色列经济未受新冠疫情较大影响，没有出现剧烈动荡，一方面得益于经济运行基础良好，经济结构合理；另一方面在于以色列政府迅速应对新冠疫情，通过实施广泛的政策稳定国内市场，避免金融市场发生动荡。《2022 年以色列投资环境及投资前景分析报告》内容显示，2021 年以色列经济水平有所增长，国内生产总值达 4659.3 亿美元，同比增长 8.1%，个人收入规模有所增加，人均 GDP 约为 4.93 万美元，同比增长 6.3%，对外贸易总额为 1454 亿美元，同比增长 25.1%。2022 年以色列国内生产总值约合 4985.4 亿美元，GDP 增幅为 6.5%，对外货物贸易总额约为 1728.1 亿美元，同比增长 17.3%。

二、经济质量变化幅度较小国家分析

通过对比"一带一路"61 个共建国家 2013～2022 年经济发展质

量指数，经济质量变化幅度较小的五个共建国家名单及变化幅度如表 9-2 所示。具体地，5 个国家中有 3 个来自亚洲，分别是哈萨克斯坦（0.192）、巴基斯坦（0.103）、科威特（0.165）；另两个是来自欧洲的塞浦路斯（0.181）和摩尔多瓦（0.156）。亚洲和非洲经济质量变化幅度显著大于其他洲，且经济质量水平较低。欧洲经济质量处于较高水准。

表 9-2　　　　2013~2022 年经济质量变化幅度最小的五个国家

排名	国家	地区	2013 年	2022 年	变化幅度（%）
1	哈萨克斯坦	亚洲	0.193	0.192	-0.23
2	巴基斯坦	亚洲	0.103	0.103	0.39
3	科威特	亚洲	0.164	0.165	0.49
4	摩尔多瓦	欧洲	0.157	0.156	-0.50
5	塞浦路斯	欧洲	0.182	0.181	-0.82

（一）哈萨克斯坦

哈萨克斯坦经济质量总体呈现先下降后上升态势，从 2013 年的 0.193 下降至 2020 年的 0.186，再企稳回升至 2022 年 0.192，其中 2016~2018 年存在小幅上升趋势。2013 年哈萨克斯坦国内生产总值达 2280 亿美元。在全球石油需求疲软，国际油价一跌再跌的背景下，2014 年哈萨克斯坦经济增长仅为 4.3%，远低于此前政府制定的 6% 的目标。2015 年上半年国家 GDP 实际增长了 1.7%。2016 年哈萨克斯坦受到较严重经济冲击，当年居民工资购买力出现较大滑坡。2017 年，哈萨克斯坦国内生产总值约为 1390.03 亿美元、同比增长 4%，工业产值为 364.66 亿美元、同比增长 7%，农业产值为 124.28 亿美元、同比增长 2.9%。据哈萨克斯坦方统计，2018 年哈萨克斯坦国内生产总值为 1447.02 亿美元、同比增长 4.1%，工业产值为 379.61 亿美元、同比增长 4.1%，农业产值为 128.51 亿美元、同比增长 3.4%。2021 年，哈萨克斯坦国内生产总值为 2022.96 亿美元，同比增长 3.1%。

（二）巴基斯坦

巴基斯坦经济质量总体呈现先上升后下降的态势，从 2013 年的 0.103 上升至 2016 年的 0.109，再下降至 2022 年 0.103，其中 2020～2022 年存在小幅波动。巴基斯坦经济以农业为主，农业产值占国内生产总值的 19%，工业基础薄弱。旅游业发展较慢，旅游者多为定居在欧美的巴基斯坦人和海湾国家的游客。受国际金融危机和国内安全形势恶化的影响，2012 年，巴基斯坦吸引外资 7.6 亿美元，同比下降 38%。在走廊建设带动下，巴基斯坦经济增速从 2013 年的 3.5% 升至去年的 5.7%，在整个亚洲都名列前茅。2014～2015 年吸引外资 25.03 亿美元。2016 年得益于中巴经济走廊建设逐渐进入高潮以及部分重要宏观经济指标改善，巴基斯坦经济形势延续了向好趋势。2017 年巴基斯坦正面临国际收支危机，财政债务飙升，经常账户赤字扩大，外汇储备下降，货币自 2017 年 12 月以来已贬值多次。2018～2019 财年，巴基斯坦 GDP 增速由上年的 5.8% 下滑至 2.4%，为十年来最低增速，也是过去 20 年来第三次出现经济增长率低于人口增长率的情况。2019～2020 财年，巴基斯坦工业产值占国内生产总值的 19.29%，工业增长率为 -2.64%。2022 财年，巴基斯坦全社会完成的名义 GDP 上涨至 669499.07 亿（接近 67 万亿）卢比，与上一财年相比，剔除物价变动因素后，实际上涨 6.2%。与全球其他国家类似，巴基斯坦经济也在积极复苏。

（三）科威特

科威特经济质量总体呈现波动变化态势，从 2013 年的 0.164 波动下降至 2018 年的 0.158，再上升至 2019 年的 0.168，再下降至 2021 年的 0.146，最后上升至 2022 年的 0.165。科威特经济上主要以石油和天然气为支柱，石油储量约占世界总储量的 10%，位居世界第七位，科威特石油公司是世界十大石油公司之一。政府重视发展农业，农业产值占国内生产总值的 0.5%。农业以生产蔬菜为主，农牧产品主要依靠进口。对外贸易在科威特经济中占有重要地位。出口商品主要有石油和化工产品，石油出口占出口总额的 95%。进口商品有机械、运输设备、工业制品、粮食和食品等。科威特 2013 年名义 GDP 约合 1777.9 亿美元，同比增长 2.3%。2014 年科威特非石油经济增长放缓至 2.1%。2015 年石油收入占政府总收入的 70%。2017 年原油日产量达 295.4 万桶。2019 年，科威特政府的预算赤字预计接近 460 亿美元，已经连续第 7 年财政赤字。科威特 2020 年通胀率较上年近乎翻番。2021 年，科威特原油日产量约为 266 万桶，国内生产总值达 1332 亿美元，人均国内生产总值约为 2.79 万美元，经济增长率为 2.7%，货物进口总额达到约 96 亿第纳尔，同比增长 12%。2021 年科威特吸引了约 3.22 亿美元的直接投资。由于高油价、2022 年经济大面积恢复和政府福利措施，前三季度消费性支出增长稳定，但增速放缓。

（四）摩尔多瓦

摩尔多瓦经济质量总体呈现先上升后下降的态势，总体基本呈现上升趋势，从 2013 年的 0.157 上升至 2019 年的 0.161，再下降至

2022 年的 0.156，其中 2017～2019 年存在小幅波动。摩尔多瓦资源匮乏，经济一直以农业生产为主，葡萄种植和酿酒是主导产业。2013 年，摩尔多瓦国内生产总值为 998.79 亿列伊，较前一年增长 8.9%。2015 年，摩尔多瓦国通货膨胀率为 13.6%，大大超过上年的 4.7%。2016 年《经济自由度指数》报告显示，摩尔多瓦在全球 178 个参评经济体中排名第 117 位，较上年下降了 6 位，仍居比较不自由国家之列。2018 年底摩尔多瓦人均 GDP 为 3.218 万美元，世界排名第 126 位。2020 年，摩尔多瓦国内生产总值约合 119 亿美元、同比下降 7%，外贸额达 79 亿美元，其中出口额为 24.9 亿美元、同比下降 10.6%，进口额为 54.1 亿美元、同比下降 7.3%。2021 年，外贸额达 96 亿美元，其中出口额为 31.4 亿美元、同比增长 26.1%，进口额为 64.6 亿美元、同比增长 19.4%。2021 年，摩尔多瓦国内生产总值约合 131 亿美元、同比增长 10%。2022 年摩尔多瓦名义国内生产总值约合 142.65 亿美元，实际 GDP 同比下降 3%，其中农业生产总值下降约 27%，工业生产总值下降 2%。

（五）塞浦路斯

塞浦路斯经济质量总体呈现先小幅上升后下降再上升的态势，从 2013 年的 0.182 上升至 2018 年的 0.185，再下降至 2021 年的 0.174，最后上升至 2022 年的 0.181。建立农民登记册制度，使受极端天气和自然灾害损失的农民能够得到精准救济，2013 年以来累计发放约 1 亿欧元。2014 年塞浦路斯经济进一步衰退，约衰退 3.2%。2015 年塞浦路斯 GDP 增长显著，经济在连续下降近 3 年后正式走出衰退。2015 年塞外贸整体出现增长，其中，塞浦路斯出口额为 17.36 亿欧元，进口额为 51.12 亿欧元，进出口总额达 68.48 亿欧元，较 2014 年分别增长 20% 、 − 0.6% 和 3.9% 。2016 年塞浦路斯 GDP 增长率超出欧元区国际经济增值的平均值。2018 年，塞浦路斯 GDP 总量折合 249.66 亿美元，同比增长 10.3% ，扣除价格和汇率因素后，实际增长 4.1% 。2019 年底塞浦路斯 GDP 实际增长率达到 3.5% ，远高于欧盟 28 国平均 GDP 增长率 1.6% 。在新冠疫情影响下，塞浦路斯在 2019 年连续第五年出现 GDP 强劲增长（3.2%）后，其经济在 2020 年出现收缩。2021 年塞浦路斯的主要经济数据如下：国内生产总值为 234.4 亿欧元；人均国内生产总值为 2.6 万欧元；国内生产总值同比增长 5.7% ，其中工业产值为 6370 万欧元，同比下降 6.9% 。2022 年在新冠疫情等的影响下，塞浦路斯的经济走出了意外向好的态势，同时房地产市场也出现井喷态势，房产价格、销量和租金出现全线上涨。

以上五国经济质量变化情况如图 9 − 2 所示。

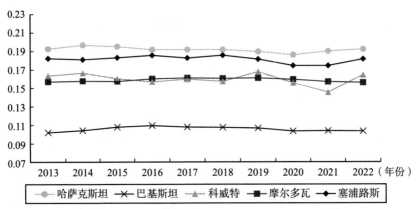

图 9 − 2　2013 ~ 2022 年经济质量幅度变化较小国家经济质量变化情况

资料来源：由课题组计算整理所得。

三、本章结论与启示

共建"一带一路"国家不断增加，中国在其中扮演着重要角色，新增共建国家不断成为我国经济活力增长点和创新点。与此同时我国也面临着新的压力与挑战，如中国在"一带一路"中是否给予互利共赢展开合作、是否对共建"一带一路"国家经济增长有贡献等。

通过测算对比61个共建"一带一路"国家2013～2022年经济发展质量指数，经济质量变化幅度最为明显的五个国家分别是越南（0.236）、菲律宾（0.250）、中国（0.611）、坦桑尼亚（0.158）和以色列（0.314）。经济质量变量变化幅度较小的五个共建国家分别是哈萨克斯坦（0.192）、巴基斯坦（0.103）、科威特（0.165）、摩尔多瓦（0.156）和塞浦路斯（0.181）。

第十章 "一带"与"一路" 共建国家差异分析

根据第四章所选的样本国家，本章将分别对"一带"及"一路"共建国家总体经济发展质量的差异进行对比分析。

一、"一带"共建国家国别差异分析

"一带"共建国家中大多数国家总体经济发展质量呈现波动上升趋势。所选的样本国家中，中国、新加坡和以色列经济发展质量在"一带"34 个共建国家中位居前列，分别为 0.611、0.317、0.314；而乌兹别克斯坦、塔吉克斯坦、伊朗经济发展质量则排在末尾，分别为 0.117、0.113、0.108。

首先，分析在"一带"34 个共建国家中经济发展质量排名靠前的中国、以色列这两个国家。这两个国家在开放性、包容性和绿色性方面表现相对较好，两国经济发展较快，社会治安良好，政治局势较为稳定，区位优势相对明显，国家重视科研发展与教育投入。其次，分析在"一带"34 个共建国家中经济发展质量排名靠后的伊朗、塔吉克斯坦、乌兹别克斯坦这三个国家。三个国家在有效性、安全性、创新性方面相对得分较低，三国均为亚洲国家，经济增速波动较大，产业发展对国际贸易环境变动较为敏感，新冠疫情的暴发使这些国家经济发展更为艰难。

（一）中国

中国是世界上最大的发展中国家，也是"一带一路"的总提出者和倡议者。社会长期稳定安全的环境为经济的健康可持续发展创造了重要条件，自 2010 年起，中国国内生产总值长期居于世界第二位，制造业连续 12 年位居世界第一。总体来看，中国经济具有韧性足、潜力大、空间广的特点。近年来中国日益重视科技创新，2022 年中国的全球创新指数排名提升到第 12 位，成功进入创新型国家行列。同时，拥有 14 亿人口的发展中大国实现了比较充分的就业，2022 年，全国城镇新增就业累计实现 1206 万人。2018～2022 年，中国国内生产总值分别增长 6.7%、6.0%、2.2%、8.1%、14.0%。2020 年受新冠疫情的影响，中国国内生产总值增长率有所降低，但 2021 年逐渐恢复，且增速较快。目前，国际评级机构惠誉、标普、穆迪对中国主权信用评级分别为 AA－、A＋和 A1，中国金融体系的改革使政府信用实力得到提升，并且企业的经营状况得到了改善，中国经济改革与中国宏观经济稳定发展已经形成了良性循环。

六个维度中，中国的创新性和绿色性相对得分较高。自 2013 年以来，在创新性方面，科技创新即成为中国全局发展的核心，研发资源投入力度持续加大，2013～2022 年，全社会研发投入从 1.19 万亿元增长到 3.28 万亿元，增长了 2.09 万亿元，研发投入占 GDP 的比重从 2% 提高到 2.71%，增长了 0.71 个百分点，已超过欧盟平均水平。科技创新实力也大幅提升，2013～2022 年，我国国内发明专利申请量从 12 万件增长至 14 万件，增长了 2 万件，在有效专利数量上，2022

年，中国以 360 万件超过美国的 330 万件，居世界第一。世界知识产权组织发布的《2022 年全球创新指数》显示，中国排名从 2021 年的全球第 12 位升至 2022 年的第 11 位，连续十年稳步提升。在绿色性方面，中国绿色低碳转型发展取得了历史性巨大成就。其中，中国可再生能源装机规模突破 10 亿千瓦，水电、风电、太阳能发电、生物质发电装机均居世界第一，清洁能源消费占比从 2013 年的 14.5% 提升到 2022 年的 25.5%，提升了 11 个百分点，煤炭的清洁高效利用成效显著，煤电超低排放机组规模超过 10 亿千瓦，能效和排放水平处于全球领先地位。同时，中国的节能减排成效显著。中国以年均 3% 的能源消费增速支撑了年均 6.5% 的经济增长，能耗强度累计下降 26.2%，相当于少用 14 亿吨标准煤，少排放 29.4 亿吨的二氧化碳，单位 GDP 二氧化碳排放强度的下降超额完成了自主贡献目标。2020 年中国提出"双碳"目标后，中国将实施更加细致的发展规划，助力减少世界碳排放量。

（二）以色列

以色列位于西亚黎凡特地区，是中东地区的一个发达的资本主义国家，也是世界上唯一以犹太人为主体民族的国家。以色列属于混合型经济，工业化程度较高，以知识密集型产业为主，虽然总人口数量不足 1000 万人，但 2022 年以色列人均 GDP 接近 6 万美元，总体经济实力较强，竞争力位居世界前列。以色列利用本国广泛的炼油、钻石开采、半导体制造产业，使其综合国力日益壮大，经济实力也稳步提升，与周边国家的差距逐渐凸显，并且逐渐成长为中东地区最为强大、现代化、经济发展最高的国家。2018～2022 年，以色列国内生产总值分别增长 4.1%、4.2%、-1.9%、8.6%、19.1%。目前，国际评级机构惠誉、标普、穆迪对以色列主权信用评级分别为 A + 、AA - 、A1。

　　六个维度中，以色列的开放、包容和绿色性相对得分较高。在开放性方面，以色列国内市场相对狭小，经济对外依存度高。以色列是世界贸易组织和经济合作与发展组织成员国，与美国、加拿大、土耳其、墨西哥及欧盟、欧洲自由贸易联盟、南方共同市场签有自由贸易协定。以色列中央统计局数据显示，2022 年以色列对外货物贸易总额达 1728.1 亿美元，同比增长 17.3%。其中，进口额为 1063.2 亿美元、同比增长 16.9%，出口额为 664.9 亿美元、同比增长 18.0%。以色列主要进口商品为矿物燃料、药品等，主要出口商品为机器及计算设备等，服务贸易以旅游、运输为主。对于外来投资来说，以色列吸引外资主要依靠高科技行业。微软、谷歌、苹果、英特尔等高科技公司均在以色列投资设立分公司或研发中心，促进着以色列的发展。在包容性方面，以色列历来重视教育，实行科技教育优先的基本国策，政府对教育的投入长期保持在国民预算的 10% 左右，教育投资占国内生产总值的比例为世界之最。以色列义务教育为 12 年。高中教育普及率达 90% 以上，60% 的高中毕业生可以接受高等教育。以色列拥有 66 所高等教育机构，2022 年 QS 世界大学排名中，以色列有 6 所高校上榜。

（三）乌兹别克斯坦

　　乌兹别克斯坦虽然政局较稳定，经济发展较快，但乌兹别克斯坦计划经济色彩浓重，与国际接轨程度低，行政审批程序复杂、耗时长。政府官员与政令调整频繁，朝令夕改现象普遍，各类新政策层出不穷且时常与已有政策矛盾，政策缺乏延续性，优惠政策落实落地难，工业配套基础设施建设落后。在宏观经济方面，2017 年以前，乌兹别克斯坦存在官方汇率和黑市汇率两者相差1倍的情况，经济数据统计以官方汇率计算。2017年9月5日，乌政府实施汇改，官方汇率贬值一倍，与黑市汇率并轨，且受到新冠疫情的影响，2020年国内生产总值增长率大幅下降。2018～2022年，乌兹别克斯坦国内生产总值分别增长5.4%、5.7%、1.8%、7.4%、12.9%。2022年乌兹别克斯坦通货膨胀率为15.2%，失业率为9.6%。

从六个维度来看，乌兹别克斯坦的包容性相对得分较高，而有效性、安全性相对较低。包容性方面，乌兹别克斯坦生活成本相对较低，政府高度重视改善民生，提高居民生活质量，内需呈不断扩大趋势，2018～2022年乌兹别克斯坦人均国内生产总值分别增长3.5%、3.7%、−0.1%、5.3%、3.5%。有效性方面，乌兹别克斯坦是个经济结构单一、比例严重失调的国家，农业、畜牧业和采矿业比较发达，但加工工业和轻工业却相当落后。截至2022年，乌兹别克斯坦二产增加值仅占GDP比重的32.4%，多数产品依靠进口，无形中增加了财政负担，拉低了民众的生活水平。安全性方面，乌兹别克斯坦汇率波动性极大，世界银行数据显示，2022年乌兹别克斯坦汇率波动为11164.67。国际评级机构标普、穆迪、惠誉对乌兹别克斯坦主权信用评级分别为BB−、Ba3、BB−。

（四）塔吉克斯坦

塔吉克斯坦位于中亚东南部，是一个典型的内陆国家，国内山地和高原极多，占比达90%，且半数以上的海拔高于3000米，整个国家坐落在山地和高原之上。由于山地和高原较多，加之缺少降雨的温带大陆性气候，仅有7%的可耕地，根本不足以使它成为一个可以依靠农业带来发展的国家。塔吉克斯坦的经济发展水平非常低，仅能依靠畜牧业和自然资源出口获得发展，且塔吉克斯坦没有医疗保险制度体系，除少数援助药品由医院和医疗机构无偿发放外，药品一律需要到药房自购。塔吉克斯坦卫生系统的财政支持主要来自国家预算的少量拨款，在很大程度上依赖国际组织的帮助和无偿援助，向塔吉克斯坦提供卫生医药援助的主要国际组织和机构有伊斯兰发展银行、世界卫生组织、联合国儿童基金会、联合国人口活动基金会、日本减贫基金会、美国国际发展署等。2018～2022年，塔吉克斯坦实际经济增长率分别为7.6%、7.4%、4.4%、9.2%、14.0%。

六个维度中，塔吉克斯坦的绿色性相对得分较高，而创新性、安全性相对较低。绿色性方面，塔吉克斯坦矿产资源丰富，种类全、储量大，已探明有铅、锌等贵重金属，以及石盐、硼等50多种矿物质。同时，塔吉克斯坦有储量为1.13亿吨的石油和8630亿立方米的天然气，煤炭资源也较为丰富。此外，截至2022年，塔吉克斯坦碳排放总量在全球占比较小，位居世界第130位。2018～2022年人均二氧化碳排放量分别为：1.0%、1.0%、1.1%、1.1%、1.2%。人均碳排放维持在1.5%以内，绿色性得到有效发展。创新性方面，塔吉克斯坦教育基本延续苏联时期的模式，因此不论在创新投入方面，还是在专利申请数量方面均较弱。2022年，塔吉克斯坦创新投入占GDP比重仅为0.08%，全年专利申请数仅为22，创新人才极度缺乏。

（五）伊朗

伊朗位于亚洲西南部，素有"欧亚陆桥"和"东西方空中走廊"之称。作为共建"一带一路"的重要节点国家，伊朗人口众多，地理位置优越，资源禀赋优势明显，是西亚北非地区的经济大国，具有较大的发展潜力。当前，受美国制裁和疫情双重因素影响，伊朗经济社会前景存在较多不确定因素，例如货币贬值幅度大、失业率上升、通货膨胀高企、居民收入下降等。2018～2022 年，伊朗实际经济增长率分别为 -2.3%、-2.7%、3.3%、4.7%、6.1%。可以看出，2022年伊朗逐渐开始恢复，但经济增长率仍较小，2021 年较 2020 年和2022 年较 2021 年均只增长 1.4 个百分点，且根据伊朗统计中心最新数据显示，2022 年伊朗全国通货膨胀率为 73.6%，全国失业率为 8.2%。

六个维度中，伊朗的包容性得分相对较高，而安全性、有效性相对较低。包容性方面，近年来，为适应经济建设需要，伊朗的教育方针也有所调整，明确教育的目的是巩固国家文化、经济独立，促进国家经济增长，增强国家抵御外国文化和经济入侵的能力。政府对教育投入较大，实施十二年免费教育，教育普及率较高，教育水平在中东国家中位于中高水平。安全性方面，伊朗是政教合一的国家，犯罪率相对较低，当地居民可以合法拥有猎枪，社会治安状况总体较好。有效性方面，伊朗农业在国民经济中占有重要地位。伊朗农耕资源丰富，全国可耕地面积超过 5200 万公顷，占其国土面积的 30% 以上，农业人口占总人口的 43%。与此同时，二产及三产所占比重较低，2022 年，伊朗三产与二产比值为 0.5%。伊朗盛产石油，石油产业是经济支柱和外汇收入主要来源之一，石油收入占外汇收入一半以上，但国际政治环境的不稳定性及汇率的波动性使得伊朗发展易受外部环境所影响。

2021 年 9 月 16 日，世界银行集团发表声明，决定停发《全球营商环境报告》。因此，根据《2020 年全球营商环境报告》，从表 10 - 1可知，经济发展质量较高的国家在《2020 年全球营商环境报告》中营商便利度排名大部分是比较靠前的，其中伊朗营商环境便利度排名低至第 127 位。

表 10 - 1 　　　　《2020 年全球营商环境报告》中部分"一带"

共建国家营商便利度排名

国家	排名
中国	31/190
以色列	35/190
乌兹别克斯坦	69/190
塔吉克斯坦	106/190
伊朗	127/190

资料来源：世界银行发布的《2020 年全球营商环境报告》。

二、"一路"共建国家国别差异分析

"一路"共建国家中多数国家总体经济发展质量呈现波动上升趋势。所选的样本国家中韩国、新加坡、菲律宾经济发展质量在"一路"27 个共建国家中位居前列，分别为 0.396、0.317、0.250；而尼日利亚、孟加拉国、巴基斯坦的经济发展质量则排在末尾，分别为 0.119、0.106、0.103。

首先，分析在"一路"27 个共建国家中经济发展质量排名靠前的韩国、新加坡、菲律宾这三个国家。三个国家在开放性、包容性和绿色性方面表现相对较好，三国经济发展较稳健，国内营商环境良好，拥有较强的区位优势，对于科技创新和教育发展投入较大。其次，分析在"一路"27 个共建国家中经济发展质量排名靠后的尼日利亚、孟加拉国和巴基斯坦这三个国家。三个国家在有效性、开放性、包容性、安全性方面相对得分较低，三国均为发展中国家，经济发展程度相对较弱，且国内社会治安受到诸多挑战，动荡的社会环境给三国经济发展也造成不小阻碍。

（一）韩 国

韩国是新兴经济体中发展较快的国家，于 1996 年加入经济合作与发展组织（OECD）。受新冠疫情以及国际投资市场低迷等影响，2022 年韩国吸引的外商直接投资（FDI）首次突破 300 亿美元，达304.5 亿美元，同比增长 3.2%，创历史新高。实际到位的外商直接投资为 180.3 亿美元，同比减少 3.1%。新冠疫情发生后，韩国以稳定的宏观经济运营为基础，在危机中迅速恢复经济，切实构筑了引领型经济的转变基础。2018 ~ 2022 年，韩国国内生产总值分别增长3.8%、4.6%、- 8.4%、3.6%、15.6%。韩国统计厅公布的数据显示，韩国 2022 年居民消费价格指数（CPI）同比增长 5.1%，为107.71，涨幅为 1998 年（7.5%）以来最高。目前，国际评级机构穆迪、标准普尔、惠誉对韩国主权信用评级分别为 Aa2、AA、AA -。

六个维度中，韩国的包容性和绿色性相对得分较高。包容性方面，韩国是一个十分重视教育的国家，其实行九年义务教育，与此同时，为鼓励青年就业，大力发展职业高中和特色高中。韩国政府 2020年发布的"韩版新政"中教育基础设施数字化转型是重要内容之一，2022 年，韩国教育部发布《2022 年教育信息化实施计划》，重点将最新的智能技术融入教育信息化计划，打造以人工智能（AI）+ ICBM（物联网 IOT、云计算 Cloud、大数据 BigData、移动 Mobile 的缩写）为基础的信息通信技术（ICT）教育数字化框架。该计划是教育数字化适应教育需求的重要途径，旨在实现以学生为中心的个性化教育，推进"以人为中心的未来智能型教育环境"这一五年目标的实现。2022 年韩国教育预算约为 89.6 万亿韩元，较上年增长 17%。绿色性方面，2021 年，韩国提出"碳中和 3 + 1 战略"，所谓"3 + 1"指的是经济结构低碳化、构建新兴低碳产业生态圈、建成公平公正的低碳社会三大举措。韩国目前已发现的矿物有 280 多种，其中有经济价值的有 50 多种。

（二） 新加坡

新加坡位于马来半岛南端、马六甲海峡出入口，处于"海上的十字路口"，地理位置优越。新加坡是全球最富裕的国家之一，以稳定的政局、廉洁高效的政府而著称。新加坡是亚洲最重要的金融、服务和航运中心之一。根据全球金融中心指数排名，新加坡是继纽约、伦敦、上海和中国香港之后的世界第五大金融中心。2020 年，受新冠疫情影响，新加坡经济连续 11 年保持增长的纪录被打破，首次出现负增长。2018～2022 年，新加坡国内生产总值分别增长 3.7%、1.1%、−4.1%、7.6%、19.4%。2022 年，新加坡全年总体失业率为 2.1%。截至 2021 年 4 月 30 日，国际评级机构穆迪、标普、惠誉对新加坡主权信用评级均为 AAA，展望为稳定。

六个维度中，新加坡的包容性和绿色性相对得分较高。包容性方面，政府提倡种族包容，致力于打造多元种族、多元文化、多元宗教和谐并存的社会氛围。新加坡十分重视教育，每个儿童都需接受十年以上的常规教育。2022 年，新加坡教育财政支出达 136 亿新元，成为仅次于卫生部和国防部的第三花费最多的部门。绿色性方面，新加坡是世界第三大炼油中心，日原油加工能力超过 150 万桶，是世界第一大燃油供应港，且新加坡政府致力于促进绿色发展，2021 年，新加坡政府和金融业合作推出绿色贸易融资标准，2022 年又出台绿色债券框架，发行首个政府绿色债券以支持绿色经济发展。

（三）菲律宾

菲律宾是位于东南亚的一个群岛国家。菲律宾海岸线长 18533 千米，多天然良港，森林占地 40% 以上。菲律宾是东南亚第四大规模的新兴工业国家，并且是世界的新兴市场之一。菲律宾经济的组成以农业及工业为主，特别着重于食品加工、纺织成衣以及电子、汽车组件等。旅游业是菲律宾的重要产业之一。国内有大量自然风光，加上曾受殖民统治，兴建大量欧式建筑，故旅游资源丰富，在新冠疫情暴发前，菲律宾旅游业对国内生产总值的贡献占经济总量的 22.5%，2022 年，菲律宾旅游业逐渐恢复，预计菲律宾旅游业对 GDP 的贡献在未来十年将年均增长 6.7%，超过预期的菲律宾整体经济年均增长率 5.6%。2018 ~ 2022 年，菲律宾国内生产总值分别增长 6.3%、6.1%、- 9.5%、5.7%、20.9%。目前，国际评级机构穆迪、标普、惠誉对新加坡主权信用评级分别为 Baa2、BBB + 、BBB。

六个维度中，菲律宾的开放性和绿色性相对得分较高。开放性方面，菲律宾与 150 个国家有贸易关系。2022 年，菲律宾出口产品总额为 746 亿美元，前十大出口产品占其全球总出货量的 4/5 以上（82.1%）。近年来，菲政府积极发展对外贸易，促进出口商品多样化和外贸市场多元化，进出口商品结构发生显著变化。非传统出口商品如成衣、电子产品、工艺品、家具、化肥等的出口额，已赶超矿产、原材料等传统商品出口额。绿色性方面，菲律宾矿产资源较为丰富，境内矿藏主要有铜、金、银、铁、铬、镍等 20 余种，铜蕴藏量约有 48 亿吨、镍 10.9 亿吨、金 1.36 亿吨，地热资源预计有 20.9 亿桶原油标准能源。

（四）尼日利亚

尼日利亚处于西非东南部，是非洲最大的石油生产国和世界第六大石油出口国，是联合国、不结盟运动、77国集团、世界贸易组织、石油输出国组织、非洲联盟和西非国家经济共同体等国际组织成员国。但是，尼日利亚依然是失业率最高的国家之一，在年轻人群体中，失业率和不充分就业率累计超过了2/3，失业人口增多是社会不稳定和暴力恐怖事件频发的重要因素。2022年，尼日利亚失业率为22.56%。2018～2022年，尼日利亚国内生产总值分别增长1.9%、2.2%、-1.8%、3.6%、9.1%。2022年，尼日利亚平均通货膨胀率为12.41%，较上一年上升0.23%。目前，国际评级机构穆迪、标普、惠誉对尼日利亚主权信用评级分别为Caa1、B-、B-。

六个维度中，尼日利亚的开放性相对得分较高，而有效性、包容性相对较低。开放性方面，尼日利亚主要出口产品为石油、可可、橡胶和棕榈仁，主要进口产品是机械设备、交通设施和消费品等。2017年1月，尼日利亚正式签署"贸易便利化协定"（TFA），成为世界贸易组织第107个正式接受该协定的国家。2019年7月，尼日利亚签署非洲大陆自贸区协定。2022年，尼日利亚外贸占GDP的比重上升到0.951，同比增加20.9%。有效性方面，《2022年尼日利亚贫困评估报告》显示，受新冠疫情影响，尼日利亚贫困率上升，2022年，63%的尼日利亚人口（1.33亿人）因缺乏医疗、教育、生活水平、就业和保障而处于贫困状态，超过世界银行预测的9510万。此外，尼日利亚的石油产业对其国民经济影响巨大。尼日利亚对石油出口的依赖是其经济增长前景疲软的主要原因之一，尼日利亚的经济极易受到全球石油生产和油价变动的影响。包容性方面，尼日利亚教育体制以西式教育为主，小学教育主要由联邦政府出资，其他教育基本自费，且多数学校教学设施陈旧，师资不足，全国文盲率高达40%。

（五）孟加拉国

孟加拉国东、西、北三面与印度毗邻，东南部与缅甸接壤，南部濒临孟加拉湾。孟加拉国拥有丰富的廉价劳动力资源和人口红利，是最不发达的国家之一，经济发展水平较低，国民经济主要依靠农业和服装业，同时也存在劳动力素质较低、基础设施落后、能源资源不足、工业化程度不高、营商环境有待改善以及生态环境脆弱等问题。2018～2022年，孟加拉国的国内生产总值分别增长：7.3%、7.9%、3.4%、6.9%、10.4%。2022年，孟加拉国平均通货膨胀率为4.15%，较上一年上升0.007%。目前，国际评级机构穆迪、标普、惠誉对孟加拉国主权信用评级分别为Ba3、BB－、BB－。

六个维度中，孟加拉国的绿色性相对得分较高，而开放性、安全性相对较低。绿色性方面，孟加拉国矿产资源主要有天然气、石灰石、硬岩石、煤炭、硅砂、白黏土等。天然气已公布储量为3113.9亿立方米，煤炭储量约为7.5亿吨，此外，孟加拉国还有大量的石油资源未探明。孟加拉国最大的能源消费是工业和住宅部门，其次是商业和农业部门，到2030年，孟加拉国将需要34000兆瓦的电力来维持其7%以上的经济增长。根据孟加拉国国家自主贡献（INDC）的承诺，计划到2041年将可再生能源份额提高到17%，到2030年减少5%的温室气体排放。开放性方面，在2020～2021财年，孟出口总额为453.9亿美元。其中，货物贸易出口额为387.6亿美元，较之上财年的336.7亿美元增长15.1%。成衣出口额占出口总额的比例从2019～2020财年的84%降至2020～2021财年的81%，下降了三个百分点。安全性方面，孟加拉国总体治安环境尚可，但包括针对外国人的各类刑事案件时有发生。根据经济与和平研究所（IEP）最新发布的全球和平指数（GPI）报告显示，2022年孟加拉国在163个国家（地区）中安全风险排名第96位。2020年，受新冠疫情冲击影响，孟加拉国境内暴恐势力有所抬头，针对执法力量等硬目标，发动数起零星暴恐袭击，造成多名警察和无辜民众受伤，其活动意愿和能力较前增强。

（六）巴基斯坦

巴基斯坦位于南亚次大陆西北部，拥有多元化的经济体系，是世界第42大经济体，政局相对稳定，市场比较开放，法制较为健全，具有一定发展潜力和发展空间。过去几年，得益于巴政府大力发展经济及中巴经济走廊建设的积极因素推动，巴经济社会发展取得显著进步，但巴基斯坦投资环境仍存在较多问题。2018~2022年，巴基斯坦国内生产总值分别增长6.15%、2.50%、-1.27%、6.49%、14.25%。2022年，巴基斯坦通货膨胀率升至10.3%。目前，国际评级机构穆迪、标普、惠誉对巴基斯坦主权信用评级分别为Caa1、CCC+、CCC-。

六个维度中，巴基斯坦的绿色性相对得分较高，而开放性和安全性相对较低。绿色性方面，2019年，巴基斯坦替代能源发展委员会发布《可再生能源和替代能源政策》，明确提出到2030年将巴基斯坦国家电力生产中的可再生能源占比提高至60%，大幅提高清洁能源技术和能源利用效率，遏制导致气候变化的碳排放，并强调利用可再生能源的发展来推动国家经济转型。由于巴基斯坦工业基础薄弱，政府担心碳排放税会影响本土工业发展，目前没有征收碳排放税。开放性方面，巴基斯坦贸易逆差不断增加，2021~2022财年中，贸易逆差从上一财年的 309.6 亿美元飙升至 486.6 亿美元的历史新高点，贸易逆差增长了 57%。同时该数据也表明，巴基斯坦的进口远高于预期。安全性方面，巴基斯坦地处多种冲突相互叠加的战略地区，对其国家安全稳定和经济建设构成了很大的影响。

根据《2020 年全球营商环境报告》，从表 10-2 可知，经济发展质量较高的国家在《2020 年全球营商环境报告》中营商便利度是较为靠前的，其中新加坡排名最高，在全球 190 个经济体中营商环境便利度排名第 2 位。而经济发展质量较低的国家排名较低，其中孟加拉国营商环境便利度排名低至第 168 位。

表 10-2　　　　《2020 年全球营商环境报告》中部分"一路"
共建国家营商便利度排名

国家	排名
韩国	5/190
新加坡	2/190
菲律宾	95/190
尼日利亚	131/190
孟加拉国	168/190
巴基斯坦	108/190

资料来源：世界银行发布的《2020 年全球营商环境报告》。

三、本章结论与启示

本章主要介绍了"一带"与"一路"共建国家具体国别经济发展质量的具体差异及其成因。在"一带"34 个共建国家中大多数国家总体经济发展质量呈现波动上升趋势，其中中国、以色列经济发展质量位居前列，而伊朗、塔吉克斯坦、乌兹别克斯坦经济发展质量则排在末尾。在"一路"27 个共建国家中多数国家总体经济发展质量呈现波动上升趋势，其中韩国、新加坡、菲律宾经济发展质量名列前茅，而尼日利亚、孟加拉国、巴基斯坦经济发展质量则排名落后。不论是"一带"还是"一路"，其共建国家排名靠前的都为经济社会稳定、治安良好、技术水平先进、综合竞争力强的发达国家。

第五篇 专 题 篇

　　本篇主要关注我国在"一带一路"经济领域研究的现状与趋势、全球自由贸易协定网络结构解构、共建"一带一路"国家可再生能源投资对碳排放的影响、共建"一带一路"国家经济旅游生态的耦合协调关系，从多维度、多视角解读中国与共建"一带一路"国家合作的成效。

第十一章 我国"一带一路"
经济领域研究的
现状与趋势分析

——基于 CiteSpace 科学知识图谱

一、引言

作为我国提出的新型国际公共产品,"一带一路"倡议建设成果丰硕,不仅成为中国经济繁荣发展的新契机,也日益为构建新型世界格局提供有力支撑。党的十九大报告把"一带一路"建设和实施共建"一带一路"倡议作为经济建设和推动形成全面开放新格局的重大举措,并赋予其作为构建"人类命运共同体"重要抓手的新时代历史重任(李建军等,2018)。党的二十大报告进一步[1]指出共建"一带一路"成为深受欢迎的国际公共产品和国际合作平台,更是将推进高水平对外开放、推动共建"一带一路"高质量发展作为全面建设社会主义现代化国家的重要举措。截至 2023 年 12 月,中国已经同 152 个国

---

[1] 中华人民共和国中央人民政府:http://www.gov.cn/xinwen/2022 – 10/25/content_5721685.htm.

家和 30 多个国际组织签署 200 余份共建"一带一路"合作文件①。近十年来，共建"一带一路"一步步走深走实，成为各国共同的机遇之路、繁荣之路。"一带一路"倡议不仅深化了中国与共建国家的经济合作，也促进了中国的对外开放，对共建"一带一路"国家的政策扶持、投资环境不断优化以及基础设施投资的增加，为各国经济增长注入了新活力，开拓了新空间，"一带一路"倡议实施的经济影响正受到全球的关注（廖红伟等，2018）。因此，对"一带一路"倡议经济发展研究的梳理，有利于持续深化人类命运共同体建设，为进一步加强共建国家互联互通伙伴关系建设提供参考方向。

二、数据来源与参数设置

（一）数据来源与数据概述

引文空间（CiteSpace）可视化计量分析是文献计量学领域普遍应用的研究工具，它能对特定主题的文献集合进行计量分析，并借助可视化知识图谱形成对这一研究领域的发展现状、热点演变及未来趋势的基本认识。主题检索即在中国知网标引出来的主题字段中进行检索，该字段包含一篇文献的所有主题特征，故而能较为全面地检索到与指定主题相关的文献。本书使用的 CiteSpace 软件版本为 6.1. R6，选取中国知网（CNKI）期刊数据库为文献检索源，发表时间限定为 2013～2022 年，采用"主题＝'一带一路'"和"主题＝经济"的检索逻辑，同时将主要主题精确为"一带一路"，来源类别为中文

---

① 中国一带一路网：https：//www. yidaiyilu. gov. cn/.

社会科学引文索引（CSSCI），共得到期刊论文 2124 篇，经过人工筛选对比，剔除选题指南、会议推送、专栏导语、消息通告、期刊目录、新书推荐等不符合本书研究主题的文章，最终获得有效期刊文献 2121 篇[①]。

（二）数据格式与参数设置

可视化知识图谱以特定知识域为研究对象，主要显示发展进程与结构关系，具有"图"的可视化和"谱"的序列化双重特征（陈悦等，2014）。本书将筛选过的文献题录数据按照发表时间降序排序，导出为 Refworks 格式，并利用 CiteSpace 中的数据转换功能，将题名、作者、机构、摘要、关键词、来源出版物、出版年份、卷/期号、页码等字段转换为可处理的数据格式。处理完毕的数据导入 CiteSpace6.1.R6，下文如无单独说明，各项参数阈值均按以下设定：设置时间跨度（time slicing）为研究起止年 2013～2022 年，切片间隔（years per slice）为 1 年，主题词来源（term source）项下默认全部勾选，主题词类型（Term Type）项下选择突现词（burst terms）并进行突现词检测，网络修剪（pruning）项下选择寻径算法（pathfinder），节点选择标准（selection criteria）项下选择 Top N 并赋值 N = 100，即选择每个时间切片内出现频次最高的 100 个节点数据作为分析对象。设置完毕后分别选择节点类型（node types）下的适用于样本文献的作者（author）、机构（institution）、关键词（keyword）等项作为分析对象，CiteSpace 会对分析对象进行作者合作关系图谱、机构合作关系图谱、关键词共现分析，并绘制相应的科学知识图谱。

[①] 检索时间为 2023 年 2 月 14 日。

三、可视化图谱分析

（一）年度发文趋势

发文量的年度变化能够反映特定主题在约束时间内的研究热度，从整体上显示该研究主题的发展脉络（刘培东等，2022）。本书对中文知识基础设施工程（CNKI）数据库期刊论文、学位论文和会议论文进行年度统计，绘制形成"一带一路"经济领域相关研究的年度发文统计图 11 - 1。根据"一带一路"经济发展研究年度发文量的增长变化，可对该研究主题的整体情况作出初步判断，"一带一路"领域研究仍为当前研究热点，由图可知，关于"一带一路"经济发展研究成果整体上呈现逐年递增的发展趋势。

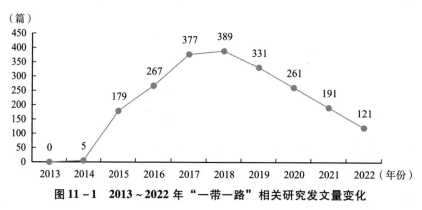

图 11 - 1　2013～2022 年"一带一路"相关研究发文量变化

资料来源：课题组根据相关资料整理。

在选定期间的所得文献中，2013 年发表文献数量为 0，可考虑与"一带一路"提出时间为当年 9 月和 10 月，且研究论文撰写、发表皆存在一定时滞有关。在随后的年份中，论文发表数量持续增长。随着

"一带一路"倡议的持续深化及2015年《推动共建丝绸之路经济带和21世纪海上丝绸之路的愿景与行动》的发布，相关研究迅速增多，2015年发文数量飙升至179篇。2016年"一带一路"经济研究论文增至267篇，且2018年经济相关文献发表数量达到峰值，为389篇。随后，关于"一带一路"经济相关研究逐步趋稳，2019年相关研究文献仅有331篇，并于2020年递减至261篇。2020～2022年受全球新冠疫情的影响，论文数量继续回落，但总体来看，"一带一路"经济发展相关领域的研究仍保持着一定的热度。

(二) 期刊分布状况

2014年以来，有多个期刊及机构刊发了"一带一路"经济研究相关的论文成果，载文量较多的期刊为《世界经济与政治》《新疆师范大学学报（哲学社会科学版)》《经济地理》《社会科学》《西安交通大学学报（社会科学版)》《吉林大学社会科学学报》《中国人口·资源与环境》《地理研究》《财经研究》《南开学报（哲学社会科学版)》等。其中，《世界经济与政治》刊文量达到28篇，占刊文量的13.2‰。其次为《新疆师范大学学报（哲学社会科学版)》，刊文量为18篇，占总刊文量的8.48‰。

(三) 文献作者分析

对文献资料中的作者信息进行可视化处理，得到结果"Nodes = 314；Links = 69"，网络密度为0.0014。这表明2013～2022年"一带一路"研究领域有核心作者314位，他们之间共合作了69次，设定阈值为2，即至少有两次合作关系，得到文献作者共现图谱，如图11－2所示。可视化图谱中的节点代表分析对象，出现频次越多，节点就越大。节点的稀疏表示不同时间段的出现频次。节点之间的连线表示共现关系，其粗细则表示共现强度。图中字体和节点大小分别对应发文量和合作发文量的多少，连线表示合作关系。总体来看，图中节点（作者）数量较多，形成了一定规模的研究群体，但作者间的连线少且简单，多为两人之间的合作关系，并未形成通达性较高的网络。合著发表研究论文是科研合作的形式之一，由统计数据可知，图中314名作者间存在69组大于等于两次的合作关系，即作者在该合作关系下的发文量大于等于两篇，形成了较为稳定的合作关系。

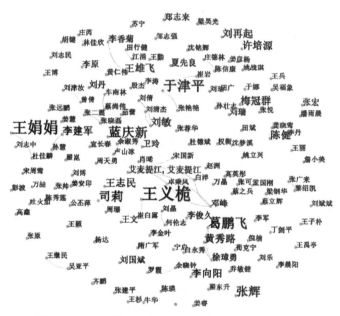

图 11 - 2 "一带一路"经济发展研究作者共现图谱

我国经济领域"一带一路"研究成果丰硕，出现了一批较为高产的作者，发文量大于等于3篇的作者发文情况，如表11-1所示。根据普赖斯定律（Price Law），同一主题的论文中，高生产能力作者的数量约等于全部作者总数的平方根（王崇德，1998）。即当某作者发

表论文数量大于 M 时，该作者为该领域的核心作者；而当核心作者发表论文总量达到全部论文的 50% 时，说明该领域已经形成核心作者群（普赖斯等，1984）。根据表可知，N_{max} 为 13，将其代入公式中得出 M 为 2.70，即发表 3 篇以上的作者为该领域的核心作者。对样本文献进行分析后发现，2013~2022 年，所选文献中发文 3 篇及以上的学者有 31 人，共发文 141 篇，占样本文献总数（2121 篇）的 6.65%，远未达到该样本文献的 50%，可见"一带一路"经济研究的核心作者群尚未形成。这说明目前我国经济发展领域"一带一路"研究人员虽然多但较为分散，不过，越来越多的学者开始关注"一带一路"经济发展研究也是向好的趋势。

表 11-1 作者发文分布

序号	发文量（篇）	作者	序号	发文量（篇）	作者
1	13	王义桅	16	4	黄秀路
2	12	王娟娟	17	4	李向阳
3	8	于津平	18	3	李俊久
4	7	葛鹏飞	19	3	李原
5	7	蓝庆新	20	3	夏先良
6	6	张辉	21	3	徐璋勇
7	6	司莉	22	3	张宏
8	4	李建军	23	3	李香菊
9	4	刘敏	24	3	邓峰
10	4	王志民	25	3	郑志来
11	4	刘再起	26	3	艾麦提江
12	4	王雄飞	27	3	刘丹
13	4	梅冠群	28	3	刘瑞
14	4	陈健	29	3	王文
15	4	许培源	30	3	刘国斌

（四）研究机构分析

研究机构分布反映的是研究力量的空间分布（王猛，2020）。表 11 - 2 反映的是以"一带一路"以及经济发展为主题发文量前 20 名的核心研究机构。由表可知，国内社会治理创新的研究力量主要集中于中国社会科学院亚太与全球战略研究院（35 篇）、西北大学经济与管理学院（26 篇）、中国人民大学国际关系学院（21 篇）、武汉大学经济与管理学院（17 篇）、新疆大学经济与管理学院（17 篇）、吉林大学经济学院（17 篇）等知名高校和党校。而对研究文献发文机构进行合作网络（co-institution）分析发现，2013 ~ 2022 年研究机构共线的网络密度为 0.0018，相较于 2013 ~ 2021 年 0.0009 的机构共线密度略有增强，但联系度仍旧很低，说明"一带一路"经济领域研究的发文机构比较独立，机构间联系弱且较松散，因此不同研究机构的学术交流和合作有待加强，如图 11 - 3 所示。

表 11 - 2   "一带一路"发文量机构统计

研究机构	发文量（篇）	首次发文年份（年）	研究机构	发文量（篇）	首次发文年份（年）
中国社会科学院亚太与全球战略研究院	35	2015	中国社会科学院研究生院	11	2016
西北大学经济与管理学院	26	2015	对外经济贸易大学国际经济研究院	9	2016
中国人民大学国际关系学院	21	2015	南京大学经济学院	9	2017
武汉大学经济与管理学院	17	2016	中国科学院地理科学与资源研究所	9	2017

续表

研究机构	发文量（篇）	首次发文年份（年）	研究机构	发文量（篇）	首次发文年份（年）
新疆大学经济与管理学院	17	2017	中国社会科学院财经战略研究院	9	2015
吉林大学经济学院	17	2017	河海大学商学院	8	2016
西安交通大学经济与金融学院	16	2015	暨南大学经济学院	8	2017
对外经济贸易大学国际经济贸易学院	16	2017	四川大学经济学院	8	2018
北京大学经济学院	15	2015	吉林大学东北亚研究院	8	2015
中国人民大学经济学院	13	2015	南京大学商学院	8	2018
上海社会科学院世界经济研究所	13	2015	—	—	—

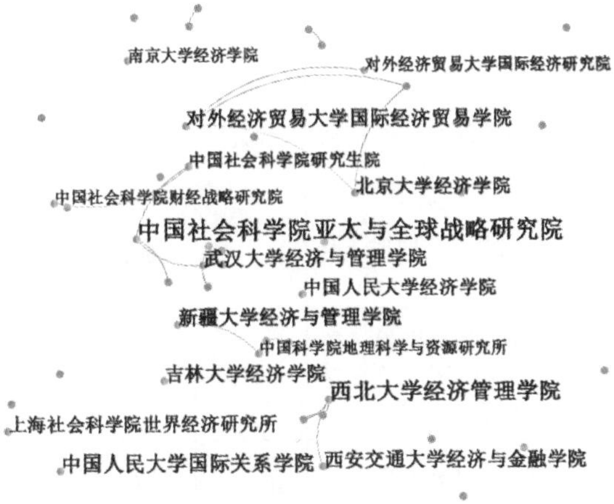

图 11 - 3 "一带一路"研究机构聚类分析

（五）高影响力论文分析

本章对被引频次和下载频次排名前 10 名的高影响论文统计结果如表 11 - 3 和表 11 - 4 所示。由表可知，在所有被引用的文章中，单篇最高引用次数超过 500 次的文章有 2 篇，超过 300 次的文章有 5 篇；单篇下载频次超过 5 万次的文章有 1 篇，2 万 ~ 4 万频次的文章有 4 篇。李晓 2015 年在《世界经济与政治》发表的论文《"一带一路"与中国地缘政治经济战略的重构》，引用次数高达 517 次，位居第二，下载量达 57001 次，位居第一。此外，"一带一路"经济研究领域排名前 10 的高被引论文主要来自政治经济学、国际贸易学、经济学和地理学期刊，其中政治经济学期刊、经济学期刊和国际贸易学期刊各发表 3 篇，地理学期刊发表 1 篇。

表 11 - 3　　　　　　　　被引频次较高的前 10 篇论文

序号	论文题目	第一作者	期刊	发表时间（年）	被引频次
1	"一带一路"投资便利化与中国对外直接投资选择——基于跨国面板数据及投资引力模型的实证研究	张亚斌	国际贸易问题	2016	527
2	"一带一路"与中国地缘政治经济战略的重构	李晓	世界经济与政治	2015	517
3	"一带一路"：中华民族复兴的地缘大战略	杜德斌	地理研究	2015	439
4	"一带一路"倡议的对外投资促进效应——基于 2005 ~ 2016 年中国企业绿地投资的双重差分检验	吕越	经济研究	2019	395
5	印度对"一带一路"的认知及中国的政策选择	林民旺	世界经济与政治	2015	311
6	为什么是中国？——"一带一路"的经济逻辑	卢锋	国际经济评论	2015	287
7	"一带一路"倡议与中国企业融资约束	徐思	中国工业经济	2019	271
8	公共产品视角下的"一带一路"	黄河	世界经济与政治	2015	266

续表

序号	论文题目	第一作者	期刊	发表时间（年）	被引频次
9	中国与共建"一带一路"国家文化贸易潜力及影响因素：基于随机前沿引力模型的实证研究	方英	世界经济研究	2018	265
10	"一带一路"高端制造业贸易格局及影响因素研究——基于复杂网络的指数随机图分析	许和连	财贸经济	2015	263

表 11–4　　　　　　　　　下载频次较高的前 10 篇论文

序号	论文题目	第一作者	期刊	发表时间（年）	下载频次
1	"一带一路"与中国地缘政治经济战略的重构	李晓	世界经济与政治	2015	57001
2	"一带一路"：中华民族复兴的地缘大战略	杜德斌	地理研究	2015	37237
3	"一带一路"倡议的对外投资促进效应——基于 2005~2016 年中国企业绿地投资的双重差分检验	吕越	经济研究	2019	27296
4	为什么是中国？——"一带一路"的经济逻辑	卢锋	国际经济评论	2015	24147
5	印度对"一带一路"的认知及中国的政策选择	林民旺	世界经济与政治	2015	23156
6	"一带一路"建设与人民币国际化	林乐芬	世界经济与政治	2015	18662
7	"一带一路"进程中人民币国际化影响因素的实证分析	林乐芬	国际金融研究	2016	15784
8	"一带一路"与"人类命运共同体"	明浩	中央民族大学学报（哲学社会科学版）	2015	15481

续表

序号	论文题目	第一作者	期刊	发表时间（年）	下载频次
9	美国对中国"一带一路"倡议的认知与反应	马建英	世界经济与政治	2015	15033
10	公共产品视角下的"一带一路"	黄河	世界经济与政治	2015	14945

四、"一带一路"研究热点分析

（一）关键词聚类分析

关键词是对论文主题的高度概括和凝练，关键词共现指同一关键词出现在多于两篇文献的次数，图谱内节点越大表示频次越高。节点连线表示关键词的共现关系，字体越大表示该关键词的中心性越强，研究热度越高。通过对 2013～2022 年中国经济领域"一带一路"研究中关键词共现图谱、关键词聚类图谱和中介中心性表格的分析，能够探知现阶段学界关于"一带一路"经济研究的热点分布情况和知识结构演变情况。在该分析项下，设置切片间隔（years per slice）为 1 年，生成关键词共现网络。

在文献计量领域，区分某一研究主题内高频词与低频词的常用算法为多诺霍公式（洪波等，2018），即：$T = 1/2(-1 + \sqrt{1 + 8 \times I})$。由统计结果可知，本书 2121 篇文献中共涉及 340 个关键词，总频次为 1661 次，频次排名前 20 的关键词共计 24 个，关键词及其词频依次为："一带一路"（242 次）、互联互通（41 次）、中国（39 次）、经济增长（32 次）、共建国家（28 次）、基础设施（28 次）、全球治理（26 次）、国际合作（24 次）、全球化（23 次）、贸易潜力（20 次）、引力模型（20 次）、影响因素（19 次）、对外开放（18 次）、丝绸之路（15 次）、对外贸易（14 次）、区域经济（14 次）、国际贸易（13 次）、产业转移（13 次）、对外投资（13 次）、绿色发展（13 次）、中亚（13次）、亚投行（13 次）、产能合作（13 次）、经贸合作（13 次）。

图 11 - 4 中关键词字号越大，代表其出现频次越高；各关键词之间的连线表示存在共现关系，其粗细代表共现的强度。由图可知，"一带一路""互联互通"和"中国"为文献数据的前三大关键词节点，并主要在"经济增长""共建国家""基础设施""全球治理""国际合作"等多个方面呈枝状展开，形成了复杂的网络结构，说明经济领域"一带一路"研究多集中于多个经济体综合性研究，已形成了一定的内容体系。

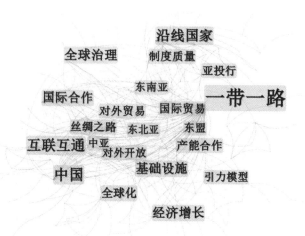

图 11 - 4 "一带一路"关键词检索

CiteSpace 检测出的突现词（burstterms），即短时期内出现频次急剧变化的变量，用于发现一定阶段内的新研究主题或者热点，根据分析结果可知，共计 11 个突现词，Burst 值及其起始年份依次为：亚投行（5.27，2015～2016 年）、共建国家（4.5，2015～2016 年）、挑战（2.74，2015～2016 年）、丝绸之路（2.69，2015～2016 年）、战略对接（3.23，2016～2017 年）、融合发展（2.51，2016～2017 年）、印度（2.76，2018～2019 年）、贸易潜力（4.36，2019～2022 年）、双重差分（2.47，2019～2022 年）、投资风险（2.85，2020～2022 年）、中介效应（2.63，2020～2022 年）。这些重点关键词在一定程度上反映了我国"一带一路"研究在经济领域的主题分布，从总体趋势来看，对于"一带一路"共建国家经济发展的研究逐渐从"一带一路"理论研究转移至经济绿色发展及贸易研究；在研究方法上，近几年主要集中于双重差分及中介效应模型，通过实证检验"一带一路"倡议对中国及共建国家经济、社会发展带来的影响效果。

本章选择 LR 算法（对数似然算法）将语义一致的关键词进行归并处理后，生成中国"一带一路"经济领域研究文献的关键词聚类图谱，如图 11-5 所示，在取消仅生成最大联系集群后，图中共形成了多组关键词聚类，本书选取前 12 组聚类关键词，分别为：（1）一带一路；（2）共建国家；（3）互联互通；（4）贸易潜力；（5）中国；（6）产能合作；（7）挑战；（8）绿色发展；（9）影响因素；（10）海外投资；（11）印度；（12）经济带；（13）新疆。以上述关键词为基础可进一步提取"一带一路"经济领域相关研究文献的主题分类。

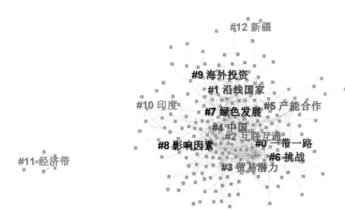

图 11 – 5 "一带一路"经济研究关键词聚类图谱

结合关键词共现和聚类图谱,可以将"一带一路"经济发展研究的主要内容总结为:

(1) 将"一带一路"作为国际公共产品,讨论其建设的政治经济逻辑及对各国地缘政治、经济合作等产生的影响。黄益平(2015)指出在"一带一路"建设下可以实行的新型外交战略,即明确"一元多极"的基本原则,坚持经济全球化的方向,鼓励更多的利益相关者参与并推动国际经济体制改革。王亚军(2017)则表示作为典型的国际公共产品,"一带一路"倡议在理论和实践上均有重要意义,不仅推动了全球治理理论的多重创新,丰富和发展了国际合作理论和全球价值链理论,而且兼具区域合作、国际协议等特点,开创了中国外交的新实践和国际合作的新模式,为新时期国际关系提供了新的解决方案。曾向红(2016)认为"一带一路"构想是中国领导层在新的国内、国际背景下提出的一种战略叙事,其蕴含了一种中国对广阔的亚欧非大陆进行描述的新地缘政治想象,并可促进中国同共建国家开展各类合作。

（2）基于宏观视角的"一带一路"建设绩效评价，包括经济、基础设施、绿色发展等。首先，在经济发展绩效评价方面，马（Ma，2022）指出"一带一路"倡议显著提高了地方经济的经济绩效，对低收入国家的影响尤其强烈；张亚斌（2016）则构建投资便利化测度体系衡量"一带一路"50 个亚欧非共建国家的投资便利化水平，并基于拓展引力模型实证检验各国投资便利化水平差异程度，指出中国在推进"一带一路"建设的同时应加大对上述环节的改革创新力度，以提高贸易投资便利化水平；文淑惠等（2020）指出共建"一带一路"国家的金融深化显著促进经济增长，同时外国直接投资（FDI）通过技术溢出效应和资本积累效应强化了金融发展对经济增长的促进作用。

其次，在基础设施建设方面，崔岩和于津平（2017）利用面板门槛模型实证检验强调基础设施互联互通对各个"一带一路"共建国家经贸关系发展的积极意义，指出共建"一带一路"国家基础设施质量的提高可以促进中国对外直接投资，促进效应随东道国基础设施质量和人均收入水平的变化而变化；张艳艳等（2018）研究发现，交通基础设施与经济增长呈现显著的倒"U"型关系，交通基础设施条件的改善和交通基础设施投资的增加均能显著促进共建"一带一路"国家的经济增长，但其促进效应的大小与各国经济发展水平和基础设施条件有关；李建军等（2018）运用秩和比（RSR）和优劣解距离法（TOPSIS）综合评价法实证检验了基础设施建设与经济发展的关系，发现基础设施建设综合水平对提升经济总量、人均产出水平，降低失业水平具有显著作用。

最后，在绿色发展绩效评价方面，齐绍洲（2018）用随机块（SBM）模型测算了共建"一带一路"国家的绿色全要素生产率，用以衡量共建国家的绿色技术进步，并基于面板门槛模型从进口贸易和出口贸易两个角度考察了共建国家贸易开放基于经济发展、基础设施、金融发展和制度质量四个因素的正向绿色技术溢出门槛效应；薛等（Xue et al.，2021）指出在考虑的时间尺度上，共建"一带一路"国家的绿色发展水平从2010～2018年有所提高，其发展合作模式可分为全方位高水平能源吸引合作模式、系统性全领域共赢合作模式、立体精细化赋权合作模式和多层次高信任合作模式；杨和倪（Yang & Ni，2022）指出在样本期内，共建"一带一路"国家的金融发展在金融规模、金融深化和金融效率等方面对绿色发展效率产生了负面影响，金融发展对技术进步的影响随着收入的增加而变化。

（3）微观视角下"一带一路"建设对企业影响的评价及分析。徐思等（2019）运用双重差分法考察"一带一路"倡议对中国企业融资约束的影响及路径，指出"一带一路"倡议的实施显著降低了受到倡议支持企业的融资约束，且其对支持企业融资约束的缓解作用在新兴优势行业、外向型节点城市中更为显著；孙焱林等（2018）构建双重差分模型评估"一带一路"倡议对企业对外直接投资风险的影响，实证检验"一带一路"倡议对降低企业在共建"一带一路"国家的投资风险的显著作用，且该影响的动态调整呈递减趋势。

（4）"一带一路"建设对人民币国际化产生的影响及分析。林乐芬等（2015）指出"一带一路"建设在活跃欧亚大陆贸易活动的同时，必将活跃货币流动，在贸易环节使用人民币，商品的流通必然伴随人民币的流出，从而增加人民币的境外储备；韩玉军等（2015）则表示"一带一路"的建设能够加强中国与周边国家的区域货币合作，增强中国与共建国家的经贸往来，促进沿线人民币离岸中心的建立，扩大人民币的跨境结算和使用范围，有利于提高人民币的周边化和区域化程度，提高人民币的国际地位；王少楠等（2015）利用系统高斯混合模型（GMM），探讨中国在"一带一路"进程中人民币国际化的影响因素，发现经济规模、对外直接投资、贸易规模、经济自由度等因素显著影响货币国际化水平，人民币可利用"一带一路"平台，通过扩大对外投资、活跃欧亚贸易等途径显著提高其国际化水平。

相较于 2013～2021 年，2022 年对"一带一路"倡议经济领域的研究主要集中于贸易、投资与绿色发展等方面。杨（Yang，2022）指出企业在共建"一带一路"国家的直接投资在长期内总体上增加了母公司的劳动力需求，但对相对就业数量和就业结构没有显著影响，为验证共建"一带一路"国家对外直接投资对母国劳动力的具体影响提供了微观证据。李和杨（Li & Yang，2022）指出中国对外直接投资对 79 个共建"一带一路"国家的 GDP 具有统计学上显著的正向影响，就业也具有显著的正向中介作用。

（二）研究热点演变

本书在文献关键词共现图谱的基础上，通过时区视图（timezone view）分析中国经济领域"一带一路"研究热点随时间的演变趋势。图 11-6 中的关键词根据其首次出现的时间而分布在不同的时区中，从时间跨度上展示了我国经济领域"一带一路"研究的知识演进，以及研究热点的更新和相互影响。由图可以看出，我国经济领域"一带一路"研究于 2014 年开始出现，并逐步形成相关主题聚类簇；2015～2022 年，主题聚类间连线越来越密，说明这一时间段内发表的成果越来越多，且成果间关联度逐步提高。2014～2017 年，随着文献数量的增长，相关主题聚类簇逐步成形并开始演化，表明经济领域"一带一路"研究进入上升繁荣期；自 2018 年后，相关主题聚类簇密度降低，并趋于集聚，说明"一带一路"经济领域研究虽热度下降，但聚焦度上升，研究主题趋于融合。

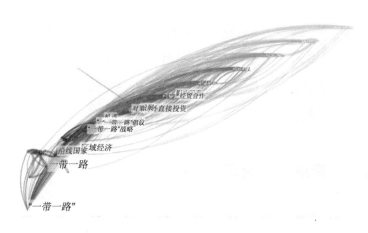

图 11 – 6　"一带一路"经济研究热点演变

其中，围绕"一带一路"经济领域研究，2014～2022年的研究热点按时间聚类可依次归纳如下：（1）"一带一路"、全球治理、制度质量、共建国家、新型国际关系、全球伙伴关系；（2）"一带一路"、融合发展、区域经济、互联互通、地缘政治、对外开放；（3）"一带一路"多边合作、协同发展、新结构经济学、产业政策；（4）"一带一路"、空间网络、旅游经济联系、国际贸易、命运共同体、税收制度；（5）"一带一路"、引力模型、贸易成本、贸易潜力。通过该时间聚类可以看出，合作各年份研究热点间的联系较为紧密，且各研究阶段之间存在较强的传承关系，由政治经济学原理、新型伙伴关系等理论研究逐步深入具体的经济发展水平及贸易效率测算等实证研究。

进入21世纪后，中国在对外开放中开始意识到区域经济实力发展的巨大差异，提出要建设人类命运共同体。中国"一带一路"倡议对于"推动构建和优化全球价值链"的重要作用和意义，基本已经成为众多学者的一种共识，关于"一带一路"建设更加有助于构建包容、互利、共赢的全球价值链分析，一定意义上已提供了丰富的实践基础（陈健等，2017）。纵览现有研究，我国关于"一带一路"经济领域研究成果丰富，不仅进行国际合作及地缘政治的理论分析，而且拓展至基础设施建设评价、经济效应测算及绿色发展等研究领域，研究质量高且影响范围广。

五、研究结论与启示

本书围绕我国"一带一路"经济领域研究现状与趋势这一主题，以 2013 ~ 2022 年 CNKI 数据库中的 CSSCI 期刊作为文献来源，运用 CiteSpace 软件，通过样本文献回顾梳理并运用知识图谱分析、突现词分析等文献计量学方法，对年度发文趋势、核心作者、核心发文机构及研究热点等研究现状及研究趋势进行分析，得出以下几点主要结论：

第一，从研究现状来看，国内"一带一路"研究自 2013 年起经历了快速增长、成熟发展、逐步稳定衰减三个阶段，年发文量呈现先高速增加后稳定最后逐步递减的趋势，并形成了以王义桅、王娟娟、于津平、葛鹏飞、蓝庆新为代表的五大核心研究团队。其中以王义桅为代表的研究团队成果丰富、质量高，是国内该领域具有代表性的研究团队，且研究团队内部合作紧密。但各个研究团队间较为孤立，不同机构之间合作强度较低，机构合作网络主要受作者间的学术关系与地域影响，彼此间合作与交流较少。《世界经济与政治》《中国人口·资源与环境》《财经研究》等 CSSCI 核心期刊是该领域的重要载文期刊，其发表的高被引文献质量高且影响范围广，因此加强团队之间合作，提高"一带一路"经济领域研究影响力是未来努力的方向。

第二，从研究内容来看，经济仍是"一带一路"研究最重要的领域之一，互联互通、经济增长、共建国家、基础设施、全球治理、国际合作、全球化等方向是国内"一带一路"经济领域研究最为聚焦的主题。在研究方法上，国内研究多为定量研究，定性或者定性与定量结合的研究较少；计量回归模型、双重差分模型及中介效应模型是常用的计量方法。近年来，国内"一带一路"研究热点由"一带一路"倡议的政治经济学原理向国家间经济合作及贸易往来等领域拓展，侧重于"一带一路"与国内外经济、政治的紧密结合。当前对丝绸之路经济带研究的重视程度要远高于海上丝绸之路，研究区域与国家主要集中在我国邻近国家及签署"一带一路"倡议书的国家，研究省份主要集中于"一带一路"核心发展省份。因此，在未来加强区域间贸易合作、讨论潜在贸易风险等方向的研究，进行该相关理论研究与应用是重要的发展方向。

第三，从研究趋势来看，"一带一路"倡议提出之初，相关研究多集中于"一带一路"的全球治理、新型国际关系、互联互通、地缘政治、多边合作、协同发展等理论经济学领域，随着倡议的逐步发展及相关研究的日益深化，新结构经济学、产业政策、旅游经济联系、国际贸易等方面的研究相继出现并成为研究热点。近年来出现的绿色金融、产能合作等是经济时代下的产物，反映了经济全球化国家间经济合作的新特征，必将成为该领域新的研究热点。

"一带一路"的推进为我国提升国际话语权和影响力、构建中国话语和中国叙事体系提供了平台，同时也对加强和提升经济发展水平提出了新要求。"一带一路"倡议的提出既为中国提供经济增长的新动力，也将带动参与国的经济发展，推进参与国的协调与合作（李晓等，2020）。从上文对可视化知识图谱的分析来看，国内经济领域现有"一带一路"研究虽然数量大幅增长、研究具有一定规模且形成核心研究阐述群体，但各研究群体及机构间的交流与联系不够紧密，阻碍了研究的深化与对学科发展的贡献。阐释共建"一带一路"的理念、原则和方式，讲好共建"一带一路"的故事，为共建"一带一路"营造良好的国际舆论氛围，是推进"一带一路"高质量发展的题中应有之义。在对研究主题和研究内容展开进一步分析的基础上，本书对中国"一带一路"经济领域相关研究存在的不足进行反思，并尝试探讨实现突破的改进路径，提出未来需要重点关注的研究方向。

首先，"一带一路"经济领域研究中的基础研究比较有限，学理层面的思考、解释性研究相对缺乏，缺乏前瞻性和预见性。"一带一路"这一研究命题涉及的学科范围空前广泛，包括政治学、经济学、社会学和文化学等在内的多个学科都在积极探讨"一带一路"相关问题（李宝贵等，2020）。相比之下，经济领域的相关研究看似成果丰富，但在研究方向和目标等方面却存在模糊不清的状态。现有成果大多为探讨"一带一路"建设的政治经济学原理及"五通"政策给我国及共建国家带来的经济效益，提出的倡议对策大多停留在理论分析上，可操作性不强，缺乏指导性。

其次，现有研究视角单一，在经济效果研究、国别研究等方面存在明显不足。国内其他学科已对"一带一路"的科学内涵、战略规划、实现路径，以及体制创新、合作对接等理论和实践层面上的众多问题进行了探索并取得了丰硕的研究成果。而经济领域现有研究成果主要集中于分析"一带一路"倡议实施的顶层逻辑、探讨我国"一带一路"倡议经济效应等方面，且实证研究方法较为单一，多为使用双重差分模型、动态门槛面板模型研究相关内容，对空间效应考虑不够充分。现有经济发展研究的视野也比较局限，多数从宏观国家及省份的角度出发思考问题，对微观企业具体效果考察相对较少。

最后，国内的研究团体或研究机构多为"单兵作战"，学界、业界以及政府部门之间的接触、互动与合作十分有限，对"一带一路"经济领域跨学科、跨机构、跨国界的合作研究与协同创新研究开展较少。且现有研究对"一带一路"经济发展的思考未能摆脱传统的思维框架，应建立在对共同利益与共赢发展的理解之上。现有研究仍围绕"讨论如何争夺国际话语权""讲好中国故事，传播好中国声音"等议题，对经济发展绩效的思考则局限于如何提高中国的软实力和整体影响力，未能真正将中国的新角色与世界体系相联系，未在合作语境下思考"一带一路"的经济发展问题。

综上所述，经济领域的"一带一路"研究未来可重点关注以下方向：

第一，"一带一路"研究需要加强国内外机构合作交流。当前中国国内"一带一路"研究合作主要限于研究团体内部合作，团体间及机构间联系较少，若想确立"一带一路"在国际上的话语权，应加强与国外高校、智库等的合作，提升"一带一路"经济研究在国际上的影响力和知名度。

第二，"一带一路"经济研究的重点将由倡议顶层设计、经济逻辑和基础设施建设转向产能合作、贸易风险、人民币国际化、绿色金融和制度环境建设等方面。随着共建"一带一路"国家经济及基础设施等"五通"建设由浅入深，以及国际环境动荡、新冠疫情等问题的出现，贸易效率、投资风险评估、绿色金融发展和协同治理等方面的学术研究需要及时跟进，为中国政府和企业"走出去"提供理论参考和决策支持。

　　第三，当前对于"一带一路"经济领域研究的主要方法仍为计量回归模型、双重差分模型、引力模型以及聚类分析等方法。随着大数据技术方法的日趋完善，作为一种科学有效的分析工具，大数据方法得到了广泛应用。今后，则应与时俱进，采用大数据技术，使用多视图协同交互、可视化分析和计算模拟等方法，深化对"一带一路"经济领域的量化研究，探究宏观、微观视角下"一带一路"建设的经济成果，并通过可视化方法清晰地呈现。

第十二章 全球自由贸易协定网络解构及影响因素研究

——基于复杂网络方法和动态面板数据模型

一、引言

自 20 世纪 90 年代以来，随着经济一体化的稳步推进，各国间贸易关系日益紧密，有些国家对别国尤其是周边国家依赖程度不断增强，促使双边、多边贸易关系不断升温，为达成自由贸易协定创造了有利条件。双边自由贸易协定（FTA）因其约束性强、内容涵盖范围广、达成难度相对小等特点，使得缔结双边自由贸易协定日益成为推动双边、区域经贸合作的重要方式（黄建忠，2008）。根据世界贸易组织（WTO）的统计，其成员均参加了一个或一个以上的自由贸易协定，签订双边自由贸易协定成员数目和协定成员数目均有大幅提升，协定关系网络日趋复杂，如图 12 - 1 所示。截至 2021 年底，全球正在实施的区域贸易协定数达到 305 个，覆盖了全球绝大多数经济体，其中双边贸易协定占比超过 70%[①]，由此可见，双边自由贸易协

---

① 世界贸易组织区域贸易协定数据库：http://rtais.wto.org/UI/PublicAllRTAList.aspx.

定不仅已经成为并行于多边贸易体制的一条道路（吴兴光，2009），更是维系全球贸易关系有效运转的"稳定器"。当前，全球单边主义、霸权主义、保护主义不断兴起，以 WTO 为代表的多边贸易体制受到前所未有的挑战，国际贸易规则面临重塑和调整。在此背景下，进一步促进双边和区域自由贸易协定发挥更积极作用，不仅有利于维护全球自由贸易体系正常运转，也有利于全球价值链、产业链的稳定和安全，对构建开放型世界经济具有重要意义。

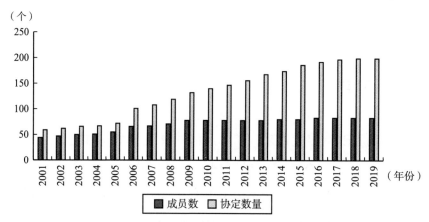

图 12 - 1　2001～2021 年全球自由贸易协定网络中成员数和协定数量的变化情况

资料来源：世界贸易组织区域贸易协定数据库：http：//rtais. wto. org/UI/PublicAllRTAList. aspx.

二、文献综述

双边自由贸易协定一直是学者们关注的热点话题之一，自由贸易协定相关研究大致可分为自由贸易协定的"两面论"、促进论和抑制论。部分学者持"两面论"观点，吴飒（2004）以智利－美国自由贸易协定为研究对象，发现协定对智利经济的发展有利也有弊，这为巴格沃蒂（Bhagwati，1993）提出的"绊脚石"与"垫脚石"争论提供了有益例证，由此可见，自由贸易协定的影响并不是绝对有益的。湛柏明（2006）进一步发现美国通过双边自由贸易协定提高了发展中国家加入自由贸易协定的成本；张嗥等（2015）也发现发达国家间区域服务贸易协定的贸易效应逐步增强，而发展中国家间服务贸易协定的负面效应逐步显现；王隽毅（2018）提出了权利竞争理论，认为一国对不同国家贸易政策呈现出地区分化特征。以上研究充分表明自由贸易协定对成员国的影响存在非对称性，受到成员国经济实力、贸易规模等诸多因素的影响。

多数学者支持自由贸易协定"促进论"，均认为自由贸易协定对贸易合作具有显著促进作用。有学者提出自由贸易协定的达成是内生的，具有一定的贸易创造效应，有利于推进全球贸易自由化进程。王昌荣等（2018）认为自由贸易协定对我国贸易具有创造效应和转移效应，且后者大于前者；计飞等（2018）进一步发现多边贸易协定的促进作用明显强于双边贸易协定；刘李峰等（2006）以中国－新西兰自由贸易协定为研究对象，发现其对农产品贸易具有明显促进效应；谢建国等（2014）以中国签署的区域贸易协定为研究对象，发现其对不同技术水平贸易产品的影响作用存在差异；陶章等（2020）发现签署贸易协定可以显著促进我国与共建"一带一路"国家的贸易合作。从贸易协定深度来看，张中元等（2016）发现区域贸易协定中设定透明度条款对双边贸易合作具有促进作用。马淑琴等（2020）发现双边自由贸易协定总深度对区域内成员国间价值链关系具有正向促进作用。由此可见，自由贸易协定的积极作用是多方面的，与协定的内容、成员国的特征是密切相关的。还有部分学者认为自由贸易协定具有一定的负向影响。列维（Levy，1997）认为自由贸易协定破坏了多边贸易系统，董有德等（2014）对71个经济体数据研究发现，自由贸易协定对企业"走出去"具有抑制效应且呈现出明显的异质性特征。综合来看，尽管自由贸易协定存在一定的负面影响，整体上其带来的正向收益是远大于负面影响的。

随着越来越多的自由贸易协定签署生效，全球贸易协定已经构成了一个复杂的网络系统，学者们在协定网络研究方面不断突破。杰克逊等（Jackson et al.，1996）首先提出自由贸易协定混合形态分析框架，但对自由贸易协定的形成和发展方面其解释力略显不足；此后，易（Yi，2000）企图将博弈论方法引入贸易协定网络相关研究，同样未能得到理想结论；随着学者们不断加入国家对称性与贸易产品可替代性后，对于自由贸易协定网络形成的解释才渐渐明晰。国内学者在此方面也取得积极进展，宋玉华等（2008）提出亚太区域内自由贸易协定呈现出"轴心－辐条"格局。约翰等（2014）指出中国起初主要和本土及一些谈判相对容易的国家签订区域贸易协定，为更多贸易协定的落地生效奠定了良好基础。李扬等（2015）进一步以中韩自由贸易协定为研究对象，发现协定不仅对中韩双边经贸发展具有重要影响，还会对亚太经贸格局产生一定影响。由此看来，关于双边自由贸易协定网络的发展及其解释逐步清晰。

综合来看，学者们对于自由贸易协定的效应研究已取得丰硕成果，而对于贸易协定网络的解构以及成因关注相对较少。在区域全面经济伙伴关系协定（RCEP）、中欧投资协定（BIT）、全面与进步跨太平洋伙伴关系协定（CPTPP）等区域贸易协定逐步达成和谈判的关键时期，从全球视域全面解构自由贸易协定关系网络，深入分析影响各国在协定网络中地位变化的影响因素显得尤为重要。基于此，本章利用 Gephi 软件提供的复杂网络方法深入研究全球贸易协定关系网络的疏密程度、社团分布以及各国地位演变。在此基础上，进一步分析影响一国协定网络地位演变的因素及其边际效应，以期为提升我国贸易地位，维护世界多边贸易机制，促进贸易自由化发展提供参考和借鉴。

三、全球自由贸易协定网络构建及数据说明

自 20 世纪 60 年代社会学家怀特（White，2001）等提出网络分析方法以来，在网络结构测度方面被广泛应用。社会网络分析方法被看作研究网络整体形态、特性和结构的重要方法，塞拉诺（Serrano，2003）、法焦洛（Fagiolo，2008）、陈银飞（2011）、许和连等（2015）等诸多学者将其应用到贸易网络格局研究中，本章将社会网络分析方法引入贸易协定关系中，从"网络"的视角出发研究全球双边自由贸易协定的关系，主要包括网络密度、社团分布和中心性等方面。

（一）全球自由贸易协定网络的构建

借鉴已有的复杂网络研究方法，本章将签订自由贸易协定的国家视为协定关系网络中的"节点"，将国家间的双边贸易协定关系视为"边"。根据本研究的需要，构建无权无向关系网络，即若两国间签订贸易协定，记为 1，否则记为 0，具体网络表达如下所示：

$$a_{n \times n} = \begin{bmatrix} a_{11} & a_{12} & \cdots & a_{1n} \\ a_{21} & a_{22} & \cdots & a_{2n} \\ \cdots & \cdots & \ddots & \vdots \\ a_{n1} & a_{n2} & \cdots & a_{nn} \end{bmatrix}, \quad 其中，a_{ij} = a_{ji} = \begin{cases} 1, & 签订贸易协定 \\ 0, & 没有签订贸易协定 \end{cases}$$

$$i, j, n = 1, 2, \cdots, n$$

上述构建协定关系网络中，a 代表签订双边贸易协定的国家，a_{ij} 代表 i 国和 j 国之间已签订双边贸易协定，a_{nxn} 为全球所有签订双边贸易协定国家形成的复杂网络。

（二）全球双边贸易协定网络结构特征度量

（1）节点度。本章使用的无权复杂网络，节点度表征的是与此节点具有双边协定关系的国家数量，反映了此节点在整个网络中的重要程度，即一国在全球贸易协定关系网络中的地位高低。若节点度越大，说明与此节点具有双边贸易协定关系的国家数量相对越多，表明该节点所代表国家在全球协定关系网络中的地位越重要。具体可定义为如下所示：

$$\alpha_i^t = \sum_i^n k_{i,j}^t \qquad (12-1)$$

其中，α_i^t 表示 t 年与 i 国签订双边贸易协定的国家数量；n 为全球双边协定关系网络中参与国家总数；$k_{i,j}^t$ 为 t 时期全球双边协定关系无向网络邻接矩阵的数值。

（2）网络密度。网络密度是反映样本国家之间协定关系紧密程度的重要指标。网络密度值越大，协定关系网络中的关联程度越紧密，表明各国间的贸易关系越活跃，通常用实际存在的关系数与理论最大关联数之比计算所得，具体计算方法如下所示：

$$D = \frac{2m}{n(n-1)} \qquad (12-2)$$

其中，D 为网络密度，m 代表网络中的实际关系数，n 代表理论最大关联数。

（3）平均聚类系数。集聚系数主要反映整个网络中相邻节点间联系的密切程度，被看作反映各国间这种相互关系连接程度的重要指标，能够表征邻近国家间贸易关系的紧密水平。在协定关系网络中，一个国家的贸易伙伴之间也可能存在经贸往来关系，签订贸易协定，从而形成不同的贸易协定关系群体。具体来看，每个国家的聚类系数可定义如下：

$$C_i^t = \frac{2n_i^t}{k_i^t(k_i^t - 1)} \qquad (12-3)$$

其中，k_i^t 为 t 时期 i 国的双边协定关系数量，n_i^t 代表 t 时期 i 国的邻近国家间协定关系的数量。在此基础上，运用所有样本国家聚类系数值的平均水平表征整个协定关系网络的平均聚类水平。聚类系数值越大，表明集聚程度越高，即与邻近国家的关系越紧密。具体可定义如下：

$$C^t = \frac{\sum_{i=1}^{n} C_i^t}{n} \qquad (12-4)$$

（4）中介性。节点中介性主要表征此节点是否为其他节点联系的媒介和纽带，反映各国在整个贸易协定网络中是否处于核心地位，即可反映一个国家在协定网络关系中是否具有更大的控制能力。中介性数值越大，说明此节点的路径控制能力越强，即表明一国在双边贸易协定关系网络中发挥着重要的中介作用。

（三）数据来源及样本说明

本书以世界贸易组织区域贸易协定数据库公布的现行的双边自由贸易协定为研究对象，截至 2021 年，共整理得到 199 个双边自由贸易协定，涵盖 82 个国家①，本书以中国加入世界贸易组织为起始时间，样本期间为 2001~2021 年，共构建了 19 年的全球双边贸易协定复杂网络。需要说明的是，每年协定网络中的国家数目有所不同，随着各国双边贸易协定的签订，各国复杂网络中的国家数目和双边协定数量均不断增加。

四、全球双边贸易协定关系网络结构分析

本书构建了 2001~2021 年全球双边贸易协定关系无权复杂网络，并形成全球双边协定关系网络拓扑结构图，在此基础上对双边贸易协定关系网络结构特征进行分析。根据复杂网络理论，通过对全球双边贸易关系协定网络的平均度、社团分布、中心性进行分析，厘清全球双边贸易关系网络中各国间的关系紧密程度，明晰协定网络的连通性、集聚性以及各国在整个协定关系网络中的地位变化程度。

---

① 最终选取的样本国家有：阿富汗（AFG）、阿尔巴尼亚（ALB）、安道尔（AND）、阿联酋（ARE）、阿根廷（ARG）、亚美尼亚（ARM）、澳大利亚（AUS）、阿塞拜疆（AZE）、比利时（BEL）、巴林（BHR）、波黑（BIH）、巴西（BRA）、文莱（BRN）、不丹（BTN）、加拿大（CAN）、智利（CHL）、瑞士（CHE）、中国（CHN）、科特迪瓦（CIV）、喀麦隆（CMR）、哥伦比亚（COL）、哥斯达黎加（CRI）、古巴（CUB）、多米尼加（DOM）、阿尔及利亚（DZA）、厄瓜多尔（ECU）、埃及（EGY）、欧盟（EUU）、格鲁吉亚（GEO）、加纳（GHA）、洪都拉斯（HND）、印度（IND）、印度尼西亚（IDN）、以色列（ISR）、冰岛（ISL）、日本（JPN）、约旦（JOR）、哈萨克斯坦（KAZ）、吉尔吉斯斯坦（KGZ）、韩国（KOR）、科威特（KWT）、老挝（LAO）、黎巴嫩（LBN）、列支敦士登（LIE）、斯里兰卡（LKA）、摩洛哥（MAR）、摩尔多瓦（MDA）、墨西哥（MEX）、北马其顿（MKD）、黑山（MNE）、蒙古国（MNG）、毛里求斯（MUS）、马来西亚（MYS）、尼加拉瓜（NIC）、挪威（NOR）、尼泊尔（NPL）、新西兰（NZL）、阿曼（OMN）、巴基斯坦（PAK）、巴拿马（PAN）、秘鲁（PER）、菲律宾（PHL）、巴勒斯坦（PSE）、巴布亚新几内亚（PNG）、巴拉圭（PRY）、俄罗斯（RUS）、新加坡（SGP）、萨尔瓦多（SLV）、圣马力诺（SMR）、塞尔维亚（SRB）、叙利亚（SYR）、泰国（THA）、塔吉克斯坦（TJK）、土库曼斯坦（TKM）、突尼斯（TUN）、土耳其（TUR）、乌克兰（UKR）、乌拉圭（URY）、美国（USA）、乌兹别克斯坦（UZB）、越南（VNM）、南非（ZAF）。需要说明的是，本书未将中国香港、中国澳门、中国台湾地区纳入研究范围，欧盟整体视作一个样本纳入研究。

（一）　全球双边贸易协定关系网络演变历程

利用 Gephi 软件绘制 2001 年、2010 年和 2021 年的双边贸易协定关系网络拓扑结构，如图 12 - 2 ~ 图 12 - 4 所示。研究发现，从时间维度来看，2001 ~ 2019 年，全球双边贸易协定关系网络具有明显的核心 - 边缘结构、呈现出"小世界"特征，且日趋多元化、复杂化。具体地，从签订双边贸易协定国家的数目来看，由 44 个（2001 年）增加至 82 个（2021 年），双边协定数量由 59 个（2001 年）增加至 199 个（2021 年），如表 12 - 1 所示，参与国家数量不断增加，新的双边贸易关系协定不断产生，各国积极融入全球双边协定贸易关系网络，这充分表明全球双边关系网络规模不断增大，贸易联系不断紧密。值得注意的是，部分新兴市场国家在整个网络中的日益活跃，地位不断凸显，这充分证明新兴市场国家已经成长为全球贸易版图的重要组成部分，对全球贸易发展的影响至关重要。

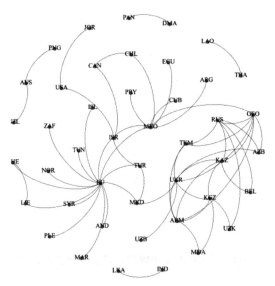

图 12 - 2　2001 年全球双边贸易协定关系网络

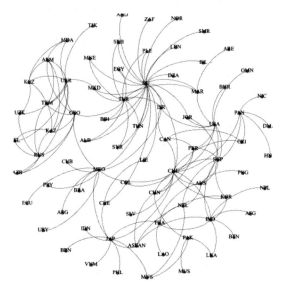

图12-3　2010年全球双边贸易协定关系网络

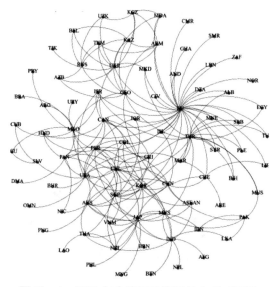

图12-4　2021年全球双边贸易协定关系网络

表 12 – 1 全球双边贸易协定关系网络整体结构特征

年份	节点	边数	平均度	平均聚类系数	平均路径长度
2001	44	59	2.682	0.409	2.922
2003	50	66	2.640	0.435	3.040
2006	66	101	3.061	0.372	3.556
2009	78	132	3.385	0.380	3.275
2012	78	156	4.000	0.433	3.163
2015	80	186	4.575	0.451	2.891
2018	82	199	4.723	0.449	2.824
2021	82	199	4.699	0.474	2.811

资料来源：由课题组计算整理所得。

（二）全球贸易关系协定网络多元特征分析

1. 整体网络特征

在复杂网络理论中，平均聚类系数和平均路径长度是反映二值网络中各节点间联结程度的重要指标，根据构建的全球双边贸易协定无权网络 a_{nxn}，利用 Gephi 软件对 2001~2021 年全球双边贸易协定关系网络的结构演变特征进行测算，得到结果如表 12 – 1 所示。总体来看，各国间的贸易协定关系日趋紧密，聚集度明显增强，同时双边协定关系的可达性明显增强。首先，从国家间的疏密程度来看，全球双边协定网络的平均度由 2.682（2001 年）增加至 4.699（2021 年），表明各国在全球协定网络中的活跃程度明显增强。可能的原因是，随着经济全球化的逐步推进，国家间经贸关系不断加强，为各国达成双边贸易协定奠定了有益基础，大大降低了国家间协定成本，增强了各国签订双边贸易协定的可能性。其次，平均聚类系数由 0.409（2001年）增加至 0.474（2021 年），不难发现，全球双边贸易关系协定网络的聚集度在不断增强，这反映出各国间双边贸易协定关系日趋紧密，部分国家在整个网络中的地位逐步凸显。最后，从平均路径长度来看，由最长的 3.556（2006 年）缩短至 2.811（2021 年），整体协定网络的平均路径明显缩短，表明网络一体化程度明显提高。具体来看，任意两个样本国家发生联系约需要 2.8 步左右的距离，各国之间的贸易联系"距离"大大缩短，说明各国之间协定的可达性在明显增强，有助于各国进一步增强贸易往来关系。

2. 社团分布

在复杂网络中，社团是将具有某种特定关系的节点组成相应子集。双边协定关系网络中的国家可以根据国家间关系疏密程度划分为多个社团，处于同一社团组的国家间相互联系更加紧密，处于不同社团之间的国家的协定关系相对疏浅。根据 Gephi 模块化划分标准，得到结果表明，2021 年全球双边贸易协定关系网络可划分为 5 个社团，且社团划分显著性值达到 0.492，表明整个网络呈现出明显的社团分布特征，具有一定社团关系，具体社团划分结果如表 12 - 2 所示。

表 12 - 2　　　　　　2019 年全球双边贸易协定关系网络社团划分

社团划分	2019 年国家社团分布
第一社团	欧盟，阿尔巴尼亚，土耳其，安道尔，摩洛哥，阿联酋，波黑，瑞士，冰岛，科特迪瓦，喀麦隆，阿尔及利亚，埃及，加纳，黎巴嫩，列支敦士登，北马其顿，黑山，毛里求斯，挪威，巴勒斯坦，圣马力诺，塞尔维亚，叙利亚，突尼斯，南非（共 26 个）
第二社团	格鲁吉亚，亚美尼亚，吉尔吉斯斯坦，俄罗斯，阿塞拜疆，乌克兰，比利时，哈萨克斯坦，摩尔多瓦，塔吉克斯坦，土库曼斯坦，乌兹别克斯坦（共 12 个）
第三社团	秘鲁，哥伦比亚，美国，巴林，加拿大，智利，巴拿马，哥斯达黎加，多米尼亚，洪都拉斯，约旦，尼加拉瓜，阿曼（共 13 个）

续表

社团划分	2019 年国家社团分布
第四社团	印度，阿富汗，澳大利亚，新加坡，韩国，泰国，日本，马来西亚，不丹，中国，巴基斯坦，印度尼西亚，文莱，斯里兰卡，蒙古国，新西兰，尼泊尔，菲律宾，巴布亚新几内亚，老挝，泰国，越南（共22 个）
第五社团	墨西哥，古巴，萨尔瓦多，厄瓜多尔，以色列，阿根廷，巴西，巴拉圭，乌拉圭（共9 个）

　　具体来看，第一社团可称为"欧洲贸易社团"，包括了欧盟、阿尔巴尼亚等26 个国家，主要分布在欧洲地区及横跨欧亚大陆，还有部分非洲国家，是一个覆盖范围最广、国家数目最多的社团。其中，既包括了以欧盟国家为代表的传统贸易强国，也包括了北马其顿、塞尔维亚等经济发展水平相对滞后的国家。可能的原因是，法国、英国、德国等老牌欧洲强国，长期以来在国际贸易合作中具有重要地位，在与本地区国家关系不断增强的过程中，不断拓展在亚洲、非洲国家的市场，在整个全球贸易关系版图中具有重要作用。第二社团主要包括俄罗斯、中亚五国等国家。这些国家与周边国家的贸易关系不断发展，也成为世界贸易版图不可或缺的组成部分。第三社团可称为"北美贸易社团"，主要包括了美国、哥伦比亚、加拿大等一些美洲国家及周边国家，是北美贸易圈主要的成员国家，之间保持着较紧密的双边贸易关系。第四社团可称为"亚太贸易集团"，主要涵盖了中国、韩国、东盟国家、日本、印度和部分亚洲新兴市场国家，国家数量仅次于"欧洲贸易社团"，逐步形成了以中日韩和东盟国家为主导的"亚太贸易社团"，充分体现了亚洲贸易圈国家间经贸合作关系日益增强，在整个世界贸易版图的重要性也在逐步提升。值得注意的是，该社团涵盖了区域全面经济伙伴关系协定（RCEP）所有成员国，随着

区域全面经济伙伴关系协定的签署和落地实施，亚洲区域贸易合作网络日趋紧密，为构建亚洲共同体奠定了坚实基础，有利于促进亚洲贸易圈的繁荣和发展。第五社团可称为"南美洲贸易社团"，以厄瓜多尔、阿根廷、巴西等南美洲国家为主，该社团涵盖国家数量最少，仅有 9 个，这表明一方面这部分国家的贸易协定关系相对单一，另一方面由于地理位置等原因，这部分国家间贸易关系相对紧密，但在整个网络中的地位尚未凸显，影响非常有限。

3. 全球协定网络中主要国家地位演变分析

在复杂网络理论中，节点度和中介性能够表征一个节点在整个网络中的地位，节点度越大，说明与其发生协定关系的国家数目越多，中介性越大说明其在整个网络中的路径控制能力越强，即在整个网络中的地位越重要，得到结果如表 12 - 3 所示。

表 12 - 3　　全球双边协定关系网络中节点度和中介性排名前十五位的国家

排名	2001 年				2021 年			
	国别	节点度	国别	中介性	国别	节点度	国别	中介性
1	欧盟	14	欧盟	298	欧盟	35	欧盟	1481
2	乌克兰	8	墨西哥	255	智利	19	墨西哥	579
3	墨西哥	8	格鲁吉亚	156	土耳其	18	智利	573
4	亚美尼亚	6	乌克兰	109	韩国	14	日本	528
5	俄罗斯	6	以色列	89	日本	14	土耳其	341
6	哈萨克斯坦	6	北马其顿	88	乌克兰	13	乌克兰	315
7	吉尔吉斯斯坦	5	美国	33	秘鲁	13	印度	312
8	以色列	5	俄罗斯	32	墨西哥	13	格鲁吉亚	287
9	土库曼斯坦	4	亚美尼亚	27	美国	12	韩国	243
10	阿塞拜疆	3	哈萨克斯坦	25	加拿大	11	美国	207

排名	2001 年				2021 年			
	国别	节点度	国别	中介性	国别	节点度	国别	中介性
11	土耳其	3	吉尔吉斯斯坦	19	印度	11	秘鲁	175
12	北马其顿	3	智利	7	新加坡	11	加拿大	143
13	加拿大	2	土耳其	5	中国	11	中国	140
14	澳大利亚	2	加拿大	1.8	澳大利亚	10	澳大利亚	117
15	乌兹别克斯坦	2	土库曼斯坦	1.4	巴拿马	9	巴拿马	116

从节点度来看，各国节点度均明显增大，说明不断有新的协定关系产生融入全球协定网络，使得整个协定网络趋于多元。从国别来看，2001 年之前，仅有欧盟节点度大于 10，位列第一，是整个协定关系网络中影响力最强的。除此之外，亚美尼亚、俄罗斯、哈萨克斯坦、吉尔吉斯斯坦、土库曼斯坦、阿塞拜疆等国家间经贸关系较紧密，在整个网络中较活跃，基本呈现了"欧盟＋中亚国家"的分布格局。2021 年，欧盟节点度上升至 35 个，依然位列第一，智利、土耳其、韩国、日本、印度等国家的地位明显跃升，亚洲地区的国家在协定关系网络中趋于活跃。值得关注的是，中国的节点度也达到了 11 个，排名明显攀升，成为协定关系网络中最活跃的国家之一，在整个网络中的地位不断攀升。

从中介性来看，核心国家对路径的控制能力明显增强，"贸易纽带"作用愈加明显，这与前文得到的协定网络呈现出稳定的社团分布特征是趋于一致的。具体来看，2001 年以前，欧盟、墨西哥、格鲁吉亚、乌克兰的地位相对较突出，是协定网络中主要的核心国家；以色列、美国、俄罗斯、亚美尼亚等国家在整个协定网络中占有重要地位，但总体上核心国家相对偏少。可能的解释是，协定网络形成的初期主要受地缘的限制和传统贸易关系的束缚相对较多，表现出明显的邻近特征和贸易依赖特征。2021 年，日本、土耳其、印度、韩国、中国等新兴经济体国家逐步发展起来，且在整个网络的"枢纽"地位明显增强，促进整个网络趋于"均衡"，除了欧盟国家具有绝对核心地位外，多核心、多枢纽的特点逐步显现，这也反映了全球贸易协定关系网络呈现出多个"小世界"的特征。

五、全球贸易协定网络中各国地位演变影响因素分析

（一）面板数据模型构建

从以上全球双边协定网络演变及结构特征的分析中，不难发现，各国在协定关系网络中扮演的角色各异，表现出了明显的异质性。深入思考发现，这可能是受到各国经济发展水平、对外开放程度、制度环境等诸多因素的共同影响。因此，本章进一步研究各国在全球协定关系网络中地位变化的决定因素。一方面，考虑到各国融入全球双边贸易网络协定的起始时间不同，这就导致研究的时间序列并不完全一致，即每年的样本国家数目是不一致的。若简单处理构建平衡面板数据进行估计可能会使得到估计结果产生偏误，因此，在参考相关研究的基础上，本章以非平衡面板数据的估计方法进行参数估计，更符合现实发展情况。另一方面，为避免其他重要变量的遗漏引起估计偏误和内生性问题，引入被解释变量的滞后一期纳入解释变量，反映一国国际贸易地位变化的"刚性"特征，借鉴阿雷拉诺等（Arellano et al.，1995）、布伦德尔等（Blundell et al.，1998）提出的广义矩估

计方法，具体构建数据模型如下：

$$Centrality_{i,t} = \alpha_0 + \beta_1 Centrality_{i,t-1} + \beta_2 \ln pgdp_{i,t} + \beta_3 \ln trade_{i,t} + \beta_4 land_{i,t}$$
$$+ \beta_5 \ln economic_{i,t} + \beta_6 \ln law_{i,t} + \beta_7 \ln policy_{i,t} + \nu_i + \nu_t + \varepsilon_{i,t}$$

$$(12-5)$$

其中，i、t 分别代表样本国家和年份，$\beta_1 - \beta_7$ 依次代表各因素对一国在全球协定关系网络中地位变化的影响程度。$\varepsilon_{i,t}$ 表示未纳入模型的其他影响因素。本章从经济、地理、制度等多维度选取影响一国贸易协定网络地位变化的因素，具体说明如下。

被解释变量：选取复杂网络分析中得到的邻近中心性指标作为一国在全球双边贸易协定关系网络中地位演变的替代变量（$Centrality_{i,t}$）。一般认为，此指标值越大，说明该国在整个网络中对别国的影响作用越大，即在整个协定网络中的地位越重要。

解释变量：

（1）经济发展水平（$\ln pgdp_{i,t}$）。经济实力是一国综合实力的重要体现，一般认为经济发展程度较好的国家，在全球分工体系中处于产业链"微笑曲线"两端，附加值相对较高，对资源和技术的控制能力更强，对全球经济发展的贡献也更加突出，其在全球经济发展中的话语权和地位也相对越高，自然在全球协定网络中的地位更加凸显。本书选取一国人均 GDP 作为一国经济发展水平的替代变量。

（2）地理因素（$land_{i,t}$）。追溯贸易的起源，许多学者认为海洋贸易是全球贸易合作的开端，相较于陆运、空运而言，海运运输成本更低，使贸易双方能够获得更多的利益。沿海国家比内陆国家在贸易发展方面具有便利的地理优势，更有可能发生对外贸易关系，因此在全球双边贸易协定网络中地位更加重要。本书置虚拟变量，若为沿海国家记为"1"，否则记为"0"。

（3）对外贸易合作水平（$lntrade_{i,t}$）。经贸往来是一国开展对外合作的重要体现，一国对外贸易发展决定着其对外合作的水平和层次，开放的经济体更加积极地融入国际贸易市场，在全球贸易版图中的影响力更加凸显。本书选取一国进出口总额作为其对外贸易合作水平的替代变量。

（4）制度因素。许多学者发现了贸易合作存在"制度偏好"，潘镇（2006）等验证了制度质量是影响贸易合作的重要因素，自然也是影响双边贸易关系的重要方面。参考鲁明泓等（1999）、谢孟军（2013）等学者的做法，将一国正式制度大致分为政治制度（$lnpolicy_{i,t}$）、经济制度（$lneconomic_{i,t}$）、法律制度（$lnlaw_{i,t}$）三类。具体来看，经济制度选取 5 个指标、政治制度选取 7 个指标、法律制度选取 2 个指标。各选取指标值均在 [0，100]，指标值越大，代表质量水平越高，故可采用算术平均法进行求解。各变量的含义及数据来源如表 12-4 所示。

表 12-4　　　　　　　各变量的指标含义及数据来源说明

变量	选取指标	指标含义	数据来源
关系协定地位（centrality）	中心度	主要表征一国在全球双边关系网络中的地位	通过 Gephi 软件计算所得
经济制度（economic）	货币自由度	主要表征一国物价稳定情况	美国传统基金会（Heritage Foundation）
	财政自由度	主要表征一国政府征税情况	
	商业自由度	主要表征开办企业、运营和关闭企业的成本和程序	
	贸易自由度	主要表征关税和非关税壁垒	
	投资自由度	主要表征对资本流动的难易程度	

变量	选取指标	指标含义	数据来源
政治制度 (policy)	政治稳定性	主要表征一国政府的执政能力	全球治理指数 (World Governance Indicators)
	政治民主度	主要表征一国公民言论自由程度	
	政府效能	主要表征政府的治理体系和治理能力建设能力	
	腐败控制	主要表征一国对腐败行为的惩戒程度	
	监管质量	主要表征一国政策法规的完善程度	
	政府清廉度	主要表征一国政府公开透明程度	美国传统基金会
	政府规模	主要表征一国政府支出占国民收入的比重	
法律制度 (law)	产权保护	主要表征一国法律对产权的保护力度	美国传统基金会
	法律完善度	主要表征个人和机构对社会规则的遵守情况	全球治理指数
经济发展水平 (pgdp)	人均 GDP	主要表征一国经济发展程度	世界银行 (World Bank)
地缘特征 (land)	是否为内陆国家	主要表征一国地处沿海还是内陆	法国国际经济研究中心 (CEPII)
对外贸易合作水平 (lntrade)	进出口总额	主要表征一国对外贸易合作程度	世界银行 (World Bank)

（二）回归结果分析

利用本书选取的样本国家 2001～2021 年的非平衡面板数据，对模型（12－5）进行估计得到结果如表 12－5 所示。根据模型（12－1）～模型（12－4）结果可知，采用逐步回归法得到各变量的影响系数大小无实质性变化且方向保持一致，同时显著性水平无明显差异，说明本书选取的影响因素是有效的，设定模型是无误的，估计结果是稳健的。在此基础上，为了进一步避免模型内生性问题，运用被解释变量滞后一期（*L. centrality*）作为工具变量进行估计，得到结果如表 12 – 5 第 5 列和第 6 列所示，得到 AR（1）的值均小于 0.10 且 AR（2）的值大于 0.10，说明动态面板数据估计结果更加可信，加之系统 GMM 比差分 GMM 更有效率，为了使本研究结论更加可靠，最终以系统 GMM 结果为准进行实证分析。

表 12 – 5　　　　　　　　各因素的影响效应检验结果

变量	（1）	（2）	（3）	（4）	差分 GMM	系统 GMM
L. centrality				0.7050 *** (0.0034)	0.7430 *** (0.0014)	
ln*pgdp*	– 0.0058 *** (0.0037)	– 0.0294 *** (0.0052)	– 0.0315 *** (0.0053)	– 0.0297 *** (0.0053)	– 0.0502 *** (0.0032)	– 0.0242 *** (0.0017)
ln*trade*	0.0120 *** (0.0027)	0.0136 *** (0.0026)	0.0148 *** (0.0026)	0.0149 *** (0.0026)	0.0767 *** (0.0012)	0.0084 *** (0.0010)
land	– 0.0378 *** (0.0107)	– 0.0251 * (0.0107)	– 0.0246 * (0.0107)	– 0.0272 * (0.0107)	— —	– 0.0080 *** (0.0013)
ln*policy*		0.1010 *** (0.0162)	0.0741 *** (0.0180)	0.1110 *** (0.0258)	0.0073 * (0.0032)	0.0143 *** (0.0020)
ln*economic*			0.0805 *** (0.0237)	0.0890 *** (0.0241)	0.3010 *** (0.0025)	0.1340 *** (0.0040)
ln*law*				0.0348 * (0.0176)	0.0591 *** (0.0028)	0.0259 *** (0.0016)
常数项	0.1140 * (0.0575)	– 0.1180 (0.0677)	– 0.3570 *** (0.0975)	– 0.4240 *** (0.1032)	—	– 0.5090 *** (0.0318)
AR（1）	—	—	—	—	0.031	0.027
AR（2）	—	—	—	—	0.359	0.429
N	1062	1062	1062	1062	923	992
R^2	0.052	0.045	0.077	0.086	0.089	—

注：***、**、* 分别表示通过 1%、5%、10% 的显著性水平检验，括号内为 *p* 值。

1. 平均效应分析

从经济因素来看，人均 GDP 的系数通过 10% 的显著性水平检验，表明一国经济发展水平与其在协定关系网络中的地位并不是显著的正相关关系，可能的原因是：一方面，部分国家人均 GDP 较高，属于发达经济体，但其经济体量和贸易规模并不大，在全球总额中的占比相对较少，"规模效应"并不明显，在全球贸易市场的地位并未凸显；另一方面，双边贸易关系协定内容涉及货物贸易居多，而大多数国家服务贸易发展水平相对滞后，这可能使得双边贸易协定的服务贸易促进效应相对不明显。被解释变量的滞后一期显著为正且通过 1% 的显著性水平检验，表明一国在全球协定关系网络中的地位具有"累积效应"，即各国在全球关系协定网络中的地位在不断提升。可能的解释是，各国前期达成的双边协定具有一定"示范效应"，在协议谈判和起草过程中，双方会不断积累经验，对后期协定签订和谈判具有一定参考和借鉴意义。

除此之外，就贸易规模而言，得到的估计系数显著通过 10% 的显著性水平检验，表明一国贸易规模是影响其在全球双边贸易关系网络地位的重要影响因素。一方面，贸易作为"走出去"重要方式之一，也是一国综合实力的重要体现，反映着一国的对外开放程度，开放的经济体更有利于与别国达成协定，促进双边贸易关系发展；另一方面，就地缘特征来看，虚拟变量是否为内陆国家的估计系数为负且通过 10% 显著性水平检验，这表明一国地理位置对其签订双边贸易协定的促进作用并不明显，可能的原因是，随着基础设施水平明显改善和信息化的方式不断升级和迭代，各国间互联互通水平不断提升，大大降低了各国间的交易成本和沟通成本，地理距离"硬约束"逐渐被削弱，对达成贸易协定的阻碍作用非常有限。

从制度因素来看，经济制度、法律制度和政治制度变量的系数均显著为正且通过1%、10%的显著性水平检验，表明制度质量是一国在全球双边协定关系网络中的重要影响因素。从估计结果来看，三者的系数依次为0.1340（lneconomic）、0.0259（lnlaw）和0.0143（lnpolicy），不难发现，经济制度的影响作用最大，法律制度影响次之，政治制度的影响最小。可能的原因是，在经济制度方面，经济制度质量越高的国家，价格水平相对更稳定，国内营商环境便利度更高，贸易和投资风险相对更小，为开展双边经贸合作营造了良好的氛围。在法律制度方面，法律制度质量较高的国家为进行双边贸易合作和跨境投资者提供了坚实法律保障，有利于保护个人和企业产权和利益，有助于维护公平的竞争环境和提供完善的法律诉求。从政治制度来看，政府的稳定性、政府效能、廉洁程度均是影响一国在国际关系协定网络地位的重要方面。可能的解释是：各国签订双边贸易关系协定是两国政府间互信的重要体现，稳定的政权、高效的治理体系和治理能力以及民主清廉程度，有利于塑造负责任的国家形象，也有利于达成双边贸易协定。

2. 边际效应分析

在研究各因素对一国协定关系网络地位平均影响效应的基础上，考虑到样本国家在经济制度、法律环境、政府治理等诸多方面存在较大差异。基于此，进一步选择有条件分布的不同分位点，进而验证各因素对不同国家地位变化影响效应的结构性特征。借鉴巴西特等（Bassett et al.，1978）、邢春冰（2006）等的做法，运用面板分位数回归方法进行检验，得到具体结果如表12-6所示。整体来看，选取不同分位点时，各解释变量的系数大小与方向并无实质性变化，说明上文结论是较稳健的。具体来看，随着分位数的依次增加（20%、

40%、60%、80%、100%），经济发展水平、对外贸易合作水平及是否为内陆国家三个变量的影响效应变化趋于稳定，具体解释与前文一致，故不再赘述。值得注意的是，制度质量的影响效应呈现出明显的结构性特征。

表 12 – 6　　　　　　　　　　不同分位点检验结果

变量	$Q = 20\%$	$Q = 40\%$	$Q = 60\%$	$Q = 80\%$	$Q = 100\%$
ln$pgdp$	– 0. 0080 * （0. 0033）	– 0. 0113 *** （0. 0030）	– 0. 0113 *** （0. 0032）	– 0. 0124 * （0. 0060）	– 0. 0297 *** （0. 0053）
ln$trade$	0. 0139 *** （0. 0016）	0. 0104 *** （0. 0015）	0. 0115 *** （0. 0016）	0. 0168 *** （0. 0030）	0. 0149 *** （0. 0026）
$land$	– 0. 0023 * （0. 0067）	– 0. 0242 *** （0. 0060）	– 0. 0347 *** （0. 0064）	– 0. 0335 ** （0. 0121）	– 0. 0272 * （0. 0107）
ln$policy$	0. 0134 ** （0. 0162）	0. 0111 ** （0. 0144）	0. 0160 ** （0. 0154）	0. 0104 ** （0. 0289）	0. 1110 *** （0. 0258）
ln$economic$	0. 1100 *** （0. 0151）	0. 1240 *** （0. 0135）	0. 1400 *** （0. 0143）	0. 1080 *** （0. 0270）	0. 0890 *** （0. 0241）
lnlaw	0. 0079 ** （0. 0110）	0. 0057 ** （0. 0098）	0. 0060 ** （0. 0105）	0. 0086 ** （0. 0197）	0. 0348 ** （0. 0176）
常数项	– 0. 4710 *** （0. 0646）	– 0. 3680 *** （0. 0578）	– 0. 3750 *** （0. 0615）	– 0. 4410 *** （0. 1158）	– 0. 4240 *** （0. 1032）
样本数	1062	1062	1062	1062	1062

注：***、**、* 分别表示通过1%、5%、10%的显著性水平检验，括号内为 p 值。

首先，政治制度的影响效应呈现"W"型变化特征，在分位点20%和60%的样本国家的政治制度对其关系协定网络地位的影响较敏感。可能的原因是，这部分国家以后发国家居多，融入全球贸易体系起步相对较晚，在世界贸易舞台的地位仍需进一步提升，其政府治理体系和治理效能还有较大提升空间，为进一步释放贸易合作潜力奠定良好互信基础。

其次，经济制度的影响效应呈倒"V"型变化特征，表明其对一国国际协定网络中地位条件分布的两端影响小于对中间国家的影响，这表明经济制度质量较差或较好的国家在全球协定关系网络中的地位是相对稳定的：一方面，经济制度较差的国家经济基础较薄弱，难以短时间实现较大突破；另一方面，经济制度较好的国家多为传统大国，具有雄厚的经济实力，对全球贸易发展具有一定的主导权，自然在整个贸易网络中核心地位相较稳固。

最后，法律制度的影响效应呈现出"V"型变化特征，表明其对一国贸易协定网络中地位条件分布的两端影响大于对中间国家的影响。可能的解释是：一方面，制度质量水平较低的国家法律基础薄弱或法律体系建设尚处于初探阶段，难以为贸易和投资企业提供相应法律保障，存在较大改善空间；另一方面，制度质量较好的国家，法律体系相对完备，具有明显的法律制度优势，而对于中间部分国家，多为发展中国家，其法律体系建设相对滞后，且法律制度建设周期长，尚处于不断探索和完善阶段，这种制度优势尚未显现。

六、结论与反思

本章以国家为"节点"，以双边协定关系为"边"，构建 2001～2021 年全球双边贸易协定关系网络，借助复杂网络分析方法从整体、社团、国别三个层面解构了全球双边自由贸易协定关系网络。在此基础上，进一步通过构建动态面板数据模型研究在协定网络中影响各国地位演变的因素，主要得到研究结论如下：

第一，整体来看，全球签订双边自由贸易协定的国家数目和协定数量均有明显增多，总体网络密度日趋紧密，全球自由贸易协定网络呈现出日益复杂化、多元化的趋势。

第二，从社团分析来看，依据各国间协定关系的紧密程度，可将全球贸易协定关系网络分为欧洲贸易社团、独联体国家贸易社团、北美贸易社团、亚太贸易社团和南美洲贸易社团五大社团。

第三，从国别来看，各国的贸易地位均有所提升，2001 年，欧盟和中亚国家在整个贸易协定网络中的地位较突出；2021 年，欧盟国家主导地位依然稳固，以中国为代表的新兴经济体地位明显提升，整个协定网络呈现出了多中心、多枢纽的分布格局，呈现"小世界"特征。

第四，就影响因素来看，前期达成的双边贸易协定具有"示范效应"，对外开放程度对一国贸易地位具有显著促进作用，而地缘约束逐步被削弱，经济制度、法律制度、政治制度均是影响一国在协定网络中地位的重要方面；在边际效应分析中进一步发现，制度质量对贸易协定网络地位的变化呈现出明显的结构性特征。

基于以上研究结论，得到如下启示：第一，在稳固现有贸易合作成果的基础上，推动签署双边、多边贸易协定，以双边带动区域，拓展对外贸易关系，不断提升我国在全球贸易网络中的话语权，坚定维持多边贸易体系，推动建设贸易利益共同体；第二，进一步提升亚太国家贸易社团关系和影响力，着力高质量推动"一带一路"建设，加快推动 RCEP 生效落地、争取早日加入 CPTPP 等，减少贸易壁垒，着力提升区域经济一体化水平；第三，加快推动自由贸易试验区建设，不断完善法律等制度建设，大力提升贸易便利化、自由化水平，打造世界一流营商环境。

第十三章　可再生能源投资对碳排放的影响

——来自共建"一带一路"国家的证据

一、引言

　　能源关乎着人类的生存及发展，是人类文明持续进步的动力。但目前全球能源系统面临着诸多严重的问题，具体来说，各国经济的扩张加大了对能源的需求量，巨大的能源使用量造成了极为严重的环境污染和全球气候的变暖。近十几年来，学术界的研究已证实了气候变化对人类健康的危害性及对生态系统平衡的破坏性，因此，如何将传统能源系统转变为现代可持续、可再生的能源系统成为关键问题。

　　在过去一段时间内，可再生能源被许多国际组织认为是传统燃料的可行替代品，是减少环境污染及维护能源安全的重要组成部分，因此，可再生能源投资一直被纳入众多国家的议题中。根据国际可再生能源署（IRENA）发布的数据显示，2022 年全球对可再生能源的投资规模已达到 0.5 万亿美元，比 2021 年增长 13%，创下历史新高，且在未来，这一数字还有着不断上升的趋势。但与此相反的是，与可再生能源投资相关的研究却很少，同时多数研究忽略了共建"一带一路"国家。从投资的环境来看，共建"一带一路"国家大多属于发展中国家，随着城镇化、工业化的推进，这些国家的碳排放总量仍在持续上升，据相关数据统计，包括中国在内的共建"一带一路"国家碳排放占到全球的近60%，增长率更是高达全球平均水平的2倍。因此如何运用政策和市场等工具实现生态保护与经济发展的平衡，对共建国家而言是现实的挑战，更是经济上的负担。从投资的内容来看，发展清洁能源尤其是可再生能源是推进能源革命、减少碳排放的重大举措。共建"一带一路"国家可再生能源丰富，开发潜力大，许多国家也相应地制定出能源转型政策和计划，但因能源项目耗费资金大、融资困难等问题的出现，共建国家相关政策的实施仍有较大阻力，仅凭一己之力很难实现绿色转型发展，需要国际社会的共同支持和帮助。从投资的前景来看，据中国国际金融股份有限公司（中金）测算，在未来十年，146个共建"一带一路"国家可再生能源投资有望达到2.5万亿美元。因此，对共建"一带一路"国家的可再生能源进行投资不但可以有效缓解共建国家的融资压力，而且具有巨大的社会经济潜力。

可再生能源投资可以促进共建国家加强绿色技术创新，引入清洁生产和低碳技术，促进能源结构的低碳转型，从而减少二氧化碳的排放。然而，由于共建"一带一路"国家国情均不相同，对可再生能源进行大量投资能否充分发挥减少碳排放的作用？可再生能源投资对碳排放的作用是否因各国所处地理位置、政治制度及对外开放水平的差异而呈现出不同的效果？政府应如何调整有关计划与政策以提高投资的有效性？这些问题均需要进一步的研究。因此，本章在该领域的边际贡献在于：一是探讨了共建"一带一路"国家可再生能源投资对碳排放的影响，并从"结构效应"与"技术效应"两个角度详细说明了这种影响的传导机制，拓展了相关领域的研究视角。二是根据地理位置差异、制度质量水平及经济自由度大小将共建"一带一路"国家进行分类，在讨论平均效应的基础上，更深层次地挖掘了可再生能源投资对碳排放所产生的个体效应。三是采用门槛模型，分析共建"一带一路"国家可再生能源投资与碳排放的非线性关系，通过非线性效应探究在门槛变量的影响下，可再生能源投资对碳排放作用呈现出不同特点的原因，为进一步的政策制定奠定了实证基础。

二、文献综述与假设

（一）文献综述

目前已有许多学者关注环境污染所引起的气候变化，并逐渐转向研究如何科学地减少碳排放这一议题。本章将分别从研究目标、共建"一带一路"国家的相关研究和计量方法三个方面对有关文献进行分析和综述。

在研究目标上，学者们的研究可分为三个方面：一是探讨投资对碳排放的影响。刘等（Lau et al.，2014）以马来西亚为研究对象，其认为外商直接投资导致了环境质量的恶化，而与此相反的是，徐昱东将中国山东作为样本，认为外商直接投资对碳排放强度具有抑制效应。同时以哈马尔和勒夫格伦（Hammar and Loefgren，2010）、阿拉姆（Alam，2019）等为代表的学者，探讨了清洁技术投资及 R&D 投资对碳排放的抑制作用。二是从可再生能源供应的角度探求其对碳排放的作用。邱和常（Chiu and Chang，2009）认为 OECD 国家的可再生能源供应减少了碳排放；进一步地，波尔金等（Polzin et al.，2015）对前人的研究进行了扩展，其认为可再生能源供应需要良好的投资政策支持才能充分发挥碳减排的作用。三是研究了可再生能源投资对碳排放的影响。马赫什和贾斯明（Mahesh and Jasmin，2013）较早地探究了印度可再生能源投资对碳排放的抑制作用，但其缺陷在于只进行了定性研究，而缺乏相关的定量研究，因此何凌云等（2017）、张等（Zhang et al.，2021）学者在此基础上进行了完善，即以定量的方式支持了马赫什和贾斯明（Mahesh and Jasmin，2013）的观点。但杨等（Yang et al.，2022）的研究却认为可再生能源投资并不会减少碳排放，反而会促进碳排放量的增加。

国内外有关可再生能源与共建"一带一路"国家相结合的研究多集中于2020年之后。以陈等（Chen et al.，2022）为代表的学者则探究了可再生能源消费与碳排放的关系。而以吴等（Wu et al.，2020）为代表的学者从可再生能源生产的视角出发，对可再生能源投资的风险进行了研究，其认为政治风险、经济风险和资源风险在可再生能源投资中占据主要地位。侯赛因等（Hussain et al.，2021）进一步地对政治风险进行深入探究，提出治理不力将会阻碍可再生能源的投资。以苏等（Su et al.，2022）为代表的学者对投资和碳排放的关系进行了探讨，其认为中国直接投资对共建"一带一路"国家的二氧化碳排放具有负向影响，王等（Wang et al.，2023）在此基础上，对苏等（2022）的研究进行了补充和完善，以实证结论证明了中国直接投资对碳强度的净效应随各国经济发展、工业化和城市化水平的差异而不同，不能一概而论。

在计量方法上，多数研究集中于探讨变量间的线性关系，使用的模型较为多样化。一方面使用较为常见的模型，如阿拉姆等（Alam et al.，2019）使用的固定效应模型或侯赛因等（Hussain et al.，2021）使用的随机效应模型；另一方面根据研究问题的具体情况使用相应有针对性的方法，如吴等（Wu et al.，2020）使用的 ANP - cloud 模型及王等（Wang et al.，2023）使用的两层随机前沿模型。与此同时，目前已有研究开始逐渐关注变量间的非线性关系，但相关的研究仍较少，使用的计量方法大致可分为阈值模型和非参数可加回归模型。如张等（Zhang et al.，2021）使用非参数可加回归模型探讨了可再生能源投资与碳排放的关系，陈等（Chen et al.，2022）使用动态面板阈值模型探讨了可再生能源消费与碳排放的关系。

从现有的研究可以看出，当前学术界对可再生能源与碳排放间关系的探讨逐渐深入，相关的研究也逐渐从可再生能源消费转向可再生能源生产即探讨可再生能源投资对碳排放的作用。虽然目前的研究已较为多样化，但仍存在着几个方面可拓展之处，因此针对此现象，进行如下总结：一是对于可再生能源投资与碳排放关系的相关研究仍较为缺乏，所得结论由于样本的差异性而具有较大的不同；二是研究多集中于探讨OECD国家或中国，而对共建"一带一路"国家的相关研究则探讨较少；三是既有文献更侧重于从整体上进行把握，鲜有在异质性框架下研究可再生能源投资对碳排放的影响；四是多数研究只探讨了可再生能源投资与碳排放的线性关系，而对于非线性关系探讨较少。基于以上总结，本书在前人的基础上，开始进一步地分析。

（二）研究机理分析

1. 可再生能源投资对碳排放的线性影响

可再生能源投资的重点在循环经济领域和低碳经济领域。一方面，投资国在进行资本投入的同时可以将本国的清洁技术传播到被投资国；且可再生能源资本的涌入促进着被投资国企业进行绿色技术的创新，为被投资国企业提供了充足的资金支持，从而对二氧化碳的排放产生影响。另一方面，从能源成本效率的角度考虑，提高能源效率是抑制碳排放的有效路径，可再生能源已被证实具有较低的负外部性，对其进行投资意味着将会更多地使用可再生能源进行生产生活，能源利用效率得到极大提高，抑制着碳排放。进一步地，随着可再生能源资本的流入，其引导着消费者对清洁产品价值偏好的选择，公众选择的转变倒逼着企业进行清洁生产，从而对碳减排产生有利影响。基于此，本章提出：

假设 13-1：可再生能源投资会减少碳排放量。

2. 可再生能源投资对碳排放的异质性影响

共建"一带一路"国家涉及较多，各国在地理位置、政治制度和稳定程度、经济发展水平及对外开放程度上均存在着差异，因此，拥有着不同国情的共建"一带一路"国家对可再生能源投资的反应效果可能会有所不同。

具体来说：首先，可再生能源的投资包括向投资国进行大规模的供应，如对机械装备、能源设备、建筑材料等的供应，因此，具有地理优势及运输成本优势的国家往往能获得更多的投资援助。其次，制度是开展可再生能源投资的外部环境，制度质量体现了政府效能、部门监管等多个制度维度的完善程度。高质量的制度会针对政府权力的运行和政策的实施步骤制定细则，并通过法律形式固定下来，减少无效行政过程，有利于规范和引导可再生能源市场，保障了政府对财力、物力、人力等资源的规范分配，充分发挥政策对可再生能源技术创新的利好作用。同时，较高的制度质量保障了政府部门对可再生能源投资政策的执行监管，促使政府关注可再生能源投资目标的落实情况，提高可再生能源投资政策的执行效率，从而有利于碳排放量的减少。最后，经济自由度是评价一国对外开放程度的重要指标。若一国的经济自由度较高，一方面表明政府对自由贸易、自由竞争的保护程度高，对市场和企业的干预较少，即在国际市场上进行可再生能源交易的屏障较少；另一方面，意味着该国金融市场化和货币稳定运行程度高，能提供较为稳定的外部环境以及相对公平的内部环境，这直接降低了可再生能源投资的交易成本，增强了企业从事相关经营活动的效率，从而对抑制碳排放产生着积极的影响。基于此，本章提出：

假设 13 - 2：在交通便利、制度质量和经济自由度水平高的国家，可再生能源投资的减碳效应更强。

3. 可再生能源投资影响碳排放的作用机制

可再生能源投资之所以能够减少碳排放，主要是通过"技术效应"与"结构效应"两个机制发挥作用。

"技术效应"即可再生能源投资通过改变能源强度进而对二氧化碳排放量产生影响。可再生能源投资包括对清洁技术的投资，清洁技术可以改善工艺流程，且清洁技术在绿色、低碳和循环发展中起着决定性作用。因此，可再生能源投资的增加可以通过提高生产过程中的能源加工和转换效率来降低能源强度，限制二氧化碳排放。

"结构效应"即可再生能源投资通过改变能源结构进而对二氧化碳排放量产生影响。不同的能源种类排放着不同数量的二氧化碳，例如，原油比可再生能源排放更多的二氧化碳。考虑到投资具有引导和调节资源配置的作用，可再生能源投资的增加可以通过促进能源结构的转型调整从而进一步减少碳排放。因此，本章提出：

假设 13 - 3a：可再生能源投资可以通过"技术效应"机制减少碳排放。

假设 13 - 3b：可再生能源投资可以通过"结构效应"机制减少碳排放。

4. 可再生能源投资对碳排放的非线性效应

可再生能源投资作为污染防治的专项资金因不能直接投入生产经营而具有其特殊性。在初期阶段，一方面，可再生能源投资规模较小，对企业生产工艺改造的促进不大，企业结构转型缓慢；另一方面，可再生能源投资成本高，包括技术引进与升级、设备购买及维护、专业人员培训等多个方面，均需要大量成本资金投入，在发展初期具有较高的沉没成本，根据企业成本效益原则，企业可能不会立刻转向清洁生产，同时，各国由于经济发展所带来的能源消耗致使碳排放量增加，抵消可再生能源投资所带来的碳减排效果，因此在初期可再生能源投资对碳排放的抑制作用并不明显。而随着可再生能源投资规模的扩大，可再生能源投融资渠道不断拓展，有关政策也逐渐完善，可再生能源的规模效应开始显现，企业生产成本的下降促使更多企业改变生产方式，转向清洁生产；同时企业生产工艺日趋成熟，能源利用效率得到显著提升，能源强度随之降低，有效地减少了生产过程中的碳排放。此外，有学者，如张等（Zhang et al., 2021）在研究中也指出，可再生能源投资对碳排放存在着非线性的关系。基于此，本章提出：

假设 13 - 4：可再生能源投资对碳排放的抑制作用随可再生能源投资的增多呈现出"边际效应递增"的趋势。

三、方法和数据

（一）模型设定

本章使用的计量模型主要分为两大部分：一是讨论变量间的线性关系，即分别使用系统高斯混合模型（GMM）和中介模型，讨论可再生能源投资对碳排放的作用；二是讨论变量间的非线性关系，即使用门槛模型，讨论在门槛变量的影响下可再生能源投资于不同阶段对碳排放的影响。

1. 线性模型

系统 GMM 除采用差分方程的工具变量外，还加入了被解释变量滞后项的差分作为工具变量，缓解了弱工具变量的问题。进一步地，两步系统 GMM 可以更好地解决自相关和异方差的问题。由于共建"一带一路"国家存在着较大的差异，即样本中极大可能存在着异方差的问题，且二氧化碳排放是一个动态连续的过程，有着惯性和路径依赖的特点，在其他因素不变的情形下，前一时期二氧化碳的排放会对当期二氧化碳的排放产生影响，因此综合考虑上述情况，本书使用两步系统 GMM 模型进行估计，且在此基础上，参考江艇的研究，构造中介效应回归模型，公式如下：

$$\ln CO_{2i,t} = C_1 + \alpha_1 \ln CO_{2i,t-1} + \alpha_2 \ln REI_{i,t} + \alpha_3 \ln GDPP_{i,t} + \alpha_4 \ln OPEN_{i,t}$$
$$+ \alpha_5 \ln PA_{i,t} + \alpha_6 \ln UL_{i,t} + \varepsilon_{1i,t} \tag{13-1}$$

$$\ln Media_{i,t} = C_2 + \beta_1 \ln REI_{i,t} + \beta_2 \ln GDPP_{i,t} + \beta_3 \ln OPEN_{i,t} + \beta_4 \ln PA_{i,t}$$
$$+ \beta_5 \ln UL_{i,t} + \varepsilon_{2i,t} \tag{13-2}$$

其中，C_1、C_2 为截距项，REI 为可再生能源投资，CO_2 为二氧化碳排放量，$Media$ 表示中介变量，分别为能源强度（EI）和能源结构（ES），$GDPP$、$OPEN$、PA、UL 则分别代表经济增长、贸易开放度、人口老龄化和城市化水平，$\varepsilon_{1i,t}$、$\varepsilon_{2i,t}$ 为随机扰动项，i 代表不同国家，t 代表不同年份。

2. 门槛模型

"门槛效应"或"门限效应"是指当一变量到达特定的临界值后引发其他变量发生阶段性变化的现象，这种临界值就称作门槛值。可再生能源投资与可再生能源消费不同，投资代表着资本的流动，这种影响是多维度的，意味着可能对碳排放不会仅产生直接的线性影响，会随着门槛变量处于不同区间而呈现出不同的特点，存在着一个或几个关键节点，即变量间的非线性关系。因此，为检验是否存在这种关系，本书使用汉桑（Hansen）提出的面板门槛模型进行检验，并设立如下公式：

$$\ln CO_{2i,t} = C_3 + \lambda_1 \ln REI_{i,t} \times I(\ln T_{i,t} \leqslant \gamma_1) + \lambda_2 \ln REI_{i,t} \times I(\ln T_{i,t} > \gamma_2)$$
$$+ \mu_1 \ln GDPP_{i,t} + \mu_2 \ln OPEN_{i,t} + \mu_3 \ln PA_{i,t} + \mu_4 \ln UL_{i,t} + \varepsilon_{3i,t}$$
$$(13-3)$$

同理，可推广为双门槛模型：

$$\ln CO_{2i,t} = C_4 + \lambda_3 \ln REI_{i,t} \times I(\ln T_{i,t} \leqslant \gamma_3) + \lambda_4 \ln REI_{i,t} \times I(\gamma_3 < \ln T_{i,t} \leqslant \gamma_4)$$
$$+ \lambda_5 \ln REI_{i,t} \times I(\ln T_{i,t} > \gamma_4) + \mu_5 \ln GDPP_{i,t} + \mu_6 \ln OPEN_{i,t}$$
$$+ \mu_7 \ln PA_{i,t} + \mu_8 \ln UL_{i,t} + \varepsilon_{4i,t}$$
$$(13-4)$$

其中，C_3、C_4 为截距项，$\ln T$ 表示门槛变量，γ_1、γ_2、γ_3、γ_4 为门槛值，$I(.)$ 表示为示性函数，即如果括号中表达式为真则取值为 1，反之取值为 0，$\varepsilon_{3i,t}$、$\varepsilon_{4i,t}$ 为随机扰动项，i 代表不同国家，t 代表不同年份。其余变量解释如上（公式大小调了一下）。

（二）变量说明

1. 被解释变量：碳排放（CO_2）

在本书中，碳排放即共建"一带一路"国家二氧化碳排放总量。全世界各国的二氧化碳排放量均可在英国石油公司（BP）每年发布的统计数据中获得。

2. 核心解释变量：可再生能源投资（REI）

由于共建"一带一路"国家众多，并非所有国家可再生能源投资数据均公布，且在进行跨国研究时，可再生能源投资如何进行科学的测量是一个难题，尤其对于共建"一带一路"国家可再生能源投资的测量所涉及的研究更是少之又少。因此，考虑到数据完整性的问题，本书借鉴侯赛因等（2021）的研究，以可再生能源生产（REP）在一次能源生产总量（PEP）中的份额对可再生能源投资总量进行替代。用公式表示如下：

$$REI = \frac{REP}{PEP} \times 100\% \qquad\qquad (13-5)$$

3. 控制变量

参考同领域的重点文献，本书共选取了四个控制变量。经济增长（GDPP）：经济增长与碳排放之间有着紧密的联系，经济增长在研究中通常以 GDP 与总人口的比值来代表，因此本章选取人均 GDP 来代表经济增长。贸易开放度（OPEN）：使用进出口对 GDP 的贡献来表示，即进出口与 GDP 的比值。人口老龄化（PA）：一般来说，抚养比是衡量一国老龄化水平的重要指标，因此本书以老年人口总数与劳动年龄人口总数的比率来代表人口老龄化水平。城市化水平（UL）：以城镇人口与总人口的比率来代表城市化水平。

4. 中介变量

借鉴杨等（Yang et al.，2022）的做法，选取能源强度（EI）和能源结构（ES）作为中介变量。能源强度即单位 GDP 的一次能源消费量，能源强度越低，代表能源利用效率越高。能源结构即能源总生产量或总消费量中各类一次能源、二次能源的构成及比例关系，本章采用可再生能源消费占能源消费总量的比重表示能源结构，数值越大，代表可再生能源消费越多，能源结构越合理。

5. 门槛变量

可再生能源投资（T）：为讨论可再生能源投资对碳排放的非线性

影响，参考李宇对门槛变量的选择，门槛变量及核心解释变量可具有一致性，因此选择可再生能源投资作为门槛变量，记作 T。

（三）数据来源及描述性统计

由于共建"一带一路"国家较多，各国对数据的公开程度也各不相同，考虑到数据的可获得性，本书选取共建"一带一路"有代表性的 46 个国家 2000～2022 年的数据进行分析。其中，可再生能源投资数据来自美国能源信息署（EIA），各国碳排放数据来源于 BP 统计年鉴，经济增长、贸易开放度、城市化水平、人口老龄化、能源强度及能源结构的数据均来自世界银行。具体计算方式见表 13－1。为降低数据的异方差性，分别对以上数据进行取自然对数的处理。表 13－1 同时显示了各变量取对数后的描述性统计，被解释变量二氧化碳排放量最大值为 7.946，最小值为 0.756，两者相差 7.190；核心解释变量可再生能源投资的标准差为 1.481，说明这 46 个国家的二氧化碳排放总量及可再生能源投资均存在着显著差异。

表 13－1　　　　　　　　变量的定义及描述性统计

变量	计算方式	最小值	最大值	平均值	标准差
$lnCO_2$	二氧化碳排放总量	0.756	7.946	4.483	1.413
$lnREI$	可再生能源在一次能源生产总量中的份额	-1.638	4.591	2.374	1.481
$lnGDPP$	GDP 与总人口的比率	4.921	11.227	8.797	1.304
$lnOPEN$	进出口总额占 GDP 的比重	3.084	5.395	4.291	0.509
$lnPA$	老年人口总数与劳动年龄人口总数的比率	1.591	3.634	2.664	0.558
$lnUL$	城镇人口占总人口比例	3.105	4.587	4.102	0.329
$lnEI$	一次能源消费量占国内生产总值比重	0.457	3.339	1.549	0.428
$lnES$	可再生能源消费占能源消费总量的比重	-0.821	4.540	2.545	1.113

四、实证结果

（一）可再生能源投资对碳排放的线性影响

1. 基准回归

从表 13 - 2 可以看出，$AR(2)$ 的 P 值大于 0.1，即接受不存在二阶自相关的原假设，表明了 SYS - GMM 的有效性；Hansen 检验的 P 值也大于 0.1，说明了工具变量的设置是合适且外生的；此外，混合 OLS 通常高估被解释变量滞后项的系数，而固定效应则会低估被解释变量滞后项的系数，从表 13 - 2 第一行可看出，二氧化碳滞后一阶的系数在 SYS - GMM 模型中为 0.945，介于混合 OLS（1.000）和固定效应 FE 模型（0.944）之间，且均通过显著性检验，说明使用系统 GMM 模型进行估计的结果是可行且有效的。

表 13 - 2　　　　　　　　　线性模型回归结果

变量	OLS	FE	SYS - GMM
$L. \ln CO_2$	1.000 *** (0.002)	0.944 *** (0.013)	0.945 *** (0.029)
$\ln REI$	0.002 (0.002)	- 0.011 ** (0.005)	- 0.047 ** (0.023)
$\ln GDPP$	- 0.0002 (0.003)	0.020 *** (0.006)	0.077 *** (0.018)
$\ln OPEN$	0.005 (0.005)	0.053 *** (0.014)	0.129 *** (0.037)

变量	OLS	FE	SYS – GMM
lnPA	− 0.033 *** （0.007）	− 0.061 *** （0.023）	− 0.037 （0.040）
lnUL	− 0.016 （0.011）	0.017 （0.065）	− 0.274 *** （0.081）
Constant	0.147 *** （0.044）	− 0.018 （0.219）	0.365 （0.271）
Observations	1012	1012	1012
R^2	0.998	0.920	—
AR（2）检验	—	—	0.611
Hansen 检验	—	—	0.297

注：***、**、*分别表示在 1%、5%、10%水平上显著；括号内值为标准误；AR（2）检验、Hansen 检验为相关统计量对应的 P 值。

根据表 13 – 2，REI 的系数说明可再生能源投资与碳排放之间存在着负相关的关系，即增加可再生能源投资会减少碳排放，具体来说：在固定效应模型中，可再生能源投资每增加 1%，二氧化碳排放量就会减少 0.011%；在系统 GMM 模型中，可再生能源投资每增加 1%，二氧化碳排放量会减少 0.047%，这与假设 13 – 1 相吻合。结合系数可以看出，可再生能源投资对碳排放的影响系数较小，说明从目前来看，可再生能源投资在推动碳减排方面并没有发挥比较显著的作用。其原因可能有以下几点：一是可再生能源投资可能存在着环境、社会和治理（ESG）风险，共建"一带一路"国家较多，各国均有自己独特的风俗习惯及宗教信仰，若可再生能源投资项目受到本国环保组织或居民的反对，则项目开发会难以进行；二是尽管可再生能源正在为"一带一路"国家的低碳化做出越来越大的贡献，但当前煤炭能源在资本支出中仍占主导地位，在这种发展模式下，可再生能源投资的作用发挥会受到阻碍；三是可再生能源投资往往会受到共建国家政策目标的影响，各国针对本国国情会制定各类法规政策，国家政策制定的背后常常存在着激烈的多方博弈，这也使得可再生能源投资项目难以顺利推进，对碳排放作用效果不明显；四是可再生能源需要大量的研发投入，且回报较慢，因此可能在项目投资初期对碳减排的影响效果并不明显，需要持续的人力物力投入及创新技术的发展。但尽管影响系数较小，REI 系数的符号仍说明了可再生能源投资对碳排放具有抑制作用。其原因可能为：一是可再生能源投资可以带来国家间技术的交流，可再生能源投资包括对绿色技术的投资，绿色技术不断更新会导致二氧化碳排放量的减少；二是可再生能源投资促进着共建"一带一路"国家绿色经济的发展，能源结构和能源强度随着各类项目的建成而发生变化，能源结构更加优化，能源效率得到提高，能源强度进一步降低。

对于其他控制变量，经济增长与碳排放间存在着正相关的关系，说明经济的快速发展会加快二氧化碳的排放量，其原因可能在于：共建"一带一路"国家多为发展中国家，许多国家正处于工业化时期，工业化时期的经济增长主要通过消耗大量资源能源来实现，如此带来的后果即是环境破坏和碳排放的同步增加。对于贸易开放度来说，其与碳排放的关系在固定效应模型和 SYS – GMM 中 1% 的显著性水平下显著为正，说明随着贸易开放水平的增加，共建"一带一路"国家的生产也在不断地增加，进而引发着能源的消耗及碳排放，这与前文分析经济发展与碳排放的关系具有一致性。对于人口老龄化，其与碳排放的关系在 OLS 及固定效应模型中 1% 的显著性水平下显著为负，说明老年人口环境友好型的生活方式会促进着碳排放量的减少。对于城市化水平，其与碳排放的关系在 SYS – GMM 模型中显著为负，说明随着共建"一带一路"国家城镇化率的提高，人口集聚化发展会有利于国家的碳减排。

2. 稳健性检验

为确保模型的准确性及科学性，本章选取三种方式进行稳健性检验。分别为扩充样本量、工具变量法及缩尾检验来验证结果的稳健性。最终结果如表 13 – 3 所示。

表 13 – 3　　　　　　　　　稳健性检验回归结果

变量	（1） 扩充样本量	（2） 滞后一期	（3） 滞后二期	（4） 缩尾
$L.\ln CO_2$	0.941 *** （0.025）	— —	— —	0.932 *** （0.030）
$\ln REI$	– 0.034 *** （0.017）	– 0.473 *** （0.028）	– 0.482 *** （0.029）	– 0.063 *** （0.028）
Controls	Yes	Yes	Yes	Yes
Observations	1196	1012	966	1012
R^2	—	0.372	0.372	—
AR（2）检验	0.613	—	—	0.614
Hansen 检验	0.255	—	—	0.368

注：为节省篇幅，仅列出核心解释变量检验结果。***、**、* 分别表示在 1%、5%、10% 水平上显著；括号内值为标准误；AR（2）检验、Hansen 检验为相关统计量对应的 P 值。

（1）扩充样本量

中国是在 2013 年正式提出"一带一路"倡议并付诸实践的，为了探究可再生能源投资对碳减排的促进作用是否稳健，本书对原始数据进行扩充，重新选取 1996 ~ 2022 年的数据进行回归分析。因为相较于 2000～2022 年的样本，重新选取样本的时间段受"一带一路"政策影响效果更小，可以规避单一时期测量造成的误差。若回归结果表明，在扩展时间窗口后，可再生能源投资仍可以促进碳减排，即证明结论的稳健性。结果如列（1）所示。从检验结果可以看出，在扩充样本量后，核心解释变量的结果仍为负，且显著性更加增强，说明可再生能源投资对碳减排的促进作用是稳健的。

（2）工具变量法

为了避免内生性问题带来的检验偏差，将核心解释变量的滞后一期和滞后二期作为两个工具变量分别进行 2SLS 回归，滞后一期结果如列（2）所示，滞后二期结果如列（3）所示。从检验结果可以看出，在对内生性问题进行处理后，核心解释变量的系数符号与线性回归系数符号一致，且显著性水平均有所提高，说明可再生能源投资的确可以促进碳排放量的减少。

（3）缩尾检验

缩尾是常见的稳健性检验方法，其在不改变样本容量的情况下，剔除样本极端值对整体样本的影响。本书对各变量进行上下 1% 的缩尾处理后再进行回归，结果如列（4）所示。从检验结果可以看出，核心解释变量的系数符号与线性回归相一致。说明可再生能源投资对碳减排确有促进作用。

综合来看，三种稳健性检验的方法均显示核心解释变量的系数方向与线性模型相一致，表明了结论的准确性。因此，可认为本书的实证结果是稳健可信的。

3. 异质性分析

基准回归部分已初步得出结论，可再生能源投资对共建"一带一路"国家的碳排放有着显著的抑制作用，但是以上仅是平均意义上的结论，许多细节信息未能反映。因此，为进一步探究可再生能源投资对共建"一带一路"国家的异质性影响，本书将共建"一带一路"国家按以下三种形式划分并进行具体分析。

（1）陆上丝绸之路与海上丝绸之路的区分考察

地理区位是影响可再生能源投资的重要因素。根据中国商务部的划分标准，将共建"一带一路"国家分为陆上丝绸之路国家与海上丝绸之路国家，同时包含陆地和海洋两种地理形态。表13-4第（1）~（2）列分别报告了陆上丝绸之路国家与海上丝绸之路国家的可再生能源投资对碳排放的影响。

表 13 - 4　　　　　　　　　　　异质性分析回归结果

变量	（1）海上丝路	（2）陆上丝路	（3）高制度质量	（4）低制度质量	（5）高经济自由度	（6）低经济自由度
$L. lnCO_2$	0.872 *** (0.064)	0.831 *** (0.127)	0.908 *** (0.065)	0.986 *** (0.049)	0.944 *** (0.030)	1.007 *** (0.065)
$lnREI$	-0.043 * (0.026)	-0.087 (0.073)	-0.047 ** (0.021)	0.020 (0.021)	-0.040 ** (0.019)	-0.007 (0.047)
Controls	Yes	Yes	Yes	Yes	Yes	Yes
Observations	440	572	484	528	511	501
AR（2）检验	0.507	0.755	0.880	0.362	0.862	0.349
Hansen 检验	0.254	0.168	0.119	0.238	0.276	0.260

注：为节省篇幅，仅列出核心解释变量检验结果。***、**、*分别表示在1%、5%、10%水平上显著；括号内值为标准误；AR（2）检验、Hansen检验为相关统计量对应的P值。

回归结果显示，相较于陆上丝绸之路国家而言，可再生能源投资对碳排放的抑制作用在海上丝绸之路国家更为明显。其原因可能在于：一方面，海上丝绸之路共建国家的经济实力、基础设施建设、社会包容性更强，对外来投资的接受度也更高，因此可再生能源投资对碳排放的抑制作用也会更为明显；另一方面，对可再生能源的投资亦包括大规模的供应，而具有地理优势的海上丝绸之路国家往往能获得更多的投资援助。

（2）制度质量评分高低的区分考察

可再生能源投资对碳排放的影响会受限于国家的制度质量，良好的制度环境能够有效保障可再生能源资金的合理利用。本书选用世界银行发布的"全球治理指数"（WGI）来衡量一国的制度质量，得分范围为 −2.5 ~ 2.5，同时借鉴胡必亮和张坤领的研究，以 2021 年制度质量[①]得分大于 0 的为高制度质量国，否则为低制度质量国的方式进行分组。结果如表 13 −4 第（3）~（4）列所示。

结果表明，在高制度质量国进行可再生能源投资可以更好地抑制碳排放，而在低制度质量国，这一效果则不显著。此现象可能的解释为：一方面，高制度质量国政府执行效率较高，对投资国权益保护较强，控制腐败的力度较大，更能吸引别国对本国展开可再生能源投资。进一步地，高制度质量国家更能使政府的职能得到充分发挥，政府的经济职能可以调节经济秩序和资源流动，降低可再生能源市场的信息不对称性，营造有利于可再生能源技术创新和转化的环境，从而促进着企业创新成本的降低。随着可再生能源技术创新的不断增多，碳排放量也在不断减少。另一方面，制度质量高的国家，相关的法律体系较为完善，外国投资者不需要通过"非市场化行为"去疏通所谓的"障碍"，可再生能源投资成本将会大幅降低，从而激发外国投资者的投资积极性，进而对碳排放产生影响。

[①] 制度质量得分数据更新到 2021 年。

（3）经济自由度水平大小的区分考察

经济自由度是评价全球各国市场化程度的一个重要指数。为进一步检验经济自由度水平是否影响可再生能源投资对碳排放的作用效果，选取《华尔街日报》和美国传统基金会每年发布的经济自由度指数，将经济自由度指数的均值作为分界点，分出"高 - 低"样本组，其中将高于经济自由度均值的样本赋值为 1，低于经济自由度均值的样本赋值为 0，进行实证检验，结果如表 13 - 4 第（5）~（6）列所示。

从结果可以看出，可再生能源投资的作用在经济自由度高的国家中能更好地被发挥。其原因可能为：从投资方的角度看，经济自由度越高的国家贸易、投资等各方面的综合开放程度越高，在国际市场上进行可再生能源交易的屏障就会减少；同时这类国家宏观经济波动较小，外国投资者不易受到高通货膨胀率的影响使得货币贬值，从而减少投资回报。因此，投资方更倾向于选择经济自由度指数高的国家进行投资。从被投资国的角度看，经济自由度高的国家通常具有较高的实际收入水平，与此相对应的，这些国家的金融体系也较为完善，金融机构会有更大的空间向本国企业提供贷款服务，同时与可再生能源资金的流入形成"叠加"优势，激发企业向清洁生产方向进行转型的积极性。

4. 传导机制分析

上述研究表明可再生能源投资在整体上对共建"一带一路"国家的碳排放是具有抑制作用的。下面则着重探讨可再生能源投资对碳排放抑制作用的传导机制。根据江艇（2022）的研究，如果能从理论上推导出中介变量对被解释变量存在影响，那么验证传导渠道时应着重考察解释变量对中介变量影响是否显著。基于此，本书讨论了能源强度和能源结构两个中介变量的作用机制。

（1）能源强度的中介效应

表 13 - 5 列（1）为可再生能源投资对碳排放的影响，结论与前文相一致。能源强度的中介效应检验结果如表 13 - 5 列（2）所示，可再生能源投资的系数在 5% 的水平上显著为负，表明随着可再生能源投资增加 1%，能源强度将会降低 0.119%，验证了能源强度中介效应的存在，再结合前文能源强度对碳排放影响的机理分析，即可再生能源投资通过降低能源强度，限制了二氧化碳的排放，假说 13 - 3a 得到验证。

表 13 - 5   传导机制分析

变量	（1）$\ln CO_2$	（2）$\ln EI$	（3）$\ln ES$
$L. \ln CO_2$	0.945 *** (0.029)	— —	— —
$\ln REI$	- 0.047 ** (0.023)	- 0.119 ** (0.049)	0.382 *** (0.131)
Controls	Yes	Yes	Yes
Observations	1012	1058	1058
AR（2）检验	0.611	0.178	0.104
Hansen 检验	0.297	0.111	0.340

注：为节省篇幅，仅列出核心解释变量检验结果。***、**、* 分别表示在 1%、5%、10% 水平上显著；括号内值为标准误；AR（2）检验、Hansen 检验为相关统计量对应的 P 值。

（2）能源结构的中介效应

能源结构的中介效应检验结果如表 13 - 5 列（3）所示，可再生能源投资的系数在 1% 的水平上显著为正，表明随着可再生能源投资力度的加大，能源消费结构更加合理，验证了能源结构中介效应的存在，并结合前文的机理分析，可知可再生能源投资通过优化能源消费结构，在能源消费总量不变的情况下，增加可再生能源消费在总能源消费中的比例，从而抑制着碳排放，假说 13 – 3b 得到证实。

（二）可再生能源投资对碳排放的非线性影响

基于前文研究机理分析，可再生能源投资在影响碳排放时并不是简单的线性关系，而是根据可再生能源投资处于不同阶段而呈现出不同的效果，基于此，本节使用门槛模型进行检验。

1. 门槛效应检验及门槛值估计

首先，对可再生能源投资的门槛效应进行检验，确定是否存在门槛。由表 13 – 6 可知，可再生能源投资在 10% 的显著性水平下通过双重门槛检验。

表 13 – 6　　　　　　　　　　门槛效果自抽样检验

门槛变量	模型	F 值	P 值	1% 临界值	5% 临界值	10% 临界值
	单一门槛	79. 910 ***	0. 000	30. 139	21. 263	17. 521
$\ln T$	双重门槛	40. 920 *	0. 087	107. 382	75. 691	20. 680
	三重门槛	9. 860	0. 583	36. 462	25. 068	20. 056

注：*** 、** 、* 分别表示在 1% 、5% 、10% 水平上显著，BS 次数为 300。

其次，基于上文的自抽样检验结果，再进行回归分析，结果如表 13 – 7 所示。由表可知，可再生能源投资的单一门槛及双重门槛值分别为 3. 595 和 4. 469。

表 13 – 7 门槛估计值及其置信区间

门槛变量	门槛 M	门槛估计值	95% 水平置信区间	
$\ln T$	单一门槛	3. 595	4. 419	4. 503
	双重门槛	4. 469	3. 445	3. 634

2. 门槛效应回归结果分析

由表 13 – 8 可知，当可再生能源投资低于门槛值 3. 595 时，REI 的系数为 – 0. 047，但不显著；当可再生能源投资在第二门槛区间，即高于 3. 595 并低于 4. 469 时，REI 的系数在 5% 的显著性水平下为 – 0. 090，表明在第二门槛区间内，可再生能源投资对碳排放具有显著的负向抑制作用；当可再生能源投资在第三门槛区间，即可再生能源投资大于门槛值 4. 469 时，REI 的系数在 1% 的显著性水平下为 – 0. 158，相较于第二门槛，可再生能源投资对碳排放的抑制作用在显著性水平和系数上均有所增加。

表 13 – 8 面板阈值回归结果

变量	回归结果
$T \leqslant 3. 595$	– 0. 047 （0. 031）
$3. 595 < T \leqslant 4. 469$	– 0. 090 ** （0. 035）
$T > 4. 469$	– 0. 158 *** （0. 052）
$GDPP$	0. 150 *** （0. 047）
$OPEN$	– 0. 054 （0. 092）

变量	回归结果
PA	− 0. 229 (0. 189)
UL	2. 150 *** (0. 501)
Constant	− 4. 634 ** (1. 923)

注：*** 、** 、* 分别表示在1% 、5% 、10% 水平上显著，括号内为稳健标准误的 t 值。

对于此现象可能的解释为：在初期阶段，大多数企业因可再生能源成本较高，风险较大，基于企业短期利润最大化的考虑，不愿意改变现有的生产经营方式；同时，可再生能源投资初期尚未达到一定的规模，无法发挥"技术效应"优势，因此，碳减排的效果未得到实现。在中期阶段，随着可再生能源投资的增加，可再生能源产业初具规模，在研发成本得到有效控制的同时企业的生产工艺日趋完善，能源利用效率得到提升，有效减少了企业生产过程的碳排放。而在后期阶段，可再生能源产业规模进一步扩大，促使更多企业进入绿色产业，通过产能升级和优胜劣汰等方式使企业从污染行业中退出，转向绿色环保行业，使其对碳排放的抑制作用大为增加。

五、结论及政策建议

本章基于46 个共建"一带一路"国家的面板数据，通过构建两步系统 GMM 模型、中介效应模型及门槛模型，实证分析了可再生能源投资对碳排放的线性和非线性影响及其作用机制。结果显示：（1）对共建"一带一路"国家进行可再生能源投资可以显著促进碳排放量的减少，其影响系数为 -0.047，且经过一系列的内生性和稳健性检验后，回归结果依然成立；（2）可再生能源投资对碳排放的影响随共建"一带一路"国家的地理位置、制度环境及开放水平的不同而呈现出不同的特征，具体来说，可再生能源投资对制度质量水平高、经济自由度指数大的海上丝绸之路国家碳排放的抑制作用更加明显；（3）可再生能源投资对共建"一带一路"国家碳排放的抑制作用主要通过降低能源强度及优化能源消费结构两条作用机制来实现；（4）可再生能源投资对共建"一带一路"国家碳排放的抑制作用并非仅呈线性关系，而是随着可再生能源投资的增多呈现出"边际效应递增"的非线性关系。以上分析，进一步强调了持续推进可再生能源投资的必要性及重要性，因此可以提出以下建议：

首先，可再生能源投资对碳排放的积极影响要经历一个长期的过程才能显现成效。因此，共建"一带一路"国家需积极寻求稳定的资金来源以确保各类可再生能源项目的建成。要抓住各类合作机遇，主动与全球影响力较大的国家结成相应的联盟，通过国际平台，合理利用各类发展援助基金，在引入外资的同时，对别国在可再生能源领域积累的易推广的经验进行学习，充分发挥资源优势，促进可再生能源规模化的建成。此外，应首要解决 ESG 风险问题，政府应建立多维度沟通平台，鼓励各类民间组织或非官方组织参与项目建设，及时听取各方意见并回馈诉求，同时支持私营部门参与，制定科学的补贴政策和税收政策，吸引更多社会资本向可再生能源领域进行投资。

其次，对于陆上丝绸之路国家来说，要不断完善交通等基础设施建设，努力打破地缘政治的阻碍，促进可再生能源资金的流动。此外，共建国家应进一步提高制度质量，一方面努力提升能源政策颁布和执行的透明度，为企业提供规范、统一的政策口径，减少信息不对称现象的发生；另一方面要加强腐败监管能力，规范政府行为，推动政府职能转变，减少阻碍可再生能源投资的行政审批事项，为可再生能源投资营造良好的政治环境。同时，共建国家应厘清政府与市场的关系，鼓励和营造开放的市场环境，减少对外资企业和生产活动的干预，建立健全绿色金融体系，鼓励金融机构和国际多边开发机构讨论合作，通过互相提供担保等非常规手段释放新的融资和承保空间，确保可再生能源项目的顺利进行。

最后，考虑到"技术效应"与"结构效应"是可再生能源投资对碳排放抑制作用的关键，因此共建国家政府在对先进技术、知识、资金吸收的同时，要加强对本土企业自主研发创新的扶持力度，如给予创新型企业信贷支持或者税收减免，为企业对外交流学习创造平台及机会，提升技术引进、消化、吸收及再创新的能力，培育本土企业的使命感与责任感，最大程度地抑制碳排放。此外，共建"一带一路"国家应持续引进可再生能源投资，通过提高能效和推广可再生能源，加大清洁能源在总能源消耗中的比例，打破经济发展的"不可持续性"。

当然，本书存在着一定的局限性。一方面，由于数据的难获取性及样本的独特性，在衡量可再生能源投资时使用可再生能源在一次能源生产总量中的份额作为替代指标存在着一定的限制；另一方面，由于可再生能源投资与碳排放关系的复杂性，使用阈值模型并不一定是最优模型，之后的研究可在此基础上进一步拓展。

第十四章　共建"一带一路"国家经济旅游生态耦合协调研究

一、引言

2013 年秋，习近平提出共建"一带一路"重大倡议。十年来，共建"一带一路"坚持共商共建共享原则，秉持开放、绿色、廉洁理念，不断走深走实。党的二十大报告对过去 9 年共建"一带一路"成效给予高度评价，"共建'一带一路'成为深受欢迎的国际公共产品和国际合作平台"，并提出新时代"推动共建'一带一路'高质量发展"的重要战略部署，将推进高水平对外开放和高质量"一带一路"建设提升到前所未有的高度。"一带一路"合作倡议提出后，共建国家除了经济上的合作，逐渐形成了多元互动的人文交流格局，"一带一路"绿色旅游协同发展也是"一带一路"建设的重要内容。《关于推进绿色"一带一路"建设的指导意见》提出要以生态文明与绿色发展理念为指导，坚持资源节约和环境友好原则，提升政策沟通、设施联通、贸易畅通、资金融通、民心相通的绿色化水平，将生态环保融入"一带一路"建设的各方面和全过程。因此，从经济－旅游－生态的视角审视共建"一带一路"国家发展水平具有重要意义。因此，本书拟建立经济、旅游、环生态系统耦合协调测度模型，运用熵权法并结合探索性空间数据分析技术，基于尽可能长的时间周期，系统测算共建"一带一路"50 个样本国家 2005～2021 年经济环境系统的耦合协调发展水平的阶段特征、集聚模式。该研究有助于我国系统把握共建国家生态经济的整体状况，在此基础上，与共建国家共享可持续发展的模式和经验。

二、文献综述

既有研究从多视角对经济、旅游、生态三个子系统的内在联系及其相互作用的逻辑关系做出了基本陈述与判断，部分研究讨论了经济、旅游、生态三个子系统中的二元关系。就经济与旅游的关系而言，国外学者将旅游产业与经济增长联系起来，运用多种研究方法分析了不同区域旅游产业与经济增长的关系。布里达等（Brida et al.，2008）的研究表明旅游产业是经济增长的重要驱动力，能够促进经济的增长。同时，李（Lee，2008）的研究证实了经济对旅游产业发展的促进作用。另外，马吉德和马扎尔（Majeed and Mazhar，2013）的研究表明旅游产业、旅游波动与经济增长两者之间存在双向因果关系。国内学者对旅游产业与经济增长的相互作用关系展开了丰富的研究。瞿华和夏杰长（2011）通过实证研究发现我国旅游业与区域经济增长之间存在长期均衡稳定关系且两者之间存在较强的正向交互作用。景秀丽和郭文巧（2020）的研究也证实了以上结论，同时阐明了旅游产业与区域经济之间互动式发展的机制。毛丽娟和夏杰长（2021）通过实证分析发现旅游经济规模与经济增长呈倒"U"型关系。进一步地，我国学者对旅游产业与区域经济的耦合协调关系进行了省域、市级和区域级等不同层面的研究，各项研究均对旅游产业与经济发展的耦合协调性进行了实证分析。就经济与生态的关系而言，生态与经济的关系一直是众多学者的研究热点，然而，国外学者对二者互动关系的关注有所差异。20 世纪 90 年代初，国外学术界开始运用环境库兹涅茨（Kuznets）曲线对经济增长与生态环境协调发展这一主题进行定量分析。如格罗斯曼（Grossman，1995）和卡维利亚－哈里斯（Caviglia－Harris，2009）运用环境库兹涅茨曲线对不同区域经济发展与生态环境的协调关系进行了实证研究。进入 21 世纪以来，随着相关学科理论的发展及不同学科之间的交叉发展，形成了更加多样化的分析方法和数学模型。斯特夫（Stave，2002）和奥利维拉（Oliveira，2011）以投入产出分析为基本原理，运用多目标线性规划评价模型分析了经济增长与生态环境的互动关系。而国内学者对区域经济发展与生态环境之间的研究始于 20 世纪 80 年代。杨宇等（2010）运用综合指标评价法和主成分分析法对省域经济增长与生态环境的协调关系进行了实证研究。就生态与旅游的关系而言，良好的生态环境是旅游业发展的基础，但旅游超载也会导致生态环境的恶化，因此，旅游业与生态环境必须做到协调发展才能达到"双赢"。王辉和姜斌（2006）以大连市和秦皇岛市为例，认为清新的生态环境成为地区招来游客的独特旅游资源，深刻意识到生态环境的经济效益。耿松涛和谢彦君（2013）通过分析我国 15 个副省级城市的旅游产业与生态环境耦合协调水平，发现应将旅游收入的部分投入生态环境的修复建设中，从而使旅游产业得到可持续发展。

另有研究展开了对经济、旅游、生态三个子系统的综合讨论，经济发展、旅游产业和生态环境之间如何相互作用，以及如何准确衡量三个子系统之间的协调水平，是当前研究的热点。国外学术界一般倾向于关注所有可能组合的二元系统中的协调关系，彼得罗西洛和莱克蒂格诺（Petrosillo and Lacitignola，2007）在旅游业发展的基础上建立了能够反映经济、社会与环境质量关系的模型。此外，魏等（Wei et al.，2013）应用数学理论及工具分析了区域旅游发展与社会－生态系统之间的可持续关系。与国外学者相比，国内学者对经济发展、旅游产业与生态环境协调关系的研究取得了一些实质性的进展，然而，对空间演化分析的关注较少。周成基（2016）于耦合模型从时间和空间维度分析了长江经济带沿线省份的耦合协调水平。熊鹰和李彩玲（2014）引入耦合协调度模型，研究了1996～2010年张家界市区域经济、旅游产业与生态环境之间的协调发展水平。

伴随"一带一路"倡议的整体推进，关于共建"一带一路"国家生态环境问题的研究迅速升温。有学者重点研究共建国家的水、耕地、森林等资源禀赋的分布格局，并根据生态环境要素的分布情况，对"一带一路"倡议进行综合风险评定，对各国的环境风险状况进行评级分类。还有学者研究交通、电力、油气管道等基础设施建设项目对共建国家生态环境的潜在破坏，认为有可能造成动植物栖息地丧失、生物多样性减少，以及对土壤、耕地资源、水资源带来破坏等。上述研究大多集中在探讨"一带一路"建设项目、贸易和投资等经济活动对生态环境的影响，或环境要素的风险特征，鲜有在尽可能长的时间内对该区域经济发展、旅游产业、生态环境的内在互动机制，尤其是耦合协调机理的研究。

总体而言，国内外学者从多种不同的角度探索如何定性和定量地评价经济、旅游、生态之间的耦合协调发展水平。虽然取得了很多的研究成果，但也存在一定的问题。首先，大量的研究集中于子系统间协调度的衡量和后续评价上，而对子系统内部的协调水平关注较少。

其次，大量的研究都集中在省级或地级市层面，鲜有学者集中于国家级数据。因此，本章以共建"一带一路"50 个样本国家为研究对象，力图构建一个综合评价经济发展、旅游产业、生态环境三个子系统间耦合协调水平的测度模型，并运用该模型对研究对象 2005～2021 年的耦合协调发展状况进行时空演变分析。

三、方法和数据

（一）耦合协调度评价模型

耦合协调度是对复杂系统某一特定状态的评判指标，该程度定量反映出各子系统或要素间的协调状态。参考国内外学者的研究，耦合协调度评价模型的测算主要包括以下步骤：

（1）指标值的标准化处理。指标具体数据的量级和量纲差异较大，因此可对数据进行标准化处理，通常为正向化或逆向化两种处理。正、负指标标准化的计算公式如下：

$$Y_{ijt}^{+} = \frac{X_{ijt} - \min(X_j)}{\max(X_j) - \min(X_j)} \tag{14-1}$$

$$Y_{ijt}^{-} = \frac{\max(X_j) - X_{ijt}}{\max(X_j) - \min(X_j)} \tag{14-2}$$

其中，X_{ijt} 为第 t 年 i 国家（$i = 1, 2, \cdots, m$）第 j 项指标（$j = 1, 2, \cdots, n$）Y_{ijt} 为标准化后的指标值，$\max(X_j)$、$\min(X_j)$ 分别表示第 j 项指标数据的最大和最小值。熵值法具体计算过程如下：

（2）计算指标贡献度，公式如下：

$$p_{ijt} = \frac{Y_{ijt}}{\sum\limits_{t=1}^{T} \sum\limits_{i=1}^{m} Y_{ijt}} \tag{14-3}$$

（3）计算各指标对应的信息熵及差异系数：

$$e_j = -(\ln mT)^{-1} \sum_{t=1}^{T} \sum_{i=1}^{m} p_{ijt} \ln p_{ijt} \qquad (14-4)$$

$$g_j = 1 - e_j \qquad (14-5)$$

（4）计算各指标的权重：

$$w_j = \frac{g_j}{n - \sum_{j=1}^{n} e_j} \qquad (14-6)$$

（5）计算各子系统的综合指数：

$$U_{k=1,2,3} = \left(\sum_{j=1}^{n} w_j \times Y_{ij} \right) \qquad (14-7)$$

其中，U_1、U_2、U_3 分别代表经济发展、旅游产业和生态环境系统的综合指数。

（6）计算二元系统耦合协调度，以经济、旅游子系统为例，其主要的计算公式如下：

$$C = U_1 U_2 \Big/ \left(\frac{U_1 + U_2}{2} \right)^2 \qquad (14-8)$$

$$T = \alpha U_1 + \beta U_2 \qquad (14-9)$$

$$D = \sqrt{C \times T} \qquad (14-10)$$

其中，U_1、U_2 分别为经济、旅游两系统各自的综合指数；C 表示二元耦合度，可由两系统的偏离差系数推导得到；T 表示两系统的综合发展水平；D 为耦合协调度。α、β 为表示两系统重要程度的参数，以经济、旅游两系统为例，二者同等重要，因此，可设定 $\alpha = \beta = 1/2$。

（7）三元系统耦合度模型的测算，其耦合度函数公式如下：

$$C' = \left(\frac{U_1 U_2 U_3}{\left[(U_1 + U_2 + U_3)/3 \right]^3} \right)^{\frac{1}{3}} \qquad (14-11)$$

$$T' = \alpha U_1 + \beta U_2 + \gamma U_3 \qquad (14-12)$$

$$D' = \sqrt{C' \times T'} \qquad (14-13)$$

其中，C' 为三元耦合度，主要反映各子系统间相互作用、相互影响的强度；D' 为耦合协调度；T' 表示三系统的综合发展水平。α、β、γ 为表示三系统重要程度的参数，依据相关研究将参数设为 $\alpha = \beta = \gamma = 1/3$。耦合协调度不是一个定值，而是一个区间值，借鉴已有的耦合协调度划分标准，并结合具体的测算结果，本书将耦合协调度划分为 5 种类型，如表 14-1 所示。

表 14-1　　　　　　　　　　耦合协调度分类

标准	协调水平
$0.8 < D \leqslant 1$	高水平协调（V1）
$0.5 < D \leqslant 0.8$	中度协调（V2）
$0.4 < D \leqslant 0.5$	初级协调（V3）
$0.3 < D \leqslant 0.4$	基本不协调（V4）
$0.2 < D \leqslant 0.3$	中度不协调（V5）
$0 < D \leqslant 0.2$	极端不协调（V6）

（二）探索性空间数据分析法

探索性空间数据分析是对变量间的空间相关性和空间聚集特征描述，包括全局空间自相关分析和局部空间自相关两种。

（1）采用全局莫兰指数（Moran's I）来确定变量是否存在空间上相关性，及其相关程度如何，计算公式如下：

$$I = \frac{n \sum\limits_{i=1}^{n} \sum\limits_{j=1}^{n} w_{ij}(x_i - \bar{x})(x_j - \bar{x})}{\sum\limits_{i=1}^{n} \sum\limits_{j=1}^{n} w_{ij} \sum\limits_{i=1}^{n} (x_i - \bar{x})^2} = \frac{\sum\limits_{i=1}^{n} \sum\limits_{j=1}^{n} w_{ij}(x_i - \bar{x})(x_j - \bar{x})}{u^2 \sum\limits_{i=1}^{n} \sum\limits_{j=1}^{n} w_{ij}}$$

$$(14 - 14)$$

其中,I 为全局莫兰指数,取值范围为 $[-1, 1]$。$I > 0$ 表示空间正相关;$I < 0$ 表示空间负相关;$I = 0$ 表示不存在空间相关性。

(2)采用局部莫兰指数 I_i 来确定变量集聚类型以及集聚现象出现的范围和位置,其计算公式如下:

$$I_i = \frac{(x_i - \bar{x}) \sum\limits_{j=1}^{n} w_{ij}(x_i - \bar{x})}{u^2}$$

$$(14 - 15)$$

其中,$I_i > 0$ 表示其本身是高值且周围地区也是高值("高高"聚集),或者本身是低值且周围地区也是低值("低低"聚集);$I_i < 0$ 表示本身是高值而周围地区是低值("高低"聚集)或本身是低值而周围地区是高值("低高"聚集)。

(三) 样 本 与 数 据

共建"一带一路"各国的经济社会发展不均衡,相当一部分国家的统计系统还不完善,历史数据缺失,本章在前人研究的基础上,考虑到数据的可得性和共建国家的转型特征,经过细致的考察比较,选择 50 个共建"一带一路"国家(包括中国)作为样本国家,如表 14 - 2 所示。并尽可能多地收集样本国家下述 19 个指标的最新数据,建立起经济旅游生态系统综合评价指标体系,如表 14 - 3 所示。其中,经济发展综合评价指标体系包括人均国内生产总值、工业增加值占 GDP 比重、制造业增加值占 GDP 比重、外贸依存度、研发投入占 GDP 比重、城镇化率和人均固定资本形成总额在内的共计 7 个指标。旅游产业综合评价指标体系包括国际旅游离境人数、国际旅游入境人数、旅行服务占商业服务出口比重、旅行服务占商业服务进口比重、国际旅游收入占 GDP 比重和国际旅游依存度在内的共计 6 个指标。生态环境综合评价指标体系包括森林覆盖率、人均耕地面积、人均可再生内陆淡水资源、人均一次能源使用量、人均一氧化氮排放量和人均二氧化碳排放量在内的共计 6 个指标。本章使用的原始数据来自世界银行数据库及《世界统计年鉴》。部分缺失数据采用线性拟合法进行补充。

表 14 - 2　　　　　　　　　共建"一带一路"样本国家

地区	国家
亚洲	阿曼、阿塞拜疆、菲律宾、格鲁吉亚、哈萨克斯坦、韩国、吉尔吉斯斯坦、马来西亚、孟加拉国、沙特阿拉伯、斯里兰卡、塔吉克斯坦、泰国、乌兹别克斯坦、新加坡、以色列、印度、印度尼西亚、中国
欧洲	爱沙尼亚、奥地利、白俄罗斯、比利时、波兰、丹麦、俄罗斯、芬兰、捷克、克罗地亚、拉脱维亚、立陶宛、卢森堡、罗马尼亚、马耳他、摩尔多瓦、葡萄牙、塞浦路斯、斯洛伐克、斯洛文尼亚、乌克兰、希腊、匈牙利、意大利
大洋洲、非洲和北美洲	新西兰、埃及、突尼斯、阿根廷、厄瓜多尔、秘鲁、智利

表 14 - 3　　　　　　　　　指标体系及变量描述性统计

系统	指标	均值	标准差	最大值	最小值
经济发展	1. 人均国内生产总值（万元）	18467.28	20346.79	133590.14	333.71
	2. 工业增加值占 GDP 比重（%）	28.60	10.00	68.19	9.97
	3. 制造业增加值占 GDP 比重（%）	14.97	5.72	32.45	3.88
	4. 外贸依存度	-0.01	12.75	42.31	-53.81
	5. 研发投入占 GDP 比重（%）	1.04	1.00	5.44	0.04
	6. 城镇化率（%）	65.73	18.55	98.08	18.20
	7. 人均固定资本形成总额（元）	4125.74	4300.86	24250.49	37.10

续表

系统	指标	均值	标准差	最大值	最小值
旅游产业	1. 国际旅游离境人数（人次）	9997691	16433052	154600000	7173
	2. 国际旅游入境人数（人次）	14759649	23299349	162500000	9000
	3. 旅行服务占商业服务出口比重（%）	30.72	18.71	76.10	0.23
	4. 旅行服务占商业服务进口比重（%）	23.16	10.87	57.68	0.00
	5. 国际旅游收入占GDP比重（%）	4.17	4.29	27.04	0.06
	6. 国际旅游依存度	5.51	2.91	16.39	0.00
生态环境	1. 森林覆盖率（%）	29.82	19.59	73.74	0.01
	2. 人均耕地面积（亩）	0.28	0.33	1.89	0.00
	3. 人均可再生内陆淡水资源（立方米）	9745.88	15426.87	79102.06	9.30
	4. 人均一次能源使用量（千克标准煤）	134.93	122.94	680.70	4.91
	5. 人均一氧化氮排放量（吨）	0.60	0.62	4.80	0.10
	6. 人均二氧化碳排放量（吨）	6.09	4.45	25.60	0.23

四、实证结果与分析

（一）综合指数

依据式（14-7）可得三系统的综合指数值，限于篇幅不再列出。观察指数计算结果可知，从共建"一带一路"国家整体看，经济发展综合指数的总体均值在0.22左右波动，表明2005～2021年共建"一带一路"国家经济发展水平较为稳定。综合评估得出经济最为发达的五个国家为：卢森堡、丹麦、芬兰、新加坡、韩国。这些国家均属于高收入国家，普遍实施创新发展战略，培养国际化人才，走在高科技产业发展和社会进步的前沿。经济综合排名居后五位的国家依次为：孟加拉国、格鲁吉亚、摩尔多瓦、吉尔吉斯斯坦、塔吉克斯坦。这些国家大多为中等收入或低收入国家，如吉尔吉斯斯坦和塔吉克斯坦，2021 年人均 GDP 分别只有约 1276.7 美元和 897.09 美元，是较贫困的国家。旅游产业综合指数的总体均值从 0.09 上升至 0.18，总体上保持良好态势。旅游产业排名前五位的国家依次为：中国、意大利、克罗地亚、波兰和泰国，多为世界有名的旅游大国，不仅自然风光丰富多彩，旅游产业也较为发达。而排名后五位的国家分别为：芬兰、白俄罗斯、智利、孟加拉国和塔吉克斯坦，多为旅游业较不发达的中低收入国家，基础设施、发展资金等方面还存在诸多困难。生态环境综合指数的总体均值从 0.18 变动至 0.20，呈缓慢增长态势。生态环境质量排名前五位的国家依次为：新西兰、秘鲁、俄罗斯、智利、芬兰，多为自然资源较丰富、生态质量较好的国家。而排名后五位的国家分别为：以色列、沙特阿拉伯、埃及、马耳他、阿曼。

综合来看，经济、旅游、生态之间存在一定的联系。首先，2005～2008 年是经济发展综合指数快速上升时期，多数国家产业结构的转型发展趋势明显，样本国家生态环境综合指数均出现过不同程度下降；但 2008 年后，生态环境综合指数保持平稳，说明伴随经济开始转型和经济增速的回落，生态环境保护工作一定程度上得以落实。其次，经济与旅游系统二者间总体呈同向变动趋势，虽然旅游产业综合指数在个别年份出现下降，例如，2020 年受新冠疫情影响，旅游产业综合指数呈现不同程度的下降。但从长期趋势看，存在旅游业质量缓慢提高的趋势，这与全球整体经济发展水平趋稳、增长方式转变以及经济结构稳步调整有关，与此相伴随，无论是积极的推进，还是倒逼机制的作用，污染治理强度逐年提升，均与生态环境改善密切相关。

（二）系统耦合分析

1. 二元系统耦合

由上述式可得三类二元系统的耦合协调度值，限于篇幅，计算结果未列出。依据计算结果，可以发现：2005～2021年，从耦合协调度均值来看，旅游与生态的耦合协调水平较低，总体均值从 0.38 上升至 0.41，增幅较小，仅从基本不协调转变为初级协调。经济与旅游的耦合协调变动较为平稳，二者耦合水平持续递增，总体均值从 0.38 上升至 0.43，如图 14-1 所示，由基本不协调转变为初级协调。经济与生态耦合协调水平处于较好的状态，2006 年之后保持上升的良好态势，始终保持在初级协调状态。从共建"一带一路"国家分布看，旅游-生态耦合协调水平排名前十的国家为中国、意大利、奥地利、波兰、丹麦、克罗地亚、新加坡、沙特阿拉伯、韩国和新西兰，以欧洲国家为主，也包括中国在内的部分亚洲国家和以新西兰为主的大洋洲国家。其中，中国旅游-生态耦合协调水平均值以 0.60 排名第一，处于中度协调水平。经济与旅游耦合协调水平较弱的国家为斯里兰卡、乌兹别克斯坦、孟加拉国和塔吉克斯坦等亚洲发展中国家。旅游与生态的耦合协调水平排名前十的国家为俄罗斯、新西兰、秘鲁、克罗地亚、马来西亚、中国、意大利、波兰、格鲁吉亚和厄瓜多尔，可以看出各洲旅游-生态耦合协调发展较均衡，各旅游大国在确保旅游业繁荣发展的同时，并未忽视生态环境的保护。旅游与生态耦合协调水平较弱的国家为埃及、以色列、阿曼、孟加拉国和塔吉克斯坦等非洲、亚洲国家，其中，塔吉克斯坦的旅游-生态耦合协调度水平均值仅为 0.21，处于中度不协调状态。经济-生态耦合协调水平排名前十的国家为新西兰、芬兰、俄罗斯、奥地利、韩国、秘鲁、智利、爱沙尼亚、斯洛文尼亚和卢森堡，以欧洲国家为主。而经济与生态耦合协调水平较弱的国家为阿曼、孟加拉国、乌兹别克斯坦、埃及和塔吉克斯坦等非洲、亚洲发展中国家。其中，新西兰经济－生态耦合协调水平均值为 0.64，处于中度协调状态，塔吉克斯坦经济－生态耦合协调水平均值为 0.28，处于中度不协调状态，国家间耦合协调水平相差较大。

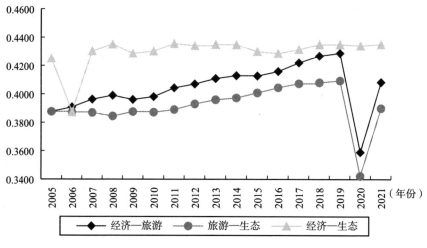

图 14 - 1　共建"一带一路"国家三类耦合协调水均值

2. 3E 系统耦合

各国三元耦合协调度的测算结果如表 14 - 4 和图 14 - 2 所示。研究发现：

（1）共建"一带一路"国家的耦合协调水平稳步提高，但整体仍处于较低水平。2005 年，样本国家经济－旅游－生态耦合协调发展水平均值为 0.40，2021 年提升至 0.42，由初级协调向中度协调演进，但整体仍未跨越初级协调阶段，耦合协调度的相对偏低也反映了大多数共建"一带一路"国家的经济旅游生态系统尚未处于一个良性互动的耦合机制。总体而言,新西兰、俄罗斯和芬兰等国在经济、旅游、生态等方面保持了较高的协调发展水平,特别是新西兰大力发展智能服务业,实现了产业的绿色转型,其耦合协调水平一直位居样本国家首位。乌兹别克斯坦、孟加拉国和塔吉克斯坦耦合协调水平较低,均小于0.3。

(2)根据表14-1的划分标准,大多数样本国家处于初级协调($V4$)阶段,其他耦合协调度类型占比由高到低分别为基本不协调($V3$)、中度协调($V2$)、中度不协调($V5$),没有国家处于极端不协调($V1$)和高水平协调($V6$)阶段。此外,处于中度协调状态的国家比例逐渐增多,处于中度不协调状态的国家比例逐渐减少。但多年来基本不协调状态国家数始终维持在15个左右,实现经济发展、旅游产业和生态环境的良性互动仍是一个长期的过程。

(3)沿线样本国家的耦合协调度呈现出非均衡性空间分布特征。第一,高值区域集中在欧洲和大洋洲国家,低值区域集中在亚洲、南美洲和非洲国家。耦合协调度较高的国家多为相对发达经济体,经济发展水平高,已基本完成工业化进程,产业结构以金融、旅游等服务业为主,能耗和污染物排放相对较低,产业附加值较高。耦合协调度较低的国家普遍具有自然资源丰富、地形复杂、生态环境脆弱的典型地理特征,主要依靠现有的资源支撑旅游产业,旅游产业较不发达。其经济增长多依靠自然资源消耗,表现出技术水平低、能源利用效率低、污染物排放高的初级发展阶段特征。第二,中度协调($V2$)区域较少且数量稳定,仅出现在新西兰、俄罗斯、芬兰和奥地利,这些国家都保持了较高的经济、旅游和生态协调平衡发展水平。第三,初级协调区域($V3$)数量较大且在逐步增加,由2005年的28个国家上升为2021年的31个,地理分布相对集中在意大利、卢森堡、克罗地亚、爱沙尼亚等欧洲相对发达的国家和秘鲁、智利、阿根廷、厄瓜多尔等南美洲国家。第四，相比于其他区域，基本不协调（V4）区域国家数量相对稳定，这也侧面反映出对于耦合协调水平中等的国家而言，短时间内难以突破由不协调状态向协调状态的跨度。地理分布主要集中在印度尼西亚、格鲁吉亚、以色列、菲律宾、印度、斯里兰卡、沙特阿拉伯、阿曼等亚洲国家和突尼斯、埃及等非洲国家。第五，中度不协调区（V5）数量逐步在减少，由 2005 年的 5 个国家减少为 2021 年的 2 个，地区分布在亚洲，包括孟加拉国和塔吉克斯坦。总体而言，共建"一带一路"国家耦合协调水平的空间分布模式基本上符合各国经济发展及旅游产业发展在空间上分布的格局，表明耦合协调水平与其经济、旅游产业发展水平密切相关。根据耦合协调度的空间差异，可以将共建国家划分为三类：第一类是耦合协调水平较高的国家，主要集中在欧洲和大洋洲的部分国家，经济基础较好，旅游业较发达，更注重经济、旅游和生态的高水平协调发展；第二类是耦合协调水平中等的国家，主要集中在亚洲、南美洲和非洲，经济增长较快、旅游基础设施薄弱、景区配套设施不够完善和环境约束压力较大；第三类是亚洲绿色发展水平较低的国家，面临着经济低增长和环境保护的双重压力。

表 14 - 4　　　　　共建"一带一路"国家耦合协调度及排名

国家	耦合协调度				耦合协调度均值	
	2005 年	2010 年	2015 年	2021 年	2005~2021 年均值	排名
新西兰	0.5847	0.5730	0.5871	0.5801	0.5813	1
俄罗斯	0.5186	0.5296	0.5322	0.5190	0.5267	2
芬兰	0.5247	0.5319	0.5206	0.5118	0.5244	3

国家	耦合协调度				耦合协调度均值	
	2005 年	2010 年	2015 年	2021 年	2005～2021 年均值	排名
奥地利	0.5003	0.5105	0.5121	0.5137	0.5122	4
马来西亚	0.4923	0.5000	0.4987	0.4711	0.4912	5
秘鲁	0.4861	0.4833	0.4777	0.4633	0.4764	6
韩国	0.4478	0.4613	0.4899	0.4983	0.4762	7
丹麦	0.4596	0.4686	0.4723	0.4753	0.4724	8
斯洛文尼亚	0.4650	0.4753	0.4714	0.4658	0.4715	9
意大利	0.4603	0.4727	0.4657	0.4719	0.4708	10
爱沙尼亚	0.4479	0.4656	0.4762	0.4771	0.4701	11
中国	0.4288	0.4506	0.4724	0.4729	0.4574	12
克罗地亚	0.4453	0.4452	0.4448	0.4573	0.4509	13
卢森堡	0.4512	0.4534	0.4531	0.4053	0.4503	14
捷克	0.4325	0.4394	0.4475	0.4532	0.4460	15
拉脱维亚	0.4078	0.4301	0.4470	0.4597	0.4415	16
匈牙利	0.4254	0.4295	0.4401	0.4482	0.4371	17
智利	0.4224	0.4262	0.4541	0.4360	0.4371	18
阿根廷	0.4308	0.4398	0.4443	0.4235	0.4352	19
立陶宛	0.4225	0.4274	0.4398	0.4398	0.4346	20
厄瓜多尔	0.4179	0.4278	0.4399	0.4427	0.4338	21
波兰	0.4126	0.4181	0.4323	0.4475	0.4290	22
泰国	0.4003	0.4192	0.4377	0.4474	0.4287	23
哈萨克斯坦	0.4164	0.4162	0.4326	0.4180	0.4234	24
希腊	0.4132	0.4113	0.4145	0.4187	0.4163	25
葡萄牙	0.4032	0.4163	0.4129	0.4254	0.4161	26
比利时	0.4113	0.4124	0.4057	0.4146	0.4142	27
斯洛伐克	0.4004	0.4135	0.4231	0.4140	0.4136	28

国家	耦合协调度				耦合协调度均值	
	2005 年	2010 年	2015 年	2021 年	2005～2021 年均值	排名
新加坡	0.3938	0.4124	0.4173	0.4074	0.4107	29
白俄罗斯	0.4125	0.4041	0.4022	0.4047	0.4078	30
印度尼西亚	0.3992	0.4026	0.4072	0.4041	0.4044	31
乌克兰	0.4231	0.4046	0.3931	0.3887	0.4016	32
罗马尼亚	0.3649	0.3895	0.3902	0.4026	0.3911	33
格鲁吉亚	0.3724	0.3634	0.3980	0.4033	0.3839	34
以色列	0.3717	0.3756	0.3894	0.3948	0.3832	35
塞浦路斯	0.3772	0.3649	0.3484	0.3616	0.3647	36
沙特阿拉伯	0.3447	0.3692	0.3696	0.3619	0.3624	37
菲律宾	0.3569	0.3488	0.3547	0.3485	0.3509	38
突尼斯	0.3512	0.3520	0.3327	0.3352	0.3435	39
摩尔多瓦	0.3378	0.3340	0.3432	0.3444	0.3408	40
马耳他	0.3236	0.3343	0.3475	0.3501	0.3385	41
阿塞拜疆	0.2972	0.3402	0.3491	0.3390	0.3371	42
吉尔吉斯斯坦	0.3194	0.3322	0.3371	0.3373	0.3340	43
印度	0.3244	0.3307	0.3383	0.3387	0.3335	44
斯里兰卡	0.3207	0.3133	0.3404	0.3358	0.3276	45
阿曼	0.3042	0.3059	0.3109	0.3061	0.3088	46
埃及	0.2906	0.2991	0.2980	0.3032	0.2968	47
乌兹别克斯坦	0.2807	0.2818	0.3034	0.3174	0.2965	48
孟加拉国	0.2472	0.2500	0.2512	0.2677	0.2558	49
塔吉克斯坦	0.2304	0.2361	0.2331	0.2549	0.2370	50

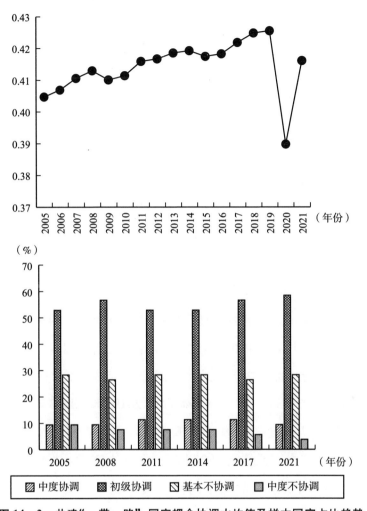

图 14 – 2　共建"一带一路"国家耦合协调水均值及样本国家占比趋势

(三) 集聚特征分析

1. 全局空间集聚特征分析

为考察各区域的空间集聚特征，本书对研究期内耦合协调度的 Moran's I 指数进行测算，结果如表 14 – 5 所示。发现耦合协调度的 Moran's I 指数均为正，并在 1% 的置信水平下通过了显著性检验。这说明共建"一带一路"国家的耦合协调水平表现出很强的空间正相关性，即部分地区耦合协调水平与相邻地区表现出聚集特征。

表 14 – 5　　　　　2005 ~ 2021 年耦合协调度 Moran's I 指数

指数	2005 年	2007 年	2009 年	2011 年	2013 年
Moran's I	0.419 ***	0.428 ***	0.411 ***	0.402 ***	0.411 ***
指数	2015 年	2017 年	2019 年	2021 年	—
Moran's I	0.397 ***	0.394 ***	0.391 ***	0.402 ***	—

注：*** 表示在 $p < 0.01$ 时有统计学意义。

2. 局部空间集聚特征分析

由于全局 Moran's I 指数仅能反映出某个空间整体的关联性，即共建"一带一路"国家整体的耦合协调度存在正向空间自相关性，但是并不能很好地看出区域内局部地区空间聚集度的高低，因此还需引入局部 Moran's I 指数进一步分析。本章以 2010 年、2013 年、2016 年、2019 年的耦合协调度指标构建局部 Moran's I 散点图，并将共建"一带一路"国家三个子系统间耦合关联特征分为四类："高高"集聚指三个子系统协调状态高的地区同样也被协调状态高的地区所环绕；"低低"集聚指协调状态低的地区被低值地区所环绕；"低高"集聚指协调状态低的地区被高值地区所环绕；"高低"集聚指协调状态高的地区被低值地区所环绕。空间聚集特征的结果如表 14 – 6 所示，研究发现，样本国家的耦合协调水平在空间上主要形成四个集聚区：一是以爱沙尼亚、奥地利、比利时、秘鲁、阿根廷和新西兰等欧洲、南美洲、大洋洲国家为代表的"高高"值集聚区，这些国家通过强调经济发展、旅游产业壮大和生态环境保护的协调，整体上提高了协调发展水平,经济、旅游、生态的协同机制也带动了周边地区协调发展水平的整体提升。二是"低低"值集聚地区主要集中在阿塞拜疆、斯洛伐克和印度尼西亚等亚洲和欧洲国家,表明这些国家协调水平普遍偏低,在空间上形成了低值聚集。三是处于"低高"值集聚区的中国、哈萨克斯坦、韩国、马来西亚和希腊等国家,其耦合协调度较低,但周围地区的耦合协调度较高。四是处于"高低"值集聚区的埃及、突尼斯、阿曼、菲律宾、吉尔吉斯斯坦、孟加拉国、摩尔多瓦、沙特阿拉伯、斯里兰卡、塔吉克斯坦、乌兹别克斯坦、新加坡、以色列和印度等国家的耦合协调度高于周边国家。

表 14 – 6 共建"一带一路"国家耦合协调度空间集聚模式变化分类

空间集聚模式	2005 年	2009 年	2013 年	2017 年	2021 年
"高高"值集聚	阿根廷、爱沙尼亚、奥地利、白俄罗斯、比利时、波兰、厄瓜多尔、芬兰、捷克、克罗地亚、拉脱维亚、立陶宛、秘鲁、斯洛文尼亚、新西兰、匈牙利、意大利、智利	阿根廷、爱沙尼亚、奥地利、比利时、波兰、厄瓜多尔、芬兰、捷克、克罗地亚、拉脱维亚、立陶宛、秘鲁、斯洛文尼亚、新西兰、匈牙利、意大利、智利	阿根廷、爱沙尼亚、奥地利、比利时、波兰、俄罗斯、厄瓜多尔、芬兰、捷克、克罗地亚、拉脱维亚、立陶宛、秘鲁、斯洛文尼亚、泰国、新西兰、匈牙利、意大利、智利	阿根廷、爱沙尼亚、奥地利、波兰、俄罗斯、厄瓜多尔、芬兰、捷克、克罗地亚、拉脱维亚、立陶宛、秘鲁、斯洛文尼亚、泰国、新西兰、匈牙利、意大利、智利	阿根廷、爱沙尼亚、奥地利、波兰、俄罗斯、厄瓜多尔、芬兰、捷克、克罗地亚、拉脱维亚、立陶宛、秘鲁、斯洛文尼亚、泰国、新西兰、匈牙利、意大利、智利
"低低"值集聚	阿塞拜疆、斯洛伐克、泰国、印度尼西亚	阿塞拜疆、白俄罗斯、格鲁吉亚、斯洛伐克、泰国	阿塞拜疆、白俄罗斯、格鲁吉亚、斯洛伐克、印度尼西亚	阿塞拜疆、白俄罗斯、比利时、格鲁吉亚、斯洛伐克、印度尼西亚	阿塞拜疆、白俄罗斯、格鲁吉亚、斯洛伐克、印度尼西亚

续表

空间集聚模式	2005 年	2009 年	2013 年	2017 年	2021 年
"高低"值集聚	埃及、阿曼、菲律宾、格鲁吉亚、吉尔吉斯斯坦、罗马尼亚、马耳他、孟加拉国、摩尔多瓦、葡萄牙、塞浦路斯、沙特阿拉伯、斯里兰卡、塔吉克斯坦、突尼斯、乌兹别克斯坦、新加坡、以色列、印度	埃及、阿曼、菲律宾、吉尔吉斯斯坦、罗马尼亚、马耳他、孟加拉国、摩尔多瓦、塞浦路斯、沙特阿拉伯、斯里兰卡、塔吉克斯坦、突尼斯、乌兹别克斯坦、新加坡、以色列、印度	埃及、阿曼、菲律宾、吉尔吉斯斯坦、罗马尼亚、马耳他、孟加拉国、摩尔多瓦、葡萄牙、塞浦路斯、沙特阿拉伯、斯里兰卡、塔吉克斯坦、突尼斯、乌克兰、乌兹别克斯坦、希腊、以色列、印度	埃及、阿曼、菲律宾、吉尔吉斯斯坦、罗马尼亚、马耳他、孟加拉国、摩尔多瓦、塞浦路斯、沙特阿拉伯、斯里兰卡、塔吉克斯坦、突尼斯、乌克兰、乌兹别克斯坦、希腊、新加坡、以色列、印度	埃及、阿曼、比利时、菲律宾、吉尔吉斯斯坦、卢森堡、罗马尼亚、马耳他、孟加拉国、摩尔多瓦、塞浦路斯、沙特阿拉伯、斯里兰卡、塔吉克斯坦、突尼斯、乌克兰、乌兹别克斯坦、新加坡、以色列、印度
"低高"值集聚	丹麦、俄罗斯、哈萨克斯坦、韩国、卢森堡、马来西亚、乌克兰、希腊、中国	丹麦、俄罗斯、哈萨克斯坦、韩国、卢森堡、马来西亚、葡萄牙、希腊、中国	丹麦、哈萨克斯坦、韩国、卢森堡、马来西亚、新加坡、中国	丹麦、哈萨克斯坦、韩国、卢森堡、马来西亚、葡萄牙、中国	丹麦、哈萨克斯坦、韩国、马来西亚、葡萄牙、希腊、中国

五、结论

本书基于 2005～2021 年共建"一带一路"50 个样本国家面板数据，采用熵值法测算经济发展、旅游产业、生态环境综合指数，运用耦合协调度模型分析三个子系统的耦合协调关系，并使用 Moran's I 指数分析空间自相关性。得出以下结论：（1）2005～2021 年共建"一带一路"国家经济发展、旅游产业、生态环境综合水平处于上升趋势，但是旅游产业综合指数上升幅度高于经济发展、生态环境综合指数；（2）经济－旅游、旅游－生态、经济－生态耦合协调发展水平逐年递增，经济－生态耦合协调水平均值高于其他两类耦合协调水平，表明各国三个子系统耦合交互作用中经济发展与生态环境均表现出主导作用，为此，保持合理的经济增速十分必要；（3）经济－旅游－生态耦合协调度稳步上升，由 2005 年的 0.40 上升至 2019 年的 0.43（由于受新冠疫情影响，2020 年耦合协调水平出现了小幅度的回落），但仍有较大的提升空间；（4）共建"一带一路"国家经济发展、旅游、生态的耦合协调度具有显著的空间正相关性，大部分欧洲处于"高高"集聚状态，较多亚洲国家处于"高低"集聚状态。总体而言，无论是二元系统耦合协调度，还是三元系统耦合协调度均保持不断递增的演化趋势，但绝对耦合水平较低，并在国家之间表现出明显的差异。这表明近年来世界各国发展差异仍旧明显，实现协调可持续发展任重道远。

要落实党的二十大报告提出的"推进高水平对外开放"的战略部署，在今后相当长一段时期内的重点任务，就是要充分利用共建绿色"一带一路"国际合作平台，促进共建"一带一路"高质量发展，可探索从以下几方面发力。第一，注重中国绿色发展理念和经验的总结、提炼和输出。中国和共建"一带一路"发展中国家拥有相似的发展条件和要求，都在发展中遇到资本、人才、技术、资源、环境等方面问题，中国经验对共建"一带一路"国家具有高度适用性。中国与共建"一带一路"国家的合作，不仅要注重资金、技术等方面的硬合作，更要稳步扩大绿色规则、规制、管理、标准等制度型软合作。中国应通过媒体宣传和国际交流合作的形式做好对共建"一带一路"发展中国家的经验沟通与传播，通过绿色园区和绿色基础设施建设典型项目示范，使共建国家对中国绿色发展经验和模式有切实的认识和深入体会，更好与本国国情对接。第二，注重重大工程项目的风险防控，通过典型绿色示范项目证明绿色发展和工业化建设的兼容性。经济—旅游—生态协调发展的第一要义是发展，"一带一路"横跨亚欧非大陆，各国经济发展水平各异，其中不乏贫穷落后的国家和地区，像中亚、中南半岛部分国家如乌兹别克斯坦、吉尔吉斯斯坦、巴基斯坦、孟加拉国、塔吉克斯坦等国，基础设施薄弱，具有较为广阔的建设空间。"一带一路"倡议提出后，中国不断加大对共建国家基础设施建设投资，为共建国家带来经济较快增长、旅游产业不断完善。但工程建设项目不可避免存在一定环境风险，如造成动植物栖息地破坏、水源污染等。针对一些重点项目工程引发的环境问题，中国对共建国家的对外承包工程应更加注重全流程绿色化运营和低碳管理，投资项目向绿色、可持续模式转型，重点布局可持续基础设施、绿色能源项目，不断提高工程的质量和层次，并通过典型的示范项目来带动共建国家绿色工业化。第三，建立国家间绿色低碳旅游协同机制。随着"一带一路"国际旅游合作的不断深入，逐渐建立和完善旅游协同发展的国际协同机制。陆上"丝绸之路"有 7000 多千米，仅中国境内就有 4000 多千米，游客难以完整游览"丝绸之路"，这就要求共建国家避免同质化竞争，依据自身的旅游资源优势，找准定位，进行优势互补，实现错位发展。因此，在国家政策协调层面，需要建立国家间旅游组织协调机构和运行机制，统筹国内国际现有合作机制，加强生态环保政策沟通，加强与共建国家或地区生态环保战略和规划对接，积极构建"一带一路"清洁能源领域的国际标准体系，强化在宏观发展框架下国际、区际的旅游合作。第四，打造"一带一路"绿色低碳国际旅游示范工程。应当加强"一带一路"宏观政策应用，使政府与旅游相关部门共同参与其中，更好谋划绿色低碳国际旅游示范工程，带动国际生态旅游发展。充分了解旅游项目所在地的生态环境状况和相关环保要求，识别生态环境敏感区和脆弱区，开展综合生态环境影响评估，合理布局旅游国际合作项目，加强环境应急预警领域的合作交流，提升生态环境风险防范能力，为"一带一路"旅游国际合作提供生态环境安全保障。

第六篇　国家合作热点分析

　　本篇主要聚焦中欧班列运行情况、中国在全球经济体系中地位变化、绿色"一带一路"建设等热点问题，并对其展开分析。

第十五章 中欧班列"连点成线""织线成网"

2022 年上半年,世界经历百年未有之大变局、全球新冠疫情持续反复、交织叠加,然而中欧班列沿线各国却不断深化沟通协调和合作,共同抵御风险,实现中欧班列"不停摆""强时效""稳增长"。中欧班列依托陆桥、向陆而生,在共建国家共同努力下,形成富有韧性的国际物流供应链,开启亚欧合作发展新篇章,成为具有强大辐射力、带动力和影响力的国际物流品牌。

一、中欧班列运行现状

截至 2022 年,中欧班列共铺画了 82 条运行线路,通达欧洲 24 个国家的 195 个城市,逐步"连点成线""织线成网",形成了新时代亚欧陆路运输的骨干通道。2022 年 1~6 月,中欧班列开行 7514 列,运送货物 72.4 万标箱,已连续 26 个月保持"月行千列"水平,为稳定国际产业链、供应链提供了重要支撑。2022 年以来,中欧班列去回程综合重箱率高位企稳,保持在 98% 以上的较高水平,全程运行时间保持在 15~20 天,运行质量和效益稳步提升。特别是随着中欧班列跨境电商专列、邮政专列以及"班列+贸易""班列+超市"等新型服务业态快速发展，中欧班列运送货物品类不断拓展升级，已涵盖汽车整车、机械设备、电子产品等 53 大门类、5 万多种，合计货值近 3000 亿美元。2021 年，中国与中欧班列通达国家之间的进出口贸易额同比增长 19.8%，截至 2022 年，中欧班列累计向欧洲发运防疫物资 1417 万件、10.9 万吨[①]，成为国际抗疫合作的"生命通道"，生动诠释守望相助、休戚与共的人类命运共同体理念。

中欧班列是由中国铁路总公司组织，按照固定车次、线路、班期和全程运行时刻开行，运行于中国与欧洲以及共建"一带一路"国家间的集装箱等铁路国际联运列车，是深化我国与共建国家经贸合作的重要载体和推进"一带一路"建设的重要抓手。中欧班列通道不仅连通欧洲及共建国家，也连通东亚、东南亚及其他地区；不仅是铁路通道，也是多式联运走廊。中欧班列自 2011 年 3 月 19 日开始运行，首列中欧班列由重庆开往德国杜伊斯堡，当时称作"渝新欧"国际铁路，如图 15 - 1 所示。2016 年 6 月 8 日，中国铁路正式启用"中欧班列"品牌，按照"六统一"（统一品牌标志、统一运输组织、统一全程价格、统一服务标准、统一经营团队、统一协调平台）的机制运行，集合各地力量，增强市场竞争力。目前，中欧班列铺设了西中东三条通道，具体如下。

（一）西通道

一是由新疆阿拉山口（霍尔果斯）口岸出境，经哈萨克斯坦与俄罗斯西伯利亚铁路相连，途经白俄罗斯、波兰、德国等，通达欧洲其他各国。二是由霍尔果斯（阿拉山口）口岸出境，经哈萨克斯坦、土

---

① 光明网：https://m.gmw.cn/baijia/2022 - 07/25/1303060315.html.

库曼斯坦、伊朗、土耳其等国，通达欧洲各国；或经哈萨克斯坦跨里海，进入阿塞拜疆、格鲁吉亚、保加利亚等国，通达欧洲各国。三是由吐尔尕特（伊尔克什坦），与规划中的中吉乌铁路等连接，通向吉尔吉斯斯坦、乌兹别克斯坦、土库曼斯坦、伊朗、土耳其等国，通达欧洲各国。

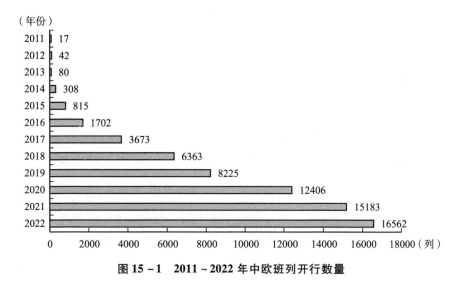

图 15 - 1　2011～2022 年中欧班列开行数量

资料来源：《中欧班列发展报告》：https：//www. ndrc. gov. cn/fzggw/jgsj/kfs/sjdt/202208/P020220818311703111697. pdf.

（二）中通道

由内蒙古二连浩特口岸出境，途经蒙古国与俄罗斯西伯利亚铁路相连，通达欧洲各国。

（三）东通道

由内蒙古满洲里（黑龙江绥芬河）口岸出境，接入俄罗斯西伯利亚铁路，通达欧洲各国。

中欧班列运行线分为中欧班列直达线和中欧班列中转线。中欧班列直达线是指内陆主要货源地节点、沿海重要港口节点与国外城市之间开行的点对点班列线；中欧班列中转线是指经主要铁路枢纽节点集结本地区及其他城市零散货源开通的班列线。

二、中欧班列对共建国家经济发展的影响效应分析

目前，学术界对于中欧班列的研究主要集中于中欧班列开通对创新、国际贸易和产业结构的影响，且大多学者认为中欧班列的开通推动了区域内部创新资源要素互联互通，对区域创新具有显著的促进效应。有研究认为中欧班列的"连点成线""织线成网"极大促进了中国的进出口，另外中欧班列通过完善区域创新系统提升了城市专利授权量。但目前缺少对"一带一路"国际交通运输工具即中欧班列对于经济高质量发展的影响研究。目前，我国经济已由高速增长阶段转向高质量发展阶段，经济高质量的发展不仅仅是规模扩张，还来自创新；经济发展更应该避免结构失衡，并且行业与地区间应保持较低的资源配错损失。而中欧班列打通了中国内陆地区与欧洲国家的贸易快速通道，逐渐成为中国与共建国家最为重要的国际运输通道。（1）国际运输通道有助于推动区域技术创新发展：对于出口贸易方而言，中国通过中欧班列将产品出口到欧洲发达国家市场，会面临国际市场高标准准入和发达国家消费者高质量需求的双重压力。（2）有助于促进区域产业结构升级：中欧班列连接了中国内陆与亚欧地区陆上贸易运输通道，突破了海运产品附加值低、运输时间长、内陆参与度低等限制，极大促进了内陆地区贸易增长。国际贸易规模的扩张会推动中国

的比较优势产业加速物质资本积累，向高新技术、高附加值产业转型，从而推动产业结构升级。（3）国际运输通道有助于推动区域要素重新配置：中欧班列作为连接中国与欧洲地区的重要国际运输通道，有利于降低贸易货物的运输成本，提高中国与境外沿途城市的货运量，加速地区间要素流动与重新整合，促进资本要素重新配置。从理论上讲，以中欧班列为代表的国际运输通道，能够从技术创新、产业结构、资源再配置等方面为经济高质量发展创造新路径，未来我们可适当尝试该领域的研究。

中欧班列是运行于欧亚大陆上的陆路贸易新通道和跨国货运合作新机制，是中国建设贸易强国和扩大向西开放背景下的重要国际运输通道，作为共建"一带一路"的旗舰项目和明星品牌，中欧班列不仅为推动区域经济转型升级、助力中国制造走出国门、构建新发展格局提供了强劲的动力支撑，同时也开辟了守望相助、携手抗疫的生命通道，与共建国家和地区共享诸多贸易红利，有力印证了"一带一路"建设的强大生命力和感召力。未来中欧班列对于区域经济高质量发展的作用仍将持续扩大。

第十六章 新时代中国天然气发展优劣势分析

一、引言

天然气出口国论坛第六次峰会于 2022 年 2 月 22 日在卡塔尔首都多哈闭幕。峰会当天发表《多哈宣言》，同意加强全球能源安全与合作，实现能源市场稳定。宣言强调，应加强天然气作为一种清洁、可信赖能源的地位，以满足保护环境和应对气候变化的需要。

卡塔尔是全球最重要的天然气供应国之一。因部分欧洲国家依赖从俄罗斯进口能源，卡塔尔埃米尔（国家元首）塔米姆（Tamim）在会上呼吁天然气生产国和消费国进行对话，以确保能源供应和市场稳定。塔米姆说，卡塔尔将继续支持维护天然气出口国和消费国利益，致力于推动发挥天然气在向低碳经济转型过程中的作用，与合作伙伴一起努力实现天然气行业可持续增长，以满足全球对这一重要能源日益增长的需求。

本次峰会为期一天，与会者就新冠疫情对天然气供应链的影响、天然气在实现经济可持续发展中的重要作用、合作勘探天然气、未来天然气行业发展愿景和规划等方面进行了讨论。

对于我国来说，煤炭是重要的基础能源，目前国内的能源结构具有以煤为主、能源体系规模大的特点，但是大规模的煤炭燃烧会造成二氧化碳的大量排放，不利于实现"双碳"目标。

"双碳"目标旨在于以能源体系转型推动经济社会高质量发展，促使能源体系由以化石能源为主向可再生能源为主转型。与煤炭表现不同的天然气属于低碳化石能源，在交通领域低碳化发展、工业领域减排、城市环境污染治理等方面可以发挥重要作用，当前我国天然气的开发基础比较完善、发展潜力比较大，在我国国内的供应端和消费端的各领域具有独特的比较优势，它对于我国能源产业的高质量发展，碳达峰、碳中和目标的顺利实现具有重要的推动意义。

综合观测，国内外机构分析我国碳中和发展能源需求预测结果显示，到2060年，我国化石能源消费在一次能源消费中的占比为7%～30%；天然气消费量约占一次能源消费总量的3%～16%。

更具有代表性的研究有：刘合等（2021）分析了在工业等重点领域的天然气比较优势，总结了目前制约天然气发展的相关因素，并建议，重新明确天然气发展定位与发展思路，充分发挥比较优势，确保天然气充足可靠供应，推动基础设施建设，促进天然气产业快速发展。王勃（2021）分析了清洁能源消费，提出在"双碳"目标的背景下，加快推进天然气产业发展并提升液化天然气（LNG）资源供给能力，努力实现清洁、低碳能源使用率。

二、我国天然气实际发展优势

（一）世界天然气供应充足

世界天然气资源储量极为丰富，页岩气革命的到来提高了天然气资源的开采水平。世界天然气资源量、储产量和储采比情况如表 16 – 1 所示，2020 年剩余探明可采储量为 1.881×10^{14} 立方米，全球天然气储采比为 48.8，仍然维持在较高水平，具备持续发展的资源和储量基础。近年来，随着液化天然气（LNG）基础设施的不断发展，全球 LNG 出口国数量已超过 50 个，LNG 贸易量持续快速增长，近十年的年均增速为 6.8%。未来，全球天然气产量将以年均 1.4% 的速度增长，预计 2040 年的产量将达到 5.4×10^{12} 立方米。全球天然气资源储量充足、产量持续增长以及天然气基础设施的不断完善，都为我国利用海外天然气资源奠定了良好的基础。

表 16 – 1　　　　世界天然气资源量、储产量和储采比情况

项目		中亚 – 俄罗斯	中东	非洲	北美	拉美	欧洲	亚太	合计
剩余可采资源量（立方米）	常规	133	102	51	50	28	19	44	427
	非常规	37	20	50	91	56	28	94	376
2020 年剩余可采资源量（立方米）		56.6	75.8	12.9	15.1	7.9	3.2	16.6	188.1
2020 年产量		0.8	0.69	0.23	1.11	0.15	0.22	0.65	3.85
储采比		70.5	110.4	55.7	13.7	51.7	14.5	25.4	48.8

资料来源：剩余可采资源量来源于 IEA 发布的 2018 年底数据；剩余探明可采储量和产量来源于 BP 发布的 2020 年数据。

（二）我国天然气勘探开发如火如荼

我国天然气资源丰富，勘探开发程度低，发展潜力大。截至 2019 年底，全国累计探明常规气、页岩气、煤层气的技术可采储量分别为

7.69×10^{12}立方米、4.334×10^{11}立方米、3.285×10^{11}立方米，探明率分别为23%、3.4%、2.6%，如图16−1所示，尚处于勘探早期阶段。

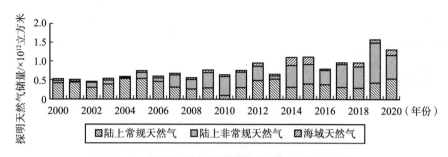

图 16 − 1　世界天然气资源量、储产量和储采比情况

资料来源：《全球能源统计年鉴》：https://www.bp.com.cn/content/dam/bp/country − sites/zh_cn/china/home/reports/statistical − review − of − world − energy/2022/bp − stats − review − 2022 − full − report_zh_resized.pdf.

（三）天然气基础设施更加完善

天然气基础设施是天然气快速发展的重要基础。自2000年启动西气东输工程建设以来，我国已建成横贯东西、纵贯南北、联通内外的基础设施网络，构建了以西气东输、川气东送、陕京线等国内管输体系和中亚、中俄、中缅跨国管线为主体的天然气管网体系，形成了西气东输、北气南下、缅气东进、海气登陆的四大天然气进口供应格局和"三横三纵"的国内天然气管网架构。整体来看，天然气基础设施的发展支撑了我国天然气进口量超过1.4×10^{11}立方米，天然气消费量达到3.28×10^{11}立方米。

（四）利用天然气的重点领域比较优势明显

我国天然气消费快速增长，消费量由2000年的2.45×10^{10}立方米增长到 2020 年的 3.28×10^{11} 立方米，在能源消费结构中的比例由 2.2% 升至 8.4%。我国最主要的用气部门是工业、居民、电力、交通运输，在 2019 年的消费占比分别为 38%、17%、16%、7%，如图 16-2 所示。在碳达峰、碳中和约束下，世界天然气供应充足，天然气在发电、交通运输、城市燃气、工业等重点领域的消费和利用具有明显的比较优势。

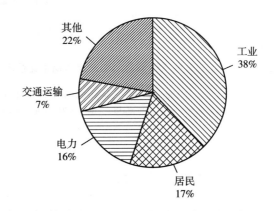

图 16-2　2019 年我国天然气消费各领域占比

资料来源：《中国天然气发展报告》：https：//www.china5e.com/uploadfile/2020/0921/20200921084305913.pdf.

三、我国天然气发展面临的挑战

（一）天然气终端价格高，比价优势不突出

天然气在发电和化工领域比价优势差，成为制约天然气发展的关键因素。天然气在常规发电领域的竞争力偏弱，燃气电厂 70% 以上的发电成本源自燃料成本，天然气价格成为燃气电厂效益的决定性因素。根据测算，2019 年我国气电的平均成本为 0.5~0.6 元/千瓦·

时，高于燃煤电厂的平均成本 0.23～0.31 元/千瓦·时。2020 年，受新冠疫情和天然气供应市场过剩的影响，全球天然气价格下降，燃气电厂的成本也随之下降到 0.3～0.5 元/千瓦·时，但仍高于燃煤电厂的电价成本。

（二）天然气发展还需提速

美国天然气市场经过两百年的发展已进入全面零售竞争阶段，具有市场高度开放、法律与监管体系完善、市场信息透明、市场定价完备、第三方准入公平等特点，形成明显的市场竞争优势。美国终端市场利用初期依靠发电和城市燃气，推动后期工业用煤替代、交通柴油替代和发电比例提升，完成了天然气规模化应用。相较而言，我国天然气市场仍处于非竞争性市场阶段，发展起步晚、资源量和储量有限、地质和开发条件复杂、市场活力和竞争性不足、法律和监管体系尚待完善。

四、未来重点发展方向

（一）天然气与新能源融合发展的方向

天然气与新能源二者之间有协同共通之处。在能源消费结构从化石能源向可再生能源过渡的阶段时期里，天然气可以与新能源融合发展。例如，天然气行业在生产过程中可以用清洁电力替代的同时，加快绿色清洁能源开发利用，提升余热余压、太阳能、风能、地热能等清洁能源在自身生产系统的使用比例。

（二） 推动天然气市场化改革

我国液化天然气对外依存度达 43%，2021 年 12 月 27 日～2022 年 1 月 2 日，中国液化天然气综合进口到岸价格指数为 243.26，同比上涨 190.95%[①]。我国燃气价格受"基本门站价＋最高上浮 20%"政策约束，高企的进口天然气价格与门站价格形成倒挂，给国内的城燃企业带来巨大的成本压力，因此需要推动天然气市场化改革。例如，建立油气交易中心有助于培育天然气价格发现功能，正确传导价格信号、合理配置资源，应对国际市场天然气供需和价格波动的冲击。

---

① 期货日报网：http://www.qhrb.com.cn/articles/297760.

第十七章　中国经济成为世界经济增长的重要引擎

世界银行 2022 年报告显示，2013～2021 年中国对世界经济增长的平均贡献率达 38.6%。这一数字超过七国集团（G7）国家贡献率的总和。作为世界经济增长的重要引擎，中国经济充满韧性活力，备受世界瞩目。

2020～2022 年，新冠疫情延宕反复，地缘冲突持续，全球通胀攀升，美国联邦储备委员会激进加息冲击全球，世界经济下行压力明显加大。在此背景下，中国经济稳住了自身发展势头，不断向世界经济输送宝贵增长动能，续写世界经济发展史上的中国奇迹。党的二十大报告为中国的未来擘画了发展蓝图，让全球经济界人士继续看好中国经济光明前景。从 53.9 万亿元到 114.4 万亿元，这是从 2012～2021 年中国经济总量的跃升速度，目前稳居世界第二。2013～2021 年，中国经济的年均增长率为 6.6%。这一数字大大高于 2.6% 的同期世界平均增速，也高于 3.7% 的发展中经济体平均增速[①]。

---

① 世界发展指标数据库（WDI）：https：//datatopics. worldbank. org/world – development – indicators/.

2012～2021 年，中国经济结构调整取得扎实成效。中国制造业增加值占全球比重从 22.5% 提高到近 30%，高技术制造业和装备制造业占规模以上工业增加值比重分别从 2012 年的 9.4%、28% 提高到 2021 年的 15.1% 和 32.4%；最终消费支出对经济增长的贡献率 2021 年达到 65.4%，比 2012 年提高 10 个百分点，成为经济增长第一拉动力；固定资产投资年均增长 9.4%，有效支撑经济平稳运行，在促进经济增长、优化供给结构中的关键作用不断增强[1]。

2012～2021 年，中国人均国民总收入实现了新飞跃。2021 年中国人均国民总收入（GNI）达 11890 美元，较 2012 年增长 1 倍。在世界银行公布的人均 GNI 排名中，中国由 2012 年的第 112 位上升到 2021 年的第 68 位，提升了 44 位[2]。

2012～2021 年，中国高水平对外开放稳步推进。中国已成为 140 多个国家和地区的主要贸易伙伴和全球第一货物贸易大国；年度实际使用外资从 7000 多亿元人民币增长到 1.15 万亿元人民币，境外投资存量由不足 0.6 万亿美元增长到超过 2.7 万亿美元；中国已经与 149 个国家、30 多个国际组织签署 200 多份共建"一带一路"合作文件；通达欧洲 20 多个国家的中欧班列运量持续增长，维护着国际产业链的稳定通畅；在经济全球化遭遇逆流的情况下，中国成功举办中国国际进口博览会等经贸盛会，汇天下之物产，促商贸之流通，聚发展之合力[3]。

一个更加开放的中国，正在世界经济中扮演越来越重要的角色：

---

① 人民网：http://finance.people.com.cn/n1/2022/0803/c1004-32492658.html.

②③ 新华网：http://www.news.cn/politics/2022-10/02/c_1129047636.htm.

2021 年中国 GDP 占世界比重达到 18.5%，比 2012 年提高 7.2 个百分点；中国全球货物贸易第一大国的地位更加稳固，货物贸易占世界比重从 2012 年的 10.4% 提升到 2021 年的 13.5%；人民币 2016 年被正式纳入国际货币基金组织特别提款权（SDR）的货币篮子，在全球贸易中的支付比重不断提升。中国债券被先后纳入彭博巴克莱、摩根大通和富时罗素等全球指数；2018～2021 年，外资累计净增持中国境内股票和债券超过 7000 亿美元，年均增速 34%[①]。未来中国经济的稳定增长不仅关系到中国自身，也对推动世界经济增长具有极其重要的意义。

一、中国经济增长为世界经济带来增量

（一）中国国内生产总值持续增加

自 2012 年以来，我国国内生产总值逐年增加，从 2012 年的 53.9 万亿元人民币增长到 2021 年的 114.4 万亿元人民币，如图 17－1 所示，国内 GDP 增长 1 倍，自 2010 年我国经济总量超过日本后，一直稳居世界第二。2016 年中国 GDP 超过欧盟，2017 年中国 GDP 超过美国，已从世界第三位跃居世界第一位，结束了美国自 1890 年 GDP（1990 国际元）取代中国成为世界第一大经济体 127 年的历史，也标志着中国进入世界经济舞台中心，形成中国、美国、欧盟三大经济体新格局，也充分反映了"东升西降"新格局。

---

① 光明网：https://world.gmw.cn/2022－10/26/content_36115863.htm.

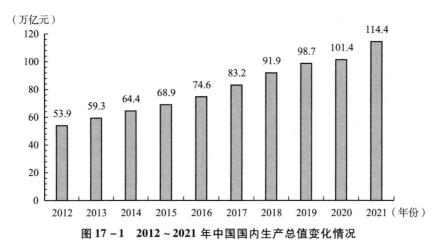

（万亿元）

图 17-1　2012~2021 年中国国内生产总值变化情况

资料来源：《中国统计年鉴》：https：//www.stats.gov.cn/sj/ndsj/.

（二）中国 GDP 增长率高于全球水平和发展中国家水平

从经济增长速度来看，中国 GDP 增长率自 2012 年以来一直高于全球 GDP 增长率、发达国家和发展中国家 GDP 增长率。2012~2019年，我国 GDP 增长率保持在 5% 以上，比同期全球 GDP 增长率高 3%以上。2020 年受新冠疫情影响，全球 GDP 增长率为 -3.27%，发达国家 GDP 增长率为 -6.1，发展中国家 GDP 增长率为 -1，中国是在疫情下全球唯一一个保持经济正增长的主要经济体，如图 17-2 所示。

（三）中国 GDP 占世界比重不断增加

自 2012 年以来，我国国内生产总值占世界总值的比例稳步增加。从 2012 年的 15.03% 增长到 2021 年的 18.56%，增加了 3.5%，如表17-1 所示。按照购买力平价计算，2016 年之后，我国 GDP 占世界总值的比重已经超过美国，且不同于美国 2016 年之后 GDP 占比呈现出的不断下降的趋势，我国比重一直稳定增加。

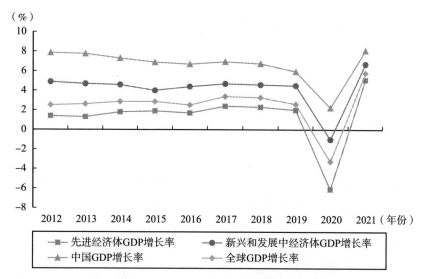

图 17-2　2012~2021 年中国、全球、发达国家和发展中国家 GDP 增长率变化情况

资料来源：《全球经济展望报告》：https：//openknowledge. worldbank. org/server/api/core/bit-streams/1a18a651-c40b-5316-8898-bb3bd60ca390/content.

表 17-1　　　　　　　　　中国、美国 GDP 占世界总值的比例

年份	中国 GDP 占世界总值的比例 （%）	美国 GDP 占世界总值的比例 （%）
2012	15. 03	16. 14
2013	15. 41	15. 94
2014	15. 70	16. 01
2015	15. 98	16. 28
2016	16. 10	16. 09
2017	16. 19	15. 92
2018	16. 70	15. 83
2019	17. 22	15. 76
2020	18. 18	15. 72
2021	18. 56	15. 68

资料来源：《全球经济展望报告》：https：//openknowledge. worldbank. org/server/api/core/bit-streams/1a18a651-c40b-5316-8898-bb3bd60ca390/content.

（四）我国经济结构持续优化

党的十八大以来，坚持以供给侧结构性改革为主线，着力构建现代化经济体系，产业结构不断优化。坚定实施扩大内需战略，充分发挥国内超大规模市场优势，全面提高对外开放水平。我国经济已进入以现代服务业为主的时代。

从产业结构看，第三产业增加值占 GDP 比重从 2012 年的 45.5%提高至 2021 年的 53.3%，同期世界这一比重仅提高了 3.5 个百分点，但还低于世界平均比重（2020 年为 65.7%）。第二产业增加值占 GDP 比重从 45.4%降至 39.4%，但仍明显高于世界平均比重（2021 年为 28.3%），第二产业加快转型升级，创新驱动持续深化。中国正在进入世界工业以及制造业舞台中心，得益于 70 多年来我国建立起世界上门类最齐全、独立完整的现代制造业体系，仍具有强大的创新力、竞争力与比较优势，大力打造更具有国际竞争力的制造业。

我国农业生产第一大国的地位更加巩固。如何以占世界 8%的耕地，6.5%的水资源，养活占世界 20%左右的人口，长期以来都是现代中国面临的头号难题。农业增加值从 2012 年的 8270 亿美元（2015 年价格）上升至 2021 年的 11731 亿美元，占世界比重从 28.8%提高至 30.9%，相当于我国人口占世界比重（18.0%）的 1.72 倍，世界第一大农业国地位更加巩固，从"基本养活"到"高质量供给"。

我国粮食生产量从 2012 年的 6.12 亿吨提高至 2021 年的 6.83 亿吨，超过了确保全国粮食综合生产能力达到 5.4 亿吨的目标，人均产量从 450 公斤上升至 483 公斤，明显超过国际公认的 400 公斤粮食安全线，2020 年谷物产量占世界比重为 20.6%，相当于美国的 1.42 倍，实现了谷物基本自给、口粮绝对安全、中国人把饭碗牢牢端在了自己手中。

　　我国农业现代化进程加快，农作物耕种收综合机械化率从 2010 年的 52% 到 2021 年超过了 72%，农业科技进步贡献率从 2012 年的 54% 到 2021 年超过了 60%，对我国粮食增产贡献率超过 45%。正如习近平总书记所言："农业现代化关键在科技进步和创新。"下一个目标就是建设世界农业强国[①]。

二、中国的发展红利惠及世界

（一）对外开放

　　世界上发展中国家的经济发展史，一般是由收入水平较低过渡到收入逐渐增加，在发展过程中伴有程度不同的技术开发，经济体系由封闭逐渐向开放转变，最后实现全球经济融合。中国坚持奉行"引进来"和"走出去"相结合的对外开放战略，从"引进来"来说，我国坚持鼓励外商投资，持续推动重大外资项目落地，不断优化外资企业服务。中国开放的大门为地区和世界发展提供机遇，为经济增长注入强劲动力。从"走出去"来说，2014 年我国对外直接投资 1231 亿美元，双向直接投资首次接近平衡。2002～2018 年我国年平均对外直接投资额是 1982～2001 年年均投资额的 43.3 倍，达到 750 亿美元[②]。2003～2016 年这 14 年，我国对外直接投资额一直保持增长趋势。中国通过对外开放，不断融入全球经济，既是经济全球化的参与者，也是世界经济增长的促进者和贡献者。

---

① 求是网：http://www.qstheory.cn/dukan/qs/2022-06/16/c_1128738793.htm.
② 求是网：http://www.qstheory.cn/dukan/qs/2022-06/16/c_1128738793.htm.

（二）"一带一路"倡议

"一带一路"是新形势下由中国创新提出的国际合作倡议，其覆盖国家的数量不断增多，合作内容日趋丰富，正成为国际合作的新型范式。在当前百年未有之大变局的大背景下，继续坚定不移地推进高质量建设"一带一路"，不但有利于拓展我国外部发展空间，也能为维护世界经济的稳定与发展提供强劲动力。

中国已经与 149 个国家、30 多个国际组织签署 200 多份共建"一带一路"合作文件。有研究指出，虽然目前中国在全球价值链分工体系中的地位并不高，但这主要是与美国等少数发达国家相比而言的，如果置于全球范围内与更多国家相比，其实中国已经是处于前列的"优等生"。尤其是与共建"一带一路"国家相比，中国虽然缺乏初级要素成本优势，但在资本和一般产业技术水平甚至部分产业领域的中高端技术水平上具有显著优势。从"一带一路"区域内的比较优势看，其梯度层次差异相对较大并表现为不同的要素禀赋优势。例如，东南亚国家劳动力资源丰富、土地资源也比较丰富，在劳动密集型制造业上处于起步阶段；而西亚地区资源采掘和深加工能力比较强，但大部分国家缺乏充足的资本，制造业技术水平较低。因此，在"一带一路"倡议下，共建国家对中国推动的价值链配置和重组有不同需求和承接能力，有助于中国通过与共建"一带一路"国家之间扩大资源和初级产品贸易、开展对外直接投资、构建国际产能合作园区等方式，加强与共建"一带一路"国家之间的分工和合作关系，从而在不同价值链环节上发挥各自优势。

我国通过"五通"而使潜在比较优势转化为现实合作优势，从而夯实中国与共建"一带一路"国家之间的分工与合作基础，不断扩大合作范围和深化合作层次。

在政策沟通方面，中国与共建"一带一路"国家本着"共商"的基本原则，在就经济发展战略和对策进行充分交流和探讨的基础上，签署相关贸易合作文件，降低贸易壁垒，增强贸易和投资合作，在政策和法律上为区域经济融合"开绿灯"，从而带动共建"一带一路"国家的商品、资金、人员等流动。

在设施联通方面，中国携手共建"一带一路"国家进行基础设施建设，如铁路、港口、机场等，以此实现道路互通以及其他基础设施的互联互通，据此降低贸易成本，提升共建"一带一路"国家的地缘优势，提升共建"一带一路"国家融入价值链分工体系的能力，以及承接产业和产品生产环节梯度转移的能力。

在贸易畅通方面，本质上是打造更为便利化的贸易和投资环境，中国与共建国家之间可以就贸易和投资自由化问题进行讨论并作出适当安排，消除贸易和投资壁垒，降低贸易和投资成本，为商品和其他要素等自由流动提供便利化条件，提高区域经济循环速度和质量。

在资金融通方面，中国以向共建"一带一路"国家提供贷款、开展对外直接投资等方式进行的资金支持和资金融通，能够解决部分共建"一带一路"国家建设资金不足问题，从而在破除其资金约束中提升生产能力和承接产业和产品价值增值环节转移能力，也是激发其他要素优势的关键所在，据此带动共建"一带一路"地区的经济活力。

在民心相通方面，中国与共建"一带一路"国家增强文化交流，在科学、教育、文化、卫生、民间交往等领域开展合作，从而夯实民意基础，筑牢社会根基，有力推动相关国家的经济合作。

（三） 倡导多元化经济格局，化解系统风险

我国积极参与全球治理体系改革和建设，践行共商共建共享的全球治理观，坚持真正的多边主义，推进国际关系民主化，推动全球治理朝着更加公正合理的方向发展。人民币 2016 年被正式纳入国际货币基金组织特别提款权（SDR）的货币篮子，在全球贸易中的支付比重不断提升。这不仅使货币交易形式多元化，还可抑制单一结算方式、打破货币存储的垄断利益格局，有效化解全球范围货币系统性风险。我国不断提高开放的效率，降低开放的成本。在经济全球化遇到阻力的情况下，我国积极推进区域经济一体化，2022 年 1 月 1 日，区域全面经济伙伴关系协定（RCEP）生效，其成员国大多在中国周边，经济互补性和相互依赖程度较高，RCEP 将释放出中国经济内循环和外循环发展的巨大动力。

第十八章　数字经济成为上海合作组织成员国合作新亮点

当今世界正发生全球性变化，进入快速发展和大变革的新时期。世界多极化趋势加强，各国相互依存日益加深，信息化和数字化进程加速。与此同时，当前国际挑战和威胁更加复杂，国际形势逐步恶化，地区冲突和危机层出不穷，持续升级。技术和数字鸿沟日益扩大，全球金融市场持续动荡，全球投资萎缩，供应链不稳定，保护主义措施抬头以及其他国际贸易壁垒增多，都加剧世界经济的不稳定性和不确定性。

上海合作组织（以下简称"上合组织"）为推进共建"一带一路"、实现"一带一路"倡议同成员国及地区发展战略对接发挥了重要作用。上合组织各领域务实合作潜力巨大。当前，科技和创新合作的重要性与日俱增，以数字经济为新驱动力的区域经济合作发展前景广阔。加强协调合作、改善基础设施、发展区域经济符合各成员国的共同利益。成员国将继续加强数字经济领域合作，支持数字技术发展，2021 年 11 月 25 日在塔什干举行的上合组织成员国信息通信技术发展部门负责人首次会议成果并通过《〈上合组织成员国关于数字化和信息通信技术领域合作构想〉行动计划》。

一、全球数字经济规模

受益于互联网、大数据、云计算等新一代信息技术的发展，传统产业向数字化转型，2018～2021年，全球数字经济规模持续上涨。根据中国信息通信研究院发布的《全球数字经济白皮书（2022）》显示，2021年，全球47个国家数字经济增加值规模为38.1万亿美元，同比名义增长15.6%，占GDP比重为45.0%，如图18-1所示。其中，发达国家数字经济规模大、占比高，2021年规模为27.6万亿美元，占GDP比重为55.7%，发展中国家数字经济增长更快，2021年增速达到22.3%。根据2018～2021年全球数字经济白皮书绘制出全球47个国家数字经济总规模及占GDP比重柱状图。由图18-1可知，全球47个国家的数字经济增加值规模从2018年的30.2万亿美元提升到2021年的38.1万亿美元，占比从40.30%上升到45.00%。显然数字经济正在成为全球经济社会发展的重要引擎。

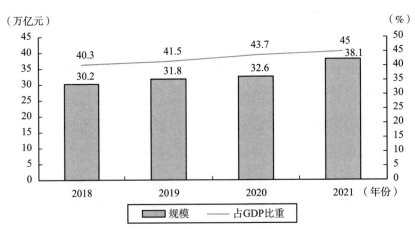

图18-1　2018～2021年全球47个国家数字经济总规模及占GDP比重

资料来源：《全球数字经济白皮书（2022）》。

二、中国数字经济规模现状

近年来，我国数字经济创新创业活跃，数字经济发展呈现高速增长。根据中国信息通信研究院发布的《中国数字经济发展白皮书（2022）》显示，2012 年以来我国数字经济年均增速高达 15.9%，显著高于同期 GDP 平均增速。在宽带中国、第五代移动通信技术（5G）及工业互联网推动下，2021 年数字经济规模达到 45.5 万亿元，同比名义增长 16.2%。产业数字化成为数字经济发展的主引擎。根据 2012～2021 年中国数字经济发展白皮书绘制出中国数字经济总规模及占 GDP 比重柱状图。由图 18-2 可知，数字经济已成为我国经济增长的重要组成部分，由 2012 年占 GDP 比重为 21.6% 到 2021 年占 GDP 比重为 39.8%，数字经济正在成为我国经济发展的新增长极。

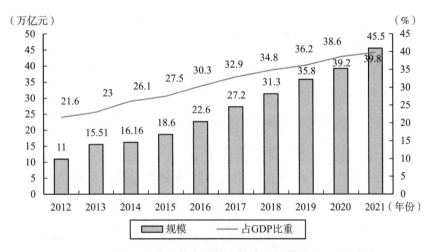

图 18-2　2012～2021 年中国数字经济总规模及占 GDP 比重

资料来源：《中国数字经济发展白皮书（2022）》。

三、上合组织区域数字的发展现状

数字经济在上合组织各成员国的合作和交流中发挥着越来越重要的作用，移动互联网用户占比越来越高，但是各成员国在数字经济的发展上存在较大差异，规范和监管方面也存在不足。具体表现在以下三点：

一是移动用户比例高，主流数字平台以美资企业为主。上合组织成员国移动用户占人口总数比例为76%、互联网用户占总人口的比例为40%。除我国的社交媒体外，脸书、推特、英斯（Instagram）、色拉布（SNAPCHAT）、领英等，都是上合组织成员国互联网用户喜欢访问的社交数字平台，约占上述成员国互联网用户的60%以上。

二是数字经济规模相差悬殊。中国与上合组织成员国之间数字经济发展水平差距较大。2020年中国的数字经济规模约为5.4万亿美元，印度的数字经济规模为5419亿美元，俄罗斯的数字经济规模为2756亿美元[①]。中国的数字经济规模相当于印度的10倍，相当于俄罗斯的20倍。在全球数字经济规模排行榜中，中国位列第2位，印度位列第8位，而俄罗斯位列第14位，其余成员国未进入世界前47位。上合组织成员国的数字经济发展水平存在巨大差距，这也导致各方合作理念的不同，在一定程度上制约了数字经济合作进程。

三是有利于数字经济发展的政策环境有待提高。根据德国贝塔斯曼基金会的经济质量指数，上合组织成员国经济质量从高到低依次为中国、印度、俄罗斯、哈萨克斯坦、乌兹别克斯坦、吉尔吉斯斯坦、

---

① 资料来源于《2021年主要国数字经济规模排行榜》。

巴基斯坦和塔吉克斯坦。与数字经济发达国家相比，上合组织成员国发展数字经济的政策环境总体偏低。

数字经济涵盖领域极为广泛，数字经济与传统经济相融并延展出一系列新业态：（1）货物贸易＋数字经济形成跨境电商；（2）教育服务＋数字经济形成远程教育；（3）医疗服务＋数字经济形成远程医疗；（4）金融服务＋数字经济形成无线支付；（5）制造业＋数字经济形成智能制造。目前，上合组织数字经济合作仍处于起步阶段，主要合作形式包括跨境电商、远程医疗、远程教育、无线支付、智慧物流和智能制造等，各领域合作进程不同，规模差异较大。

四、成员国将继续加强数字经济领域合作的原因分析

如今，数字技术已成为促进经济发展、提高经济各领域竞争力、打造新兴市场并保障全面可持续增长的关键因素之一。新冠疫情对各国经济社会的影响均十分凸显，加速了包括上合组织国家在内的各国各领域数字化进程。加强数字经济领域合作拥有巨大潜力。加强数字化领域全面合作，可能对上合组织成员国缩小经济发展的数字鸿沟非常重要。

从发展方向看，数字技术创新仍是上合组织成员国乃至全球战略重点，全球数字化转型正由效率变革向价值变革、由企业内向产业链、价值链拓展，全球面向实体经济的工业/产业互联网平台快速发展。

从技术变量看，全球5G进程进一步加速。截至2022年6月，86个国家/地区共221家网络运营商实现5G商用，全球5G网络人口覆盖率为26.59%。全球人工智能产业平稳发展，预计2022年全球人工

智能市场收入达到 4328 亿美元，同比增长 19.6%。

从数据变量看，释放数据要素价值成为各成员国的共同探索方向，可信数据空间为数据要素市场参与各方提供信任的技术契约，全球数据要素市场建设进入多元主体共建共创、企业竞争加速推进、定价策略多样探索的新阶段。

加强数字互联互通，打造新的增长点，增强投资吸引力，将为经济发展带来新的前景和机遇。加强该领域务实合作有利于提升上合组织成员国技术竞争力、增进经济和社会福祉。

五、继续加强数字经济领域合作对上合组织成员国的影响

（一） 对中国的影响

数字经济是中国经济发展的重要动力，上合组织地区拥有巨大的人力资源、金融资源、原材料和技术潜力。中国在数字经济，特别是数字贸易、跨境电商等方面积累了有益经验，并与上合组织其他国家积极分享成果，能够借此充分交流经验、开展互动，推动将成员国共识落实到行动层面，更多发挥上合组织潜力，拓展数字贸易合作广度和深度，推进数字技术发展。

（二） 对其他成员国的影响

加强数字经济领域合作，助力数字经济发展，为上合组织国家及共建"一带一路"国家提供数字服务。中国可以和上合组织其他国家合作，在智慧城市、5G、人工智能、电子商务、大数据、区块链、远程医疗等领域打造更多新的合作亮点，加强数据安全保护和政策沟通

协调，打造资源开放、要素共享的数字贸易新生态，深化与上合组织和共建"一带一路"国家的数字贸易往来，拓展数字贸易发展"朋友圈"。

六、上合组织成员国数字经济发展方向

为促进上合组织数字经济合作的发展，缩小各国之间的差距，使数字经济成为区域经济合作的新引擎，大力拓展数字经济合作领域区域创新合作模式。从上合组织区域发展现状来看，未来可能取得进展的合作领域有：跨境电商、智能制造与远程教育等。未来应着力加强从以下三个方面持续发力，促进数字贸易合作。

第一，积极搭建区域跨境电商平台。延展中国与其他成员国双边现有跨境电商合作平台，形成覆盖区域的统一跨境电商平台。根据上文可知，2021 年全球数字经济规模已占 GDP 比重近一半，且超过12% 的跨境电商是通过数字化来实现的。所以数字贸易不仅给传统贸易模式带来巨大挑战，而且也会给全球贸易运行模式带来改变。

第二，推广智能制造。在上合组织区域内扩大宽带接入的规模，提高宽带质量。完善各国的通信、互联网等重要信息基础设施，构建区域高效的通信网络，降低互联网接入成本，拓宽宽带网络覆盖区域，提升宽带服务的能力和质量。在推进传统农业合作的基础上促进农业生产、运营、管理的数字化，逐步实现区域农产品配送的网络化模式。鼓励数字技术与制造业融合，建设相互连接、网络化、智能化的制造业。将智能汽车、智能家电和智能电子通信产品作为未来智能制造合作的增长点。

第三，拓展远程教育。互联网与教育相结合延伸出远程教育，扩

大了教育的受众面，培训形式灵活多样，取得了良好效果。有序推动成员国之间的技能培训、医疗培训、跨境电商培训、语言培训、中小微企业创业培训以及减贫经验交流等活动，提升培训水平，丰富培训内容，加强上合组织的能力建设，为深化区域经济合作培养后备人才。

第十九章 绿色"一带一路"
建设成效初显

一、绿色"一带一路"建设进程

2020年9月22日，我国在第75届联合国大会上正式提出"力争2030年前实现'碳达峰'、2060年前实现'碳中和'"的目标。在"双碳"背景下如何实现绿色发展，成为中国亟须解决的问题。国家发展和改革委员会、外交部、生态环境部、商务部四部门印发《关于推进共建"一带一路"绿色发展的意见》（以下简称《意见》），旨在进一步推进共建"一带一路"绿色发展，让绿色切实成为共建"一带一路"的底色。

《意见》提出，要坚持绿色引领，互利共赢。以绿色发展理念为引领，注重经济社会发展与生态环境保护相协调，不断充实完善绿色丝绸之路思想内涵和理念体系。坚持多边主义，坚持共同但有区别的责任原则和各自能力原则，充分尊重共建"一带一路"国家实际，互学互鉴，携手合作，促进经济社会发展与生态环境保护相协调，共享绿色发展成果。

到2025年，共建"一带一路"生态环保与气候变化国际交流合作不断深化，绿色丝绸之路理念得到各方认可，绿色基建、绿色能源、绿色交通、绿色金融等领域务实合作扎实推进，绿色示范项目引领作用更加明显，境外项目环境风险防范能力显著提升，共建"一带一路"绿色发展取得明显成效。到 2030 年，共建"一带一路"绿色发展理念更加深入人心，绿色发展伙伴关系更加紧密，"走出去"企业绿色发展能力显著增强，境外项目环境风险防控体系更加完善，共建"一带一路"绿色发展格局基本形成。

围绕相关目标，《意见》部署了多项重点工作：（1）加强应对气候变化合作，推动各方全面履行《联合国气候变化框架公约》及其《巴黎协定》，积极寻求与共建"一带一路"国家应对气候变化"最大公约数"，加强与有关国家对话交流合作，推动建立公平合理、合作共赢的全球气候治理体系。继续实施"一带一路"应对气候变化南南合作计划，推进低碳示范区建设和减缓、适应气候变化项目实施，提供绿色低碳和节能环保等应对气候变化相关物资援助，帮助共建"一带一路"国家提升应对气候变化能力。（2）加强绿色产业合作。鼓励企业开展新能源产业、新能源汽车制造等领域投资合作，推动"走出去"企业绿色低碳发展。鼓励企业赴境外设立聚焦绿色低碳领域的股权投资基金，通过多种方式灵活开展绿色产业投资合作。（3）加强绿色能源合作。深化绿色清洁能源合作，推动能源国际合作绿色低碳转型发展。鼓励太阳能发电、风电等企业"走出去"，推动建成一批绿色能源最佳实践项目。深化能源技术装备领域合作，重点围绕高效低成本可再生能源发电、先进核电、智能电网、氢能、储能、二氧化碳捕集利用与封存等开展联合研究及交流培训。（4）加强绿色贸易合作。持续优化贸易结构，大力发展高质量、高技术、高附加值的绿色产品贸易。促进节能环保产品和服务进出口。（5）加强绿色基础设施互联互通。引导企业在建设境外基础设施过程中采用节能节水标准，减少材料、能源和水资源浪费，提高资源利用率，降低废弃物排放,加强废弃物处理。(6)加强绿色交通合作。积极推动国际海运和国际航空低碳发展。推广新能源和清洁能源车船等节能低碳型交通工具,推广智能交通中国方案。鼓励企业参与境外铁路电气化升级改造项目。(7)加强绿色标准合作。积极参与国际绿色标准制定,加强与共建"一带一路"国家绿色标准对接。鼓励行业协会等机构制定发布与国际接轨的行业绿色标准、规范及指南。

在统筹推进境外项目绿色发展方面,《意见》提出,要规范企业境外环境行为。压实企业境外环境行为主体责任,指导企业严格遵守东道国生态环保相关法律法规和标准规范,鼓励企业参照国际通行标准或中国更高标准开展环境保护工作。要促进煤电等项目绿色低碳发展。全面停止新建境外煤电项目,稳慎推进在建境外煤电项目。推动建成境外煤电项目绿色低碳发展,鼓励相关企业加强煤炭清洁高效利用,采用先进技术,升级节能环保设施。

《意见》要求,各地方和有关部门要把共建"一带一路"绿色发展工作摆上重要位置,加强领导、统一部署,确保相关重点任务及时落地见效。加强和改进"一带一路"国际传播工作,及时澄清、批驳负面声音和不实炒作;强化正面舆论引导,讲好共建"一带一路"绿色发展"中国故事"。此外,推进"一带一路"建设工作领导小组办公室将加强共建"一带一路"绿色发展各项任务的指导规范,及时掌握进展情况,适时组织开展评估。

二、绿色"一带一路"的建设重点

(一)数字化"一带一路"建设

数字化赋能"一带一路"发展,是全面提升开放发展水平的关键之举。要以"建设数字丝绸之路"为引领，推进数字"一带一路"建设。一要加强数字基础设施建设，促进互联互通，通过数字化"推动实施更高水平的通关一体化"。二要深化数字经济合作，在协同推进数字产业化和产业数字化上有新突破。推动"一带一路"跨境数据流动，更好发挥数据流动对经济增长的贡献。三要建立服务于"一带一路"各类数字园区，打造跨越物理边界的"虚拟"园区和产业集群，促进线上线下深度融合。四要"积极发展丝路电商"，推动跨境电商等新业态、新模式加快发展，积极发展数字服务和数字贸易，培育外贸新功能。五要基于数字技术推动形成"丝路文化"传播优势，形成多元互动的人文交流格局。通过数字赋能"一带一路"建设，全面提升"一带一路"建设水平，着力打造"一带一路"升级版。

推进发展低轨卫星物联网建设，为"一带一路"网络化联通提供有效支撑。低轨卫星物联网作为新一代信息基础设施，能有效推动物联网、大数据、人工智能和实体经济深度融合，加快制造业、农业及服务业数字化、网络化、智能化发展，释放数字经济效能。同时，低轨卫星物联网能够解决全球空中、海洋、80% 以上陆地没有网络覆盖的难题，特别是对于完善"一带一路"数字基础设施，实现线上线下一体化、远程近程零距离，推动"一带一路"网络化发展具有现实意义。从而有利于加强我国与共建"一带一路"国家深度合作，推动共建"一带一路"高质量发展。

（二）绿色走廊建设

为实现国际海事组织（IMO）2050 年脱碳目标，航运业需要在接下来的十年大规模部署零碳排放燃料和船舶。以"一带一路"海上丝绸之路经济带为单位，推动各利益相关方联合行动，通过政策制定和补贴等手段，形成零碳燃料的稳定供应和运营成本的大幅下降，打造绿色走廊，将有助于航运业切实推进这一远大目标的落实。

航运业是全球贸易的生命线，承担了全球贸易总额的80%，未来占比有望继续扩大。航运业二氧化碳排放量约占全球总量的3%，倘若不加控制、干预，至2050年该行业碳排放量最多可能会增加一半，达到近5%。技术本身不是难题，但技术的部署需要扩大应用规模、加快落地进度，以及降低相关成本。从市场数据来看，零碳排放燃料的成本远高于传统燃料，将增加40%~60%的船舶总成本。

中国政府提出了2030年前碳达峰、2060年前碳中和的宏伟目标，作为碳减排重点领域的交通运输与物流行业责无旁贷。长江是中华民族的母亲河，近海航线沿岸省份经济实力雄厚，在这些区域建设绿色长江和绿色湾区等倡议都具有重要的现实意义；再加上众多利益相关方，不管是航运企业还是港口企业或者能源企业都是国有背景，这为区域加强合作、共同引领创造了条件。因此，中国有条件通过建设绿色"一带一路"航运走廊和绿色长江，推动利益相关方高度协同、分摊成本、分享收益，为全球树立绿色走廊的样本和标杆。

（三）绿色融资

随着世界各国、各行业纷纷制定净零排放目标，截至2021年11月，已有12个"一带一路"绿色投资原则签署方承诺到2050年，实现信贷业务、投资业务和/或保险业务的二氧化碳净零排放，并按照格拉斯哥净零金融联盟的要求，参与联合国发起的一系列行动倡议，助力实现"全球气温较工业化前水平升幅控制在1.5℃以内"的目标，如图19-1所示。

净零排放银行联盟	净零排放资产所有人联盟
法国巴黎银行	法国巴黎人寿
德国商业银行	法国农业信贷保险公司
法国东方汇理银行	法国兴业银行保险公司
星展银行	瑞士保险集团
德意志银行	
阿布扎比第一银行	净零排放保险联盟
汇丰银行	
瑞穗银行	瑞士再保险集团
法国兴业银行	
渣打银行	
瑞银集团	

图 19 - 1　承诺相关业务实现温室气体的净零排放或碳中和的签约方

根据国际能源署净零排放情景，2026～2030 年，新兴和发展中经济体每年需在太阳能发电领域投入 1570 亿美元，在风力发电领域投入 2430 亿美元，在电池储能领域投入 260 亿美元，在输电配电领域投入 3000 亿美元，并在电动车和充电设施领域投入 1330 亿美元。和2016～2020 年相比，平均每年在这些领域的投资增加 500%。

绿色债券和绿色贷款将成为此类投资重要的中间渠道。截至 2020年底，71 个国家的 1400 多个发行商已经通过 42 种货币发行了价值超过 1.1 万亿美元的绿色债券，但对于规模高达 120 万亿美元的全球债券市场来说，占比还只有 1%。相关预测数据显示，绿色债券的规模还将加速增长，年发行额预计从 2020 年的 2930 亿美元增至 2022 年的 1 万亿美元。绿色贷款近年来也保持了两位数的增速，2020 年发放额达到了 800 亿美元。

（四）低碳能源技术

随着太阳能和风能的平准化度电成本降至低于火力发电成本，这些低碳技术的经济和环境价值不断凸显，因而日益受到市场青睐（见

图 19 – 2）。根据国际能源署的净零排放情景，预计到 2050 年太阳能和风能发电量将分别增长 20 倍和 11 倍。

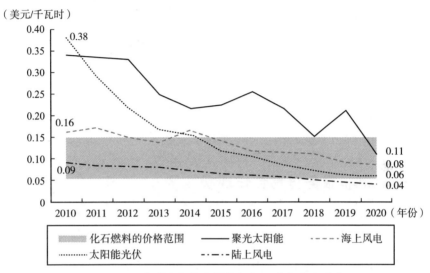

图 19 – 2 全球太阳能和风能加权平准化度电成本

资料来源：国际可再生能源署《2020 年可再生能源发电成本报告》。

凭借强大的制造能力和丰富的国内工程建设经验，中国领先企业不仅能够推动国内能源转型，而且可以通过"一带一路"倡议等国际合作框架助力全球能源转型。在国内，中国的太阳能光伏装机总量和风电装机总容量已分别占据全球的 36% 和 39%。在 2018～2020 年全球新增的聚光型太阳能发电装机容量中，有 1/3 安装在中国。中国的太阳能光伏产业贡献了 3/4 的全球产量，其领先的太阳能光伏制造商仍在不断扩大海外产能，以满足海外市场日益增长的需求。

第二十章　中非开启全方位
合作新征程

一、中非服务贸易合作现状

近年来，中非服务贸易稳步发展。2019 年，中国与非洲的服务贸易总额为 108.2 亿美元，其中中国出口 66.1 亿美元，进口 42.0 亿美元；受到新冠疫情冲击，2020 年，中非服务贸易总额为 86.6 亿美元，同比降幅接近 20%，其中中国出口 52.2 亿美元，进口 34.4 亿美元。中非服务贸易的国别分布较为集中。2019 年和 2020 年，中国与前十大服务贸易伙伴国进出口总额分别为 65.5 亿美元和 51.5 亿美元，分别占中非服务贸易总额的 60.6% 和 59.4%。南非、埃及、安哥拉、尼日利亚和肯尼亚等国是中国在非洲的主要货物贸易伙伴，如表 20 - 1 和表 20 - 2 所示。

表 20 - 1　　　　2019 年中国与非洲前十大服务贸易伙伴　　　　单位：亿美元

国家	进出口总额	中国出口	中国进口
南非	11.1	5.7	5.4
埃及	10.0	5.0	5.0

续表

国家	进出口总额	中国出口	中国进口
埃塞俄比亚	7.9	20.0	5.9
安哥拉	7.6	409.0	2.7
阿尔及利亚	5.7	4.6	1.1
尼日利亚	5.3	4.1	1.2
赞比亚	5.1	3.5	1.6
毛里求斯	4.9	2.0	2.9
刚果（布）	4.0	3.3	0.7
肯尼亚	3.8	2.0	1.9
前十大伙伴合计	65.5	37.2	28.3

资料来源：中华人民共和国商务部。

表 20-2　　　　　**2020 年中国与非洲前十大服务贸易伙伴**　　　单位：亿美元

国家	进出口总额	中国出口	中国进口
埃塞俄比亚	11.0	3.0	8.0
南非	8.4	4.9	3.5
埃及	7.2	2.6	4.6
尼日利亚	4.4	3.0	1.4
毛里求斯	3.8	2.4	1.5
加纳	3.5	2.5	1.0
安哥拉	3.4	2.2	1.2
坦桑尼亚	3.3	2.6	0.7
肯尼亚	3.3	1.9	1.4
塞舌尔	3.1	1.5	1.6
前十大伙伴合计	51.5	26.6	24.9

资料来源：中华人民共和国商务部。

中非服务贸易的主要领域是建筑、运输和旅行服务，占 2020 年中非服务贸易额的 62%。同时，政府服务，电信、计算机和信息服务，保险和金融等其他服务贸易形式也开始呈现出较大的合作潜力，如图 20 - 1 所示。

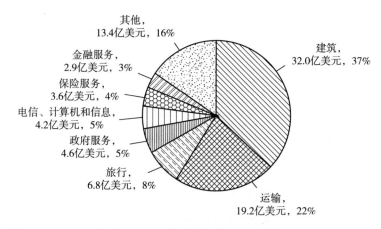

图 20 - 1　2020 年中非服务贸易主要领域

资料来源：中华人民共和国商务部。

二、中非金融合作取得新突破

截至 2020 年底，中国银行保险监督管理委员会已与埃及、加纳、毛里求斯、摩洛哥、南非、尼日利亚和赞比亚 7 个非洲国家签署了监管合作谅解备忘录，促进信息共享，加强监管合作，不断提高跨境金融监管水平。

中国金融机构不断扩大非洲金融网点布局，截至 2022 年，共有 7 家中资银行在非设立了 15 家分支机构。中国国有大型银行、开发性金融机构和政策性银行，以及中资民营银行等各类金融机构在非洲开展了多种业务，有力地支持了中非经贸合作发展，对纾解非洲融资困难，促进当地经济社会发展起到了积极作用。南非是中国在非洲最大金融类投资目的地，多数中国企业选择将非洲区域总部设在南非。2020 年 12 月，交通银行在非洲地区的首家分行在南非约翰内斯堡正式开业，是交通银行拓展非洲地区业务机遇的里程碑，将为中南两国在金融、经贸、旅游等领域合作持续深入提供优质金融服务。与此同时，非洲国家的金融机构也积极拓展在华业务。截至 2022 年，共有 9 家非洲银行在华设立了 9 家分支机构（见表 20 - 3）。

表 20 - 3　　　　截至 2020 年底中国金融机构在非洲设立分支机构情况

机构名称	在非分支机构数量	分支机构名称	分支机构所在国别	设立时间
开发银行	1	开发银行开罗代表处	埃及	2009 年
进出口银行	2	进出口银行东南非代表处	南非	1999 年
		进出口银行西北非代表处	摩洛哥	2015 年
工商银行	1	工商银行非洲代表处	南非	2011 年
农业银行	1	中刚非洲银行	刚果（布）	2015 年
中国银行	8	中国银行约翰内斯堡分行	南非	2000 年
		赞比亚中国银行	赞比亚	1997 年
		中国银行内罗毕代表处	肯尼亚	2012 年
		中国银行罗安达分行	安哥拉	2017 年
		中国银行摩洛哥代表处	摩洛哥	2015 年
		中国银行（毛里求斯）有限公司	毛里求斯	2016 年
		中国银行坦桑尼亚代表处	坦桑尼亚	2016 年
		中国银行（吉布提）有限公司	吉布提	2019 年
建设银行	1	建设银行约翰内斯堡分行	南非	2000 年
交通银行	1	交通银行约翰内斯堡分行	南非	2020 年

资料来源：中国银行保险监督管理委员会。

截至 2022 年，共有 2 家中资保险公司在非设立了 2 家分支机构，包括中国太平保险集团有限公司在南非设立的中国太平保险控股有限公司驻南非代表处，以及中国出口信用保险公司在南非设立的中国出口信用保险公司约翰内斯堡代表处。共有 2 家非洲保险公司在华设立了 2 家分支机构，包括耆卫人寿保险（南非）有限公司在华设立的瑞泰人寿保险有限公司。

中国继续扩大本币在对非投融资和贸易中的使用，中国人民银行与赞比亚、南非等国建立人民币清算安排，与南非、摩洛哥、埃及等国签署双边本币互换协议。2019 年 6 月，在首届中国 – 非洲经贸博览会期间，中国人民银行提出了设立"中非跨境人民币中心"的战略构想，切实推广人民币在非洲的使用，为便利中非经贸往来提供切实可行的金融载体。同时，伴随中非经贸合作不断深化，为便利化双边贸易结算、优化外汇储备结构、稳定金融体系，非洲国家也日益重视拓展本国人民币业务。2019 年 6 月，莫桑比克央行称将把人民币占本国外汇储备的比例提高至 10%；2019 年 12 月，埃及银行、埃及商业国际银行获得监管部门批准开通人民币业务，为企业办理汇兑、结算、出具信用证等业务。

中国成为非洲最重要的发展和融资合作伙伴之一。为支持非洲市场对外部资金的大量需求，除政策性银行和商业银行向非洲国家直接提供贷款支持外，中国还设立了一系列专项资金支持工具，包括中非发展基金、中非产能合作基金、非洲中小企业发展专项贷款、自非洲进口贸易融资专项资金等。作为"八大行动"配套资金的重要组成部分，2019 年，中国进出口银行精准定位于非洲，设立了 50 亿美元自非洲进口贸易融资专项资金，以增强非洲国家的出口创汇能力，促进中非贸易畅通、改善中非贸易结构。

三、中非商贸物流更加畅通

近年来，中非跨境电商合作等新业态快速发展。中国的电子商务公司在非洲投入运营，呈现出良好的发展态势；浙江、广东等地企业积极投资海外仓建设。中国中小企业通过整合和新建对非销售商贸平台，结合物流服务和线上支付功能，利用海外仓进行备货，简化采购、分销、物流、海关、支付等流程，极大降低了对非贸易中的采购、物流等经营成本。

2018 年 7 月，中国与卢旺达签署《关于电子商务合作的谅解备忘录》，两国政府将建立电子商务合作机制，共同为电子商务创造良好的发展环境。10 月，在世界电子贸易平台（Electronic World Trade Platform，eWTP）框架下，阿里巴巴与卢旺达政府宣布共同建立非洲首个世界电子贸易平台（eWTP），推动卢旺达及其他非洲国家电子商务和数字经济发展，为非洲创造更加自由、创新和普惠的国际贸易环境。2019 年，eWTP 义乌全球创新中心——卢旺达数字贸易枢纽正式启用，该数字贸易枢纽将立足东非市场，增强贸易规模，打造义乌小商品在东非地区的批发分拨集散中心。2020 年新冠疫情暴发以来，中非各类数字合作平台、线上推介会、直播带货等新业态合作蓬勃发展，有效服务中非企业对接。

四、中非旅游合作不断扩大

近年来，中非旅游合作呈现较好发展势头，赴非旅游人数逐步增长。截至 2022 年，已有 34 个非洲国家成为中国公民组团出境旅游目的地，中国与其中 22 个国家正式开展了中国公民组团旅游业务。非洲国家也日益重视中国游客巨大的旅游经济价值，2020 年，借助中国国际服务贸易交易会的平台，安哥拉、博茨瓦纳、卢旺达等国家积极推广本国的文化和旅游资源。根据《中毛自贸协定》，毛里求斯对服务业的开放承诺采用正面清单模式，对中国开放旅游等重要服务领域。中国与毛里求斯还将通过合作发展旅游业相关基础设施、建立旅游业交流与合作机制、共同宣传旅游产品等途径加强合作，为扩大游客往来、加强人文交流进一步提供便利。

五、结论与启示

对于非洲来说，本来就有着发展服务业贸易的先天优势，比如其丰富的资源、广阔的市场，以及人口红利，但由于近些年非洲各国都把发展重点放在第二产业上，从而导致没有足够的资金和政策导向来针对服务业贸易的发展。但自新冠疫情暴发以来，中非服务贸易发展迎来了前所未有的机遇。由于疫情对非洲各国的经济打击，服务业发展成为非洲国家必须重视的课题，因为他们逐渐意识到，服务业贸易的发展更有利于经济的扩张，在贡献国内生产总值（GDP）、吸收年轻就业、改善性别平等和促进出口多元化方面也有着相当积极的作用，可以提升非洲各国经济的抗风险能力。

对中国来讲，在大力提振同非洲货物贸易的同时，应更加开展同非洲服务贸易合作，中非服务贸易以旅游、运输、建筑等传统服务贸易为主，金融、保险、通信服务等资本密集型和技术密集型的现代服务业还有很大的发展空间。中国企业在加深中非传统服务贸易合作的基础上，可以对现代服务进行战略布局。目前，基础设施建设、建筑工程、通信技术、金融服务、旅游、物流等是非洲许多国家优先发展的产业，而中国在这些产业上具有比较优势，可以与非洲开展深入合作。

第二十一章　能源价格上涨的影响因素分析及启示

一、能源价格变动趋势

2018 年以来，布伦特原油年均价格总体在 70 美元/桶以下，2019 年、2020 年分别为 64.2 美元/桶、41.8 美元/桶。由图 21 – 1 可知，在 2020 年，由于新冠疫情的冲击，2020 年 1～4 月国际油价剧烈下降，布伦特油价由 70 美元/桶降至 20～30 美元/桶，特别是 4 月中旬出现西得克萨斯中间基原油（WTI）原油期货价格为负值的偶发事件。之后国际油价开始爬升，2021 年 1 月布伦特油价达到 55 美元/桶，4 月初为 65 美元/桶，而后急速上升到 10 月的月均 83.8 美元/桶（10 月 26 日创 2015 年以来最高价 86.4 美元/桶），11 月均价为 82.7 美元/桶，此后略有下降，12 月 19 日为 74.6 美元/桶，2022 年 2 月交货的期货价格为 75.3 美元/桶。受不确定因素的冲击，布伦特原油价格飙升到 139.13 美元/桶，如图 21 – 1 所示。

（美元/桶）

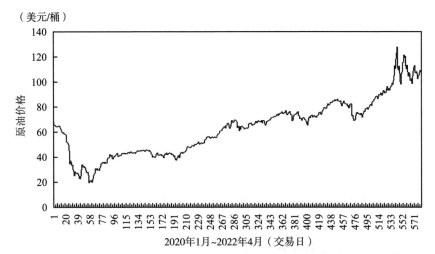

2020年1月~2022年4月（交易日）

图 21 － 1　布伦特原油价格

资料来源：万得（wind）数据库。

二、能源价格变动原因分析

（一）需求侧分析

（1）非常规宽松政策引发油价快速上涨。2020 年以来，由于新冠疫情的影响，为了刺激经济发展，欧美等主要经济体陆续推出的大规模非常规财政货币政策，引发了以美元计价的大宗商品价格大幅走高。2020 年初 ~ 2021 年 12 月 22 日，美联储资产负债表总规模由 4. 17 万亿美元上升至 8. 79 万亿美元，增长了 110. 8%。受此影响，自 2020 年 4 月国际油价创出历史低点以来，纽约商品交易所 WTI 原油指数加权合约累计上涨幅度超过 350%[①]。

---

① 新浪财经：https：//finance. sina. com. cn/stock/usstock/clues/hg/2020 － 12 － 31/doc － iiznezxs9610442. shtml.

（2）随疫情变化，部分国家调整政策，放开管控，如韩国、越南、新加坡等国。有数据显示，2022 年一季度越南的进出口总额约 1763.5 亿美元，其中出口额约为 885.8 亿美元，进口额约为 877.7 亿美元，3 月的出口额就达到 347.1 亿美元，环比增长 48.2%，同比增长 14.8%，因此国内出口增加，促进了制造业的发展，提高了对于化石能源的需求[①]。

（二）供给侧分析

（1）油气投资出现连年下降趋势。国际能源署（IEA）数据显示，过去 10 年，受能源转型压力影响，全球油气上游资本支出整体呈现出下降趋势。受新冠疫情影响，2020 年全球油气勘探投资遭遇重挫，2021 年投资景气度虽有回升，但预计投资规模也仅为疫情前 2019 年的 70%。

（2）美国等战略储备释放无力缓解供求紧张局面。受新冠疫情冲击和高开采成本影响，美国页岩油气产能投资和产量受到极大约束，使得美国作为全球石油重要供应者的地位受到削弱。与此同时，美国发起的通过释放原油战略储备来抑制油价上涨的行动，却因投放量过小、投放周期过长而使油价不跌反涨。

（3）为了应对日趋复杂严峻的油气市场形势，欧佩克（OPEC）被迫与其他石油输出国（俄罗斯是其中重要一员）联合起来形成"欧佩克＋"。它可以在共同利益的背景下达成协议，决定石油生产总量及各国份额。在石油价格过高造成需求下降进而影响经济正常发展

---

① 驻越南社会主义共和国大使馆经济商务处：http://vn.mofcom.gov.cn/article/jmxw/202204/20220403301619.shtml.

时，可以顺应要求达成增产协议以降低油价；反之，则适当减产。2022年1月4日举行的欧佩克月度会议上仍然坚持延续7个月仅增产40万桶/日的意见，油价当日就升至80.5美元/桶。

（三）短期原因

俄罗斯作为全球重要的能源输出国，任何对俄能源出口进行限制的不当举措都会引发市场恐慌情绪，极大地提升了"第四次能源危机"爆发的可能性。2021年，俄罗斯石油和天然气出口份额分别占全球出口额的11.3%和16.2%。其中，在欧洲，俄罗斯石油和天然气分别占欧盟进口份额的27%和35%。德国55%的天然气进口、50%的煤炭进口和35%的石油进口都依赖俄罗斯[①]。2022年2月24日，随着俄乌冲突加剧，布伦特原油期货价格当日盘中突破每桶100美元，为7年多来首次。2月28日，市场因担忧俄罗斯油气供应将被制裁而存在中断风险，布伦特原油期货主力合约价格首次收于每桶100美元上方。3月7日盘中飙升到每桶139.13美元。

（四）长期原因

欧洲国家在能源转型上的困境。2021年第三季度以来，欧洲在碳减排上，过于激进、冒进。为了达到碳中和目标，欧洲过去十年大规模减少煤炭发电，并限制核电发展。相应地，欧洲将发电重心转向风电、光伏发电及天然气发电。新能源发电快速发展的同时，欧洲并未建立起足够的旧能源发电储备，没有做到先立后破。这一背景下，欧

---

① 国际货币基金组织：https://www.imf.org/zh/Blogs/Articles/2022/07/19/blog – how – a – russias – natural – gas – cutoff – could – weigh – on – european – economies.

洲受到极端"超高压"天气影响，风电发电量大幅下降。同时，全球多个国家遭遇极端干旱天气，水电发电量骤降。风电、水电发电量的大幅下滑，叠加光伏、核电发电缺乏弹性，使全球对火电的需求快速上升。但作为火电的主要燃料，煤炭、天然气的生产，根本无法满足增长过快的火电需求。结果是，全球快速陷入了"煤炭、天然气价格暴涨—电力价格暴涨—煤炭、天然气价格暴涨"的恶性循环之中，并且受到煤炭、天然气价格暴涨影响，欧洲、美国多地化工企业被迫停产，尤其是以煤炭、天然气为生产原料的氮肥、尿素厂等。受此影响，全球化肥价格持续飙升、不断刷新历史新高。为了应对化肥价格上涨，以及随之而来对农产品价格的推升，俄罗斯、巴西等多个经济体纷纷开始限制国内农产品、化肥等的出口，而这又进一步加剧了全球农产品价格的上涨压力。

《巴黎协定》已经开始实施，各国都有程度不同的作为，人民期待看到好的效果。但突然爆发的能源价格大涨，带来不小的社会经济动荡，反倒要以化石能源的增产来解决，这促使人思考。非化石能源作为零碳能源，在 21 世纪中期将取代化石能源成为能源的主体，这一点无所争议是坚定不移的方向，但对化石能源的削减应稳中求进。

按照双碳目标的要求，国内外所做的各种预测都表明：到 21 世纪中期化石能源仍然有相当数量的存在。如国际能源署在最近的预测中提到：油气在 2050 年仍然要提供 20％ 的能源。从实事求是因地制宜的原则出发，应对目前处于不同经济发展水平、不同能源构成时期的国家提出不同的要求。如果不考虑化石能源在经济和生活中的巨大作用而进行理想化的过激转折，就可能有使全球面临能源市场供应短缺、价格飙升进而激发社会动荡的风险。对于大多数仍处于石油时期甚至煤炭时期的国家来说则更要允许其完成从煤炭时期经石油时期到天然气时期，进而到非化石能源的历史过程。能源发展的速度可以加快但发展阶段是无法逾越的，难以一蹴而就。这个过程是曲折的，特别是在其初期许多国家同时承担着两个任务：既要增加化石能源的供应总量，又要进行碳减排。

非化石能源的主体是风光发电，靠天吃饭的特点使其很难做到稳字当头，当它处于谷值区的时候需要别的能源来填补缺口，并要为其额外的付出而承担经济补助，而在峰值区又要有相应的储存能力，这不仅要额外的经济投入，也要相当程度上相互嵌合。目前规模储电是相当困难的，不仅经济损耗巨大，许多储电手段也缺乏安全性。这就要求我们在能源转型的过程中稳中求进、先立后破、有序推进能源结构调整优化。其中违背先立后破原则就是过早地持续削减对于油气的投资。

三、结论与启示

根据中国的能源结构现状和资源基础，首先必须明确中国目前仍然处在化石能源时代的煤炭时期，2020 年在一次能源消费构成中煤炭占比仍高达 56.6%，而非化石能源仅占 15.7%，其中风电光电仅占 5.4%[1]，这就意味着我国能源转型的任务特别艰巨。而中国的资源基础却是富煤贫油少气。这就要求我们尽量避短扬长，对尚需大量进口的油气应尽量减少用于燃料而加快油气化工的发展，天然气优先满足民用而不能主要使用于气电。而在满足能源刚性增长的需求和为所占

---

[1] 《新时代的中国能源发展》：https://www.gov.cn/zhengce/2020 - 12/21/content_5571916.htm.

比例不断提高的非化石能源填补缺口时必然要使用价格低廉的清洁煤电。

保障能源安全是国之大计。习近平总书记在视察胜利油田时指出："石油能源建设对我国意义重大，能源的饭碗必须端在自己手里。"在面临百年未有的大变局和完成民族复兴、国家富强的历史任务的新征途中，我们应主动把握能源发展的主动权，准备应对人为的、自然的多种负面因素叠加而出现的严峻局面，要稳步提升我国在全球能源治理中的话语权和影响力

为此，在化石能源中要特别关注油气。截至 2020 年，我国已成为世界最大的油气进口国，石油和天然气进口依存度已经分别达到 74%、43%[1]。而他们都有不断增加的趋势，这在一定程度上影响我们发展战略的主动权。特别是近年来石油的稳产和小幅度增产主要依托老油田的挖掘，向新领域进行开拓的任务还没能完全实现。同时，近年来新增加的探明经济可采储量都小于当年的实际产量，入不敷出的局面使已经明显下降的产量缺乏持续发展的能力。相对于石油已经进入稳产阶段后期、剩余探明经济可采储量和产量出现降势，天然气现今仍处于稳产阶段前期、产量呈升势，如果不进行战略性开拓，一段时间后也会出现和石油类似的情况。

---

① 国家发展和改革委员会：https://gbdy.ndrc.gov.cn/gbdyzcjd/202107/t20210714_1293326.html.

附录 2022年共建"一带一路"经济大事记

亚洲地区经济大事记

（1）世界最大自贸区正式启航，为世界经济发展增添动力[1]。2022年1月，区域全面经济伙伴关系协定（RCEP）生效实施，充分体现了各方共同维护多边主义和自由贸易、促进区域经济一体化的信心和决心，将为区域乃至全球贸易投资增长、经济复苏和繁荣发展作出重要贡献。RCEP现有15个成员国，包括中国、日本、韩国、澳大利亚、新西兰5国以及东盟10国，从人口数量、经济体量、贸易总额三个方面看，均占全球总量的约30%。

（2）中华人民共和国和巴基斯坦伊斯兰共和国联合声明[2]。2022年2月，习近平主席接见时任巴基斯坦伊斯兰共和国总理伊姆兰·汗总理。双方发表声明，认为中巴经济走廊项目特别是能源和交通基础设施项目，为增强巴区域互联互通关键地位、促进巴经济基础现代化发挥了关键作用。双方强调瓜达尔港在中巴经济走廊中的支柱地位，

---

① 新华网：http：//www. news. cn/2022－01/01/c_1128225181. htm.

② 新华网：http：//m. news. cn/2022－11/03/c_1129096621. htm.

以及在地区互联互通中的重要节点作用，将按照"1+4"布局，加快推进瓜达尔港建设运营，建设瓜达尔低碳循环区。

（3）愿全力推动亚中双边关系发展和各领域合作①。亚美尼亚总统哈恰图良（Khachaturyan）2022 年 4 月表示，愿与中方共同努力，全力推动双边关系发展和各领域合作。中亚建交 30 年来，在两国共同努力下，双边关系稳步发展，取得一系列重要合作成果。亚总统表示，亚方愿学习借鉴中方治国理政成功经验，扩大双方各领域合作，推动亚中友好关系不断迈上新台阶。

（4）中巴经济走廊将为巴应对气候变化发挥重要作用②。由巴基斯坦可持续发展政策研究所和巴中学会共同举办的"绿色中巴经济走廊联盟"启动仪式及其相关研讨会 2022 年 6 月 1~2 日在伊斯兰堡举行。巴基斯坦专家和官员表示，中巴经济走廊将在巴缓解气候变化影响的努力中发挥重要作用，并将为当地企业践行"一带一路"绿色发展理念树立典范。

（5）中国驻印度使馆举行"加强金砖合作、共促全球发展"座谈会③。2022 年 7 月，中国驻印度使馆举行"加强金砖合作、共促全球发展"线上座谈会。中国驻印度大使介绍了金砖国家领导人第十四次会晤总体情况和主要成果，用认知、和平、进步、实践、前景五个关键词解读金砖机制和会晤成果。金砖机制是新兴市场国家和发展中国家联合自强的重要力量，已经在新开发银行、应急储备安排等方面取得重大务实合作成果。

---

① 新华网：http：//www.news.cn/world/2022-04/07/c_1128537189.htm.
② 新华网：http：//www.news.cn/world/2022-06/03/c_1128712070.htm.
③ 新华社：https：//baijiahao.baidu.com/s? id=1737145751057457833&wfr=spider&for=pc.

（6）东盟外长会及系列会议通过多项区域合作文件①。第 55 届东盟外长会议及系列会议 2022 年 7 月在柬埔寨举行，包括中国 - 东盟外长会、东盟与中日韩外长会、东亚峰会外长会和东盟地区论坛外长会等会议，其间共举行了 19 场不同级别的会议，来自 38 个国家的外长和代表参加了会议，通过并批准了约 30 份区域合作文件，涉及政治、安全、经济、社会和文化等领域。

（7）共建"一带一路"国家人民币结算增多②。中国人民银行表示，2021 年，中国与共建"一带一路"国家的人民币跨境收付金额为 5.42 万亿元，同比增长 19.6%。截至 2021 年末，中国与 22 个共建"一带一路"国家签署了双边本币互换协议，在 8 个共建"一带一路"国家建立了人民币清算机制安排。

（8）中泰铁路合作联委会第 30 次会议成功召开③。2022 年 11 月，中泰铁路合作联合委员会第 30 次会议以视频会议形式召开。双方围绕中泰铁路合作项目一期（曼谷 - 呵叻）工作进展、二期（呵叻 - 廊开）合作模式，以及中老泰铁路连接线等问题进行了广泛坦诚深入的磋商，并就下一步工作安排进行了充分交流沟通，达成了多项重要共识。

（9）中企在哈萨克斯坦举办可再生能源研讨会④。由国家电力投资集团公司和哈萨克斯坦可再生能源协会联合举办的"携手低碳未来共创美好生活"可再生能源研讨会 2022 年 12 月在阿斯塔纳和北京同步举行。会议就能源项目竞拍、金融结算、技术应用、电网协同等进

---

①　中国一带一路：https：//www. yidaiyilu. gov. cn/xwzx/hwxw/267177. htm.

②　中国一带一路：https：//www. yidaiyilu. gov. cn/xwzx/hwxw/282610. htm.

③　中国一带一路：https：//www. yidaiyilu. gov. cn/xwzx/bwdt/288745. htm.

④　新华网：http：//www. xinhuanet. com/world/2022 - 12/09/c_1211708174. htm.

行交流和研讨。会议发布题为《携手低碳未来共创美好生活——中哈绿色能源合作展望》的哈萨克斯坦可再生能源行业研究报告。哈外交部与国家电投中国电力国际有限公司签署可再生能源领域合作备忘录。

欧洲地区经济大事记

（1）中国信保正式承保波黑达巴尔水电站项目[①]。中国信保正式承保由中国葛洲坝集团承建的波黑达巴尔水电站项目，承保金额 2.44亿欧元。这是中国信保应用专项政策承保的第一个可再生能源电力项目。中国信保多次对接协调波黑塞族共和国财政部、能矿部、司法部、融资银行、外方业主等，终于在 2021 年 12 月 31 日推动融资协议定稿签署，于 2022 年 1 月下旬实现了中长期出口信用保险保单出单生效，支持中国企业共建绿色"一带一路"。

（2）中塞首个可再生能源投资点亮"一带一路"[②]。协鑫能源科技股份有限公司与塞尔维亚国家电力公司举办可再生能源在线签约仪式。塞尔维亚前总统托米斯拉夫·尼科利奇（Tomislav Nikolić）、中国驻塞尔维亚使馆经济商务参赞刘恺、中国银行塞尔维亚分行行长陈克勤等出席签约仪式。这是中塞首个可再生能源投资项目，双方将合力打造"一带一路"绿色能源合作典范。

（3）比利时卢森堡中资企业协会举行 2022 年全体大会[③]。比利时卢森堡中资企业协会（以下简称"中企协"）2022 年全体大会 4 月 27日以在线方式召开。2022 年，中企协将贯彻落实党中央、国务院决策

---

① 一带一路网：https：//www.yidaiyilu.gov.cn/xwzx/hwxw/218554.htm.

② 中国日报网：https：//bj.chinadaily.com.cn/a/202202/09/WS62039cbda3107be497a05bb7.html.

③ 一带一路网：https：//www.yidaiyilu.gov.cn/xwzx/hwxw/239559.htm.

部署，完整、准确、全面贯彻新发展理念，加快构建新发展格局，着力推动高质量发展，持续做好疫情防控工作，提高会员服务质量，密切与对口机构联系，为推动中比、中卢经贸关系健康发展做出新的贡献。中企协秘书长、中国国际贸易促进委员会驻比利时代表处副总代表赵峰主持会议。

（4）"一带一路"倡议跨学科会议在英国召开①。第二届"一带一路"倡议跨学科会议 2022 年 6 月 8 日至 10 日在英国兰卡斯特召开。与会者就"一带一路"倡议相关话题提出各种见解，围绕倡议产生的影响进行研讨。此次会议由英国兰卡斯特大学一带一路研究院主办，中国清华大学一带一路战略研究院合办。会议开设圆桌论坛和个人演讲，以线上和线下形式展开。议题涉及商业与经济、科技与环境可持续性、国际关系以及相关法律和文化等。

（5）白俄罗斯中央银行决定将人民币纳入货币篮子②。白俄罗斯中央银行 2022 年 7 月 13 日在官网发布消息称，将于 7 月 15 日将人民币纳入其货币篮子，人民币将占其货币篮子权重为 10%。白俄罗斯中央银行之所以作出此决定，是考虑到 2022 年白俄罗斯外汇证券交易所进行外汇交易额和对外贸易结构的改变。

（6）中欧班列 7 月发送货物创历史新高③。《经济参考报》记者从中国国家铁路集团有限公司（以下简称"国铁集团"）获悉，2022 年 1～7 月，中欧班列累计开行 8990 列、发送货物 86.9 万标箱，同比分别增长 3%、4%。其中 7 月开行 1517 列、发送货物 14.9 万标箱，同比分别增长 11%、12%，均创历史新高。2022 年，中欧班列

---

① 一带一路网：https：//www. yidaiyilu. gov. cn/xwzx/hwxw/251388. htm.

② 新华网：http：//www. news. cn/fortune/2022 - 07/14/c_1128830665. htm.

③ 经济参考网：http：//www. jjckb. cn/2022 - 08/03/c_1310649179. htm.

已通达欧洲 24 个国家 200 个城市，中欧班列回程班列与去程班列的比例达到 88%，同比增长 6%；往返综合重箱率 2021～2022 年持续保持 98% 以上。

（7）减少跨境贸易成本惠及服务贸易发展[1]。世界贸易组织举行服务贸易国内规制联合声明倡议谈判大使级会议，包括中国、美国、欧盟在内的 55 个参加方宣布完成《服务贸易国内规制参考文件》（以下简称《参考文件》）的国内核准程序。监管规制壁垒所产生的成本约占服务贸易总成本的 40%。《参考文件》所制定的规则，将有助于世界贸易组织成员提高监管政策透明度，简化许可审批程序，从而减少企业跨境贸易成本，惠及国际服务贸易发展。

（8）中国和西班牙业界人士探讨能源转型与未来[2]。"能源转型：中国与西班牙的对话"论坛 2022 年 10 月在西班牙首都马德里举行，来自两国政商界和学术界人士就能源合作前景以及实现碳中和目标过程中的投资机遇等议题展开讨论。西班牙政府正在积极促进运输和建筑行业脱碳，西班牙希望了解中国在电动汽车和智慧城市等领域取得的进展，期待与中国在相关领域展开合作。

大洋洲和美洲经济大事记

（1）巴西中央银行（以下简称"巴西央行"）下调 2022 年增长预期[3]。巴西央行于 2022 年 1 月发表了首期《焦点调查》报告，再次下调了对巴西 2022 年国内生产总值（GDP）增长率的预期，从之前

---

[1] 人民网：http://jl.people.com.cn/n2/2022/1226/c349771-40243404.html.

[2] 新华网：http://www.news.cn/world/2022-10/29/c_1129087162.htm.

[3] 中国一带一路网：https://www.yidaiyilu.gov.cn/.

的0.42%降至0.36%；将通胀预测从10.02%下调至10.01%。2022年的巴西央行通胀目标的中位数为3.50%，下限为2%；报告预测2022年巴西有望实现贸易顺差550亿美元，巴西吸引的外国直接投资将达到580.5亿美元。

（2）中拉合作韧性强活力足[1]。"一带一路"倡议提出以来，在拉美地区得到越来越多的国际认同。2022年，拉美主要经济体阿根廷正式加入"一带一路"大家庭。此次正式签署"一带一路"谅解备忘录，将在中阿两国原有经贸合作基础上，进一步夯实机制性合作，促进两国经济关系进一步深化。

（3）资金持续外流，埃及应对经济挑战困难重重[2]。埃及央行货币政策委员会于2022年3月举行临时会议宣布加息，将基本利率上调100个基点至9.75%，隔夜存贷款利率分别上调100个基点至9.25%和10.25%，以缓解新冠疫情等因素造成的通胀压力。这是埃及自2017年来首次加息。

（4）巴西央行外储人民币占比大幅提升[3]。巴西中央银行2022年3月发布的国际储备管理报告显示，2021年人民币在巴西外汇储备中的份额从上一年的1.21%升至4.99%，为2019年人民币进入其货币篮子以来的最高水平。美元在巴西外汇储备中的占比较2020年下降5.69个百分点至80.34%，为2014年以来的最低水平；欧元份额也有所下降，从2020年的7.85%下降到2021年的5.04%。同时以人民币计价资产的收益率高于以美元计价的资产。

---

① 经济日报：http：//paper. ce. cn/jjrb/html/2022－02/26/content_458625. htm.

② 新华网：http：//www. news. cn/fortune/2022－03/23/c_1128495769. htm.

③ 人民网：http：//world. people. com. cn/n1/2022/0403/c1002－32391175. html.

（5）共建"一带一路"厄中合作潜力巨大①。厄中共建"一带一路"有助于加强地区基础设施互联互通，深化双方商业交流、金融合作，助力经济复苏，密切文化交流。厄重视可持续发展，提出了一系列旨在保护和合理开发利用自然环境的政策，例如扩大被列为世界遗产的加拉帕戈斯群岛的海洋保护区，以更好地保护生物多样性。厄中双方可以继续深化在生物多样性和海洋环境保护方面的合作。在减贫、粮食安全、发展融资、气候变化与绿色发展、数字经济与互联互通等各方面，厄瓜多尔的主张都与中国相近。

（6）巴西央行连续 11 次加息以抑制通胀②。巴西中央银行 2022 年 6 月宣布，将基准利率从 12.75% 上调至 13.25%。这是巴西央行自 2021 年 3 月以来连续第 11 次上调利率。在截至 2022 年 5 月的 12 个月里，巴西全国广义消费者物价指数累计上涨 11.73%。2022 年以来，巴西央行已连续 4 次加息。市场预计，巴西央行本轮紧缩周期还有 50 个基点的加息空间，最多将通过两次议息会议达成。

（7）阿根廷年内第 6 次加息以应对通胀③。阿根廷中央银行（以下简称"阿根廷央行"）2022 年 6 月 16 日宣布，将基准利率由 49% 上调至 52%。这是阿根廷央行 2022 年以来第 6 次加息。阿根廷国家统计与普查研究所 15 日公布的数据显示，该国 5 月月度通胀率达 5.1%，2022 年以来累计通胀率为 29.3%。阿根廷央行 2022 年 1 月、2 月、3 月、4 月和 5 月各加息一次，调整后的基准利率分别为 40%、42.5%、44.5%、47%、49%。

---

① 人民网：http：//world. people. com. cn/n1/2022/0503/c1002 – 32413384. html.
② 新华网：http：//www. news. cn/fortune/2022 – 06/20/c_1128759495. htm.
③ 新华网：http：//www. news. cn/world/2022 – 06/17/c_1128749868. htm.

（8）中巴线上对话会探讨人工智能和大数据合作前景①。中国和巴西业界于 2022 年 6 月举办了"人工智能和大数据：中国如何塑造数字经济的未来"专题线上对话会，探讨数字经济领域合作前景。中国数字经济规模位居世界前列，正迈向深化应用、普惠共享的新阶段。巴西也在积极推进 5G 通信、低碳农业、智慧城市等数字经济重点领域发展。中方和巴方将加强数字经济发展战略对接，探索电子商务、数字支付、数字旅游、远程教育等新兴领域合作，提高两国数字化能力建设水平。

（9）新西兰企业：进博会是加强交流合作的桥梁②。进博会已成为新西兰企业与中国市场交流合作的桥梁，帮助企业展示高质量产品、加深与当地伙伴合作。银蕨农场已连续 5 年参加进博会。2022 年是新西兰与中国建交 50 周年，得益于新中自由贸易协定和区域全面经济伙伴关系协定（RCEP），新中进一步加强了两国之间的合作并提高了贸易效率。中国是新西兰最大贸易伙伴，2021 年新西兰对中国出口总额为 214.5 亿新西兰元（约合 125.2 亿美元），主要产品包括乳制品、肉类、木材等。

非洲地区经济大事记

（1）非洲联盟成立 20 周年③。20 年来，经济一体化建设始终是非盟的重要议题，而非洲大陆自贸区建设是非盟近年来着力推动的重点项目。作为非洲经济一体化进程中具有重要意义的突破性进展，非

---

① 新华网：http：//www.news.cn/2022－06/30/c_1128793204.htm.
② 新华网：http：//www.news.cn/world/2022－11/09/c_1129114509.htm.
③ 新华网：http：//www.news.cn/world/2022－07/08/c_1128816852.htm.

洲大陆自贸区对提升区域内国家间贸易、实现优势产业互补、增强经济发展自主性具有重要意义。

（2）非洲鲜食牛油果首次出口中国[①]。首批非洲牛油果国内接收仪式于 2022 年 8 月在京举行。与会专家指出，这是非洲鲜食牛油果首次出口中国，是中国进口非洲新鲜水果的阶段性成果，标志着中非农产品贸易往来不断深化。自 2018 年中非合作论坛北京峰会以来，肯尼亚、南非、贝宁、埃及等 14 个非洲国家的 25 种农食产品已完成输华准入。在 2021 年 11 月举行的中非合作论坛第八届部长级会议上，中方宣布为非洲农产品输华建立"绿色通道"。

（3）中非疫苗合作成效良好[②]。自中非合作论坛第八届部长级会议以来，中国已向非洲 27 国提供 1.89 亿剂新冠疫苗，在非洲本地化合作生产年产能达到约 4 亿剂。中非团结抗疫合作持续取得新进展，不断推动弥合"免疫鸿沟"。

（4）首份中国企业投资非洲报告发布[③]。2022 年 8 月，由中非民间商会编撰的《中国企业投资非洲报告（2022）——供应链视角下的中非企业合作》英文版和法文版在京发布。这是首份由致力于推动中国民营企业走进非洲的中非民间商会编撰发布的研究报告，报告分析了当前非洲供应链面临的挑战，通过 12 个企业案例，展现了中非合作对非洲供应链建设的积极贡献。

（5）中国技术助布提高农作物产量[④]。中国援助布隆迪农业技术示范中心对布隆迪 14 个种植水稻省份的 22 个村庄进行指导，经过长

---

① 新华网：http：//www. news. cn/world/2022 - 08/03/c_1128887315. htm.
② 人民网：http：//world. people. cn/n1/2022/0824/c1002 - 32509632. html.
③ 中非民间商会：https：//www. cabc. org. cn/detail. php? cid = 1&id = 2847.
④ 人民网：http：//world. people. cn/n1/2022/0522/c1002 - 32427116. html.

达 7 年的深入田间、村庄考察调研、试验示范和现场培训等努力，中国专家组成功将布隆迪水稻产量由平均每公顷 3 吨提升至 10 吨，实现飞跃性增长，为布隆迪的粮食安全作出了贡献。

（6）中国与南非企业签署合作备忘录助推非洲数字化①。非洲规模最大、最具影响力的科技展会——非洲科技节于 2022 年 11 月 7 ~ 11 日在南非海滨城市开普敦举行。科技节期间，来自中国的科技企业与南非本地企业签署合作备忘录，协力推进南非互联网数据中心建设，共同驱动非洲数字化转型升级。

（7）中国援建光伏电站助力中非可再生能源合作②。2018 年 9 月中非合作论坛北京峰会期间，中国和中非共和国就中国援建光伏电站项目达成共识。光伏电站于 2022 年 6 月 15 日并网发电。据悉，该电站目前能够满足班吉约 30% 的用电需求。这便是中非共和国首座光伏电站——萨卡伊光伏电站。该电站由中国能源建设集团天津电力建设有限公司（中国能建天津电建）总承包，装机容量为 15 兆瓦，其落成极大缓解了班吉的用电难，促进了当地社会经济发展。

（8）中企投资的乌干达油田项目启动③。由中国海洋石油集团有限公司（以下简称"中海油"）参与投资开发的乌干达艾伯特湖油田项目于 2022 年 2 月举行开工仪式。乌干达总理穆塞韦尼（Museveni）向中海油和道达尔能源公司两家企业达成最终投资决策表示祝贺，他认为，未来从石油开发中获得的收入，对于该国和地区经济发展至关重要。

---

① 人民网：http：//world. people. com. cn/n1/2022/1111/c1002 - 32563905. html.

② 新华网：http：//www. news. cn/2022 - 07/11/c_1128823222. htm.

③ 新华网：http：//www. news. cn/world/2022 - 02/02/c_1128324444. htm.

（9）中非农业发展与减贫示范村在肯尼亚挂牌①。肯尼亚首个中非农业发展与减贫示范村于 2022 年 10 月在肯尼亚纳库鲁郡马坦吉提萨村挂牌。这也是"'一带一路'南南合作农业教育科技创新联盟"在非洲建设的首批示范村之一。马坦吉提萨村将成为中非合作新典范，让中国先进的农业技术在肯尼亚乃至整个非洲地区落地生根。

（10）蒙内铁路运行 5 年经济效益显著②。2022 年是肯尼亚蒙内铁路通车运营 5 周年。它连接东非第一大港口蒙巴萨港和肯尼亚首都内罗毕，全长约 480 千米，是一条采用中国标准、中国技术、中国装备建造的现代化铁路，也是肯尼亚独立以来建设的首条铁路。蒙内铁路是肯尼亚效率最高、最可靠的基础设施。目前，蒙内铁路日均开行 6 列旅客列车，平均上座率在 90% 以上。2022 年上半年，蒙内铁路日均开行 17 列货物列车，发送货物超过 300 万吨。

---

① 新华网：http：//www. news. cn/world/2022 – 10/18/c_1129070074. htm.

② 人民网：http：//world. people. com. cn/n1/2022/0806/c1002 – 32495900. html.

参 考 文 献

[1] 包群，梁贺，阳佳余. 主动亲近还是避而远之——政企关系视角
下的外商合作对象选择 [J]. 经济学（季刊），2021，21（4）：
1477－1498.

[2] 蔡宏波，黄建忠. 国外自由贸易协定研究新进展 [J]. 国际贸易
问题，2008（7）：119－123.

[3] 陈健，龚晓莺."一带一路"战略开启具有"人类命运共同体"
意识的全球化发展的新时代 [J]. 经济学家，2017（7）：73－
79.

[4] 陈景华，王素素，陈敏敏. 中国服务业 FDI 分布的区域差异与动
态演进：2005～2016 年 [J]. 数量经济技术经济研究，2019，36
（5）：118－132.

[5] 陈银飞. 2000～2009 年世界贸易格局的社会网络分析 [J]. 国际
贸易问题，2011（11）：31－42.

[6] 陈悦、陈超美. 引文空间分析原理与应用 [M]. 北京：科学出
版社，2014：12.

[7] 陈悦，刘则渊. 悄然兴起的科学知识图谱 [J]. 科学学研究，
2005（2）：149－154.

[8] 董有德，赵星星. 自由贸易协定能够促进我国企业的对外直接投

资吗？——基于跨国公司知识 – 资本模型的经验研究 [J]. 国际经贸探索, 2014, 30 (3): 44 – 61.

[9] 杜莉, 马遥遥. "一带一路" 沿线国家的绿色发展及其绩效评估 [J]. 吉林大学社会科学学报, 2019, 59 (5): 135 – 149, 222.

[10] 傅京燕, 程芳芳. "一带一路" 倡议对中国沿线省份产业结构升级的影响研究 [J]. 经济经纬, 2021, 38 (3): 66 – 75.

[11] 耿松涛, 谢彦君. 副省级城市旅游经济与生态环境的耦合关系研究 [J]. 城市发展研究, 2013, 20 (01): 91 – 97.

[12] 翰·沃雷, 李春顶, 郭子睿. 中国的区域与双边贸易协定 [J]. 国际经济评论, 2014 (3): 175 – 176.

[13] 何凌云, 吴梦, 尹芳. 可再生能源投资总量和结构对碳排放的影响研究 [J]. 中国地质大学学报（社会科学版）, 2017, 17 (1): 76 – 88.

[14] 贺锢璇, 单作为. 境外发债对外来者劣势影响的异质性分析 [J]. 财经问题研究, 2021, 450 (5): 67 – 75.

[15] 洪波, 杨柳. 基于 CiteSpace 的我国意识形态知识图谱分析 [J]. 马克思主义研究, 2018 (1): 110 – 118.

[16] 胡必亮, 张坤领. "一带一路" 倡议下的制度质量与中国对外直接投资关系 [J]. 厦门大学学报（哲学社会科学版）, 2021, 268 (6): 48 – 61.

[17] 胡再勇, 付韶军, 张璐超. "一带一路" 沿线国家基础设施的国际贸易效应研究 [J]. 数量经济技术经济研究, 2019, 36 (2): 24 – 44.

[18] 黄鹏, 陈靓. 数字经济全球化下的世界经济运行机制与规则构建: 基于要素流动理论的视角 [J]. 世界经济研究, 2021 (3):

3 – 13, 134.

[19] 计飞, 陈继勇. 提升贸易水平的选择: 双边贸易协定还是多边贸易协定——来自中国的数据 [J]. 国际贸易问题, 2018 (7): 41 – 53.

[20] 江艇. 因果推断经验研究中的中介效应与调节效应 [J]. 中国工业经济, 2022, 410 (5): 100 – 120.

[21] 蒋松云, 曾铮. 能源效率和可再生能源的发展及其金融支持的国际经验 [J]. 经济社会体制比较, 2008, 135 (1): 78 – 84.

[22] 景秀丽, 郭文巧. 系统动力学视角下旅游产业与区域经济互动式发展关系研究——以深圳市为例 [J]. 辽宁大学学报 (哲学社会科学版), 2020, 48 (06): 37 – 46.

[23] 李宝贵, 张千聪. 面向 "一带一路" 的语言研究进展与前沿——基于文献计量学视角 [J]. 大连理工大学学报 (社会科学版), 2020, 41 (2): 120 – 128.

[24] 李凡, 朱缤绮, 孙颖. 环境政策、制度质量和可再生能源技术创新——基于 32 个国家的实证分析 [J]. 资源科学, 2021, 43 (12): 2514 – 2525.

[25] 李建军, 李俊成. "一带一路" 基础设施建设、经济发展与金融要素 [J]. 国际金融研究, 2018 (2): 8 – 18.

[26] 李晓, 张宇璇, 陈小辛. 中国与 "一带一路" 参与国的贸易潜力研究: 以最终消费品进口为例 [J]. 南开经济研究, 2020 (1): 45 – 69.

[27] 李焱, 李佳蔚, 王炜瀚, 等. 全球价值链嵌入对碳排放效率的影响机制—— "一带一路" 沿线国家制造业的证据与启示 [J]. 中国人口·资源与环境, 2021, 31 (7): 15 – 26.

[28] 李杨，冯伟杰，黄艳希．中韩自由贸易协定的影响效应研究 [J]．东北亚论坛，2015，24（6）：91－104．

[29] 廖红伟，杨良平．"一带一路"沿线国家 OFDI、产业结构升级 与经济增长：互动机理与中国表现 [J]．社会科学研究，2018 （5）：29－37．

[30] 刘合，梁坤，张国生，等．碳达峰、碳中和约束下我国天然气 发展策略研究 [J]．中国工程科学，2021，23（06）：33－42．

[31] 刘李峰，武拉平．中国与新西兰签署自由贸易协定对双边农产 品贸易的影响研究 [J]．当代亚太，2006（7）：55－62．

[32] 刘培东，吴志成．人类命运共同体研究的发展进路与思考—— 基于 CiteSpace 知识图谱的可视化计量分析 [J]．教学与研究， 2022（1）：70－81．

[33] 刘珊珊．"一带一路"对沿线国家可持续发展的影响效应——基 于双重差分模型的实证检验 [J]．华东经济管理，2022，36 （1）：42－52．

[34] 刘文革，傅诗云，黄玉．地缘政治风险与中国对外直接投资的 空间分布——以"一带一路"沿线国家为例 [J]．西部论坛， 2019，29（1）：84－97．

[35] 鲁明泓．制度因素与国际直接投资区位分布：一项实证研究 [J]．经济研究，1999（7）：3－5．

[36] 吕越，陆毅，吴嵩博，等．"一带一路"倡议的对外投资促进 效应——基于 2005～2016 年中国企业绿地投资的双重差分检验 [J]．经济研究，2019，54（9）：187－202．

[37] 马淑琴，李敏，邱询旻．双边自由贸易协定深度异质性及区内 全球价值链效应——基于 GVC 修正引力模型实证研究 [J]．经

济理论与经济管理，2020（5）：62-74.

[38] 毛丽娟，夏杰长.旅游业发展对区域经济增长影响研究［J］.河海大学学报（哲学社会科学版），2021，23（03）：71-79+107-108.

[39] 潘镇.制度质量、制度距离与双边贸易［J］.中国工业经济，2006（7）：45-52.

[40] 瞿华，夏杰长.我国旅游业发展与经济增长关系的实证研究——基于1985-2009年数据［J］.财贸经济，2011，（08）：106-112+137.

[41] 綦良群，刘晶磊，吴佳莹.服务化对先进制造业全球价值链升级的影响机制——基于企业双元能力视角的研究［J］.中国软科学，2022，376（4）：95-104.

[42] 秦炳涛，黄羽迪，任静."一带一路"国家基础设施状况对我国OFDI的影响——基于面板门槛模型的研究［J］.会计与经济研究，2019，33（5）：95-111.

[43] 石超.碳中和背景下可再生能源促进的竞争法路径［J］.中国人口·资源与环境，2022，32（5）：23-33.

[44] 宋科，侯津柠，夏乐等."一带一路"倡议与人民币国际化——来自人民币真实交易数据的经验证据［J］.管理世界，2022，38（9）：49-67.

[45] 宋雯彦，韩卫辉.环境规制、对外直接投资和产业结构升级——兼论异质性环境规制的门槛效应［J］.当代经济科学，2021，43（2）：109-122.

[46] 宋玉华，李锋.亚太区域内自由贸易协定的"轴心-辐条"格局解析［J］.世界经济与政治，2008（2）：69-79.

[47] 唐晓彬，崔茂生."一带一路"货物贸易网络结构动态变化及其影响机制 [J].财经研究，2020，46（7）：138-153.

[48] 陶章，乔森."一带一路"国际贸易的影响因素研究——基于贸易协定与物流绩效的实证检验 [J].社会科学，2020（1）：63-71.

[49] 王勃."双碳"目标背景下推动我国能源产业转型和技术创新 [J].中国经贸导刊，2021，（17）：40-42.

[50] 王昌荣，王元月.自由贸易协定与我国进出口贸易关系研究 [J].管理评论，2018，30（2）：52-60.

[51] 王崇德.期刊作者的量化研究 [J].情报科学，1998（6）：471-475.

[52] 王辉，姜斌.城市滨海区域游憩环境系统研究——以大连市旅顺口区为例 [J].旅游科学，2006，（01）：8-11+55.

[53] 王隽毅.权利竞争：对相互竞争的区域贸易协定的解释 [J].当代亚太，2018（1）：99-121.

[54] 王猛.社会治理创新研究的知识图谱：现状、热点与趋势——基于 CiteSpace 的分析 [J].西南民族大学学报（人文社科版），2020，41（7）：231-240.

[55] 王永钦，杜巨澜，王凯.中国对外直接投资区位选择的决定因素：制度、税负和资源禀赋 [J].经济研究，2014，49（12）：126-142.

[56] 魏敏，李书昊.新时代中国经济高质量发展水平的测度研究 [J].数量经济技术经济研究，2018，35（11）：3-20.

[57] 文淑惠，张诣博.金融发展、FDI 溢出与经济增长效率：基于"一带一路"沿线国家的实证研究 [J].世界经济研究，2020

（11）：87－102，136－137.

[58] 吴飒．智利—美国自由贸易协定对智利经济的影响［J］.拉丁美洲研究，2004（4）：23－25.

[59] 吴兴光，梁旋．论 FTA 对 WTO 多边贸易体制的影响［J］.国际贸易，2009（1）：38－41.

[60] 谢建国，谭利利．区域贸易协定对成员国的贸易影响研究——以中国为例［J］.国际贸易问题，2014（12）：57－67.

[61] 谢孟军．基于制度质量视角的我国出口贸易区位选择影响因素研究——扩展引力模型的面板数据实证检验［J］.国际贸易问题，2013（6）：3－15.

[62] 邢春冰．中国不同所有制部门的工资决定与教育回报：分位回归的证据［J］.世界经济文汇，2006（4）：1－26.

[63] 熊鹰，李彩玲．张家界市旅游－经济－生态环境协调发展综合评价［J］.中国人口·资源与环境，2014，24（S3）：246－250.

[64] 徐斌，陈宇芳，沈小波．清洁能源发展、二氧化碳减排与区域经济增长［J］.经济研究，2019，54（7）：188－202.

[65] 徐昱东．FDI、贸易开放与 CO_2 排放：以山东省为例［J］.科研管理，2016，37（8）：76－84.

[66] 许和连，孙天阳，成丽红．"一带一路"高端制造业贸易格局及影响因素研究——基于复杂网络的指数随机图分析［J］.财贸经济，2015（12）：74－88.

[67] 杨宇，张小雷，雷军，等．基于资源开发利用的区域可持续发展研究［J］.地理科学，2010，30（03）：363－369.

[68] 曾胜，张明龙．绿色投资、碳排放强度与经济高质量发展——

采用空间计量模型的非线性关系检验 [J]. 西部论坛，2021，
31（5）：69 – 84.

[69] 湛柏明. 布什政府的自由贸易协定及其对中美经贸关系的影响
[J]. 世界经济研究，2006（7）：24 – 29.

[70] 张帆，邓宏兵，彭永樟. 长江经济带经济集聚对工业废水排放
影响的空间溢出效应与门槛特征 [J]. 资源科学，2021，43
（1）：57 – 68.

[71] 张皞，张元隆. 异质性区域服务贸易协定的贸易效应 [J]. 国
际经贸探索，2015，31（11）：41 – 55.

[72] 张艳艳，于津平，李德兴. 交通基础设施与经济增长：基于
"一带一路"沿线国家铁路交通基础设施的研究 [J]. 世界经济
研究，2018（3）：56 – 68，135.

[73] 张中元，沈铭辉. 区域贸易协定中透明度机制对出口贸易的影
响 [J]. 国际贸易问题，2016（9）：61 – 70.

[74] 赵永华，王睿路. 新闻传播学领域"一带一路"研究的知识图
谱 [J]. 厦门大学学报（哲学社会科学版），2022，72（2）：
88 – 98.

[75] 周成，冯学钢，唐睿. 区域经济—生态环境—旅游产业耦合协
调发展分析与预测——以长江经济带沿线各省市为例 [J]. 经
济地理，2016，36（03）：186 – 193.

[76] 周彦霞，张志明，周艳平，等. 数字服务贸易自由化与数字经
济发展：理论与国际经验 [J]. 经济问题探索，2023，487
（2）：176 – 190.

[77] ALAM M S, ATIF M, CHIEN – CHI C, et al. Does corporate R&D
investment affect firm environmental performance? Evidence from G –

6 countries [J]. Energy Economics, 2019 (78): 401 – 411.

[78] ARELLANO M, BOVER O. Another look at the instrumental variable estimation of error-components model [J]. Journal of Econometrics, 1995 (68): 29 – 51.

[79] ASTERIOU D, PILBEAM K, TOMULEASA I. The impact of corruption, economic freedom, regulation and transparency on bank profitability and bank stability: Evidence from the Eurozone area [J]. Journal of Economic Behavior & Organization, 2021 (184): 150 – 177.

[80] BHAGWATI J. Regionalism and Multilateralism: an Overview [J]. Trading blocs: Alternative Approaches to Analyzing Preferential Trade Agreements, 1999: 3 – 32.

[81] BLUNDELL R, BOND S. Initial conditions and moment restrictions in dynamic panel data models [J]. Economics Papers, 1998 (87): 115 – 143.

[82] BRIDA J G, CARRERA EJS, RISSO W A. Tourism's Impact on Long-run Mexican Economic Growth [J]. Economics Bulletin, 2008, 23 (21).

[83] CAVIGLIA – HARRIS L J, CHAMBERS D, KAHN R J. Taking The 'u' Out Of Kuznets: A Comprehensive Analysis Of The Ekc And Environmental Degradation [J]. Ecological Economics, 2009, 68 (4): 1149 – 1159.

[84] CHEN C, PINAR M, STENGOS T. Renewable energy and CO_2 emissions: New evidence with the panel threshold model [J]. Renewable Energy, 2022 (194): 117 – 128.

[85] CHEN H, WANG X, SINGH B. Can private domestic investment lead Chinese technological progress? [J]. Economic Modelling, 2018 (70): 186 – 193.

[86] CHE X, KUANG W, ZHANG H, et al. Does the belt and road initiative alleviate energy poverty in participating countries? [J]. Energy Reports, 2023 (9): 2395 – 2404.

[87] CHIKARAISHI M, FUJIWARA A, KANEKO S, et al. The moderating effects of urbanization on carbon dioxide emissions: A latent class modeling approach [J]. Technological Forecasting and Social Change, 2015 (90): 302 – 317.

[88] CHIU C L, CHANG T H. What proportion of renewable energy supplies is needed to initially mitigate CO_2 emissions in OECD member countries? [J]. Renewable and Sustainable Energy Reviews, 2009, 13 (6 – 7): 1669 – 1674.

[89] DANG Y. The Impact of FDI and International Trade on CO_2 Emissions in China—Panel ARDL Approach [J]. China Business and Market, 2018 (32): 113 – 121.

[90] FAGIOLO G, REYES J, SCHIAVO S. On the topological properties of the world trade web: A weighted network analysis [J]. Physica A: Statal Mechanics and its Applications, 2008, 387 (15): 3868 – 3873.

[91] GILBERT BASSETT J R, ROGER KOENKER. Asymptotic Theory of Least Absolute Error Regression [J]. Journal of the American Statistical Association, 2012, 73 (363): 618 – 622.

[92] GINI C. Variabilita e Mutabilita: Contributo Allo Studio Delle Distribuzioni e Ddelle Relazioni Statistiche [J]. 1912.

［93］ GOZGOR G. Does trade matter for carbon emissions in OECD countries? Evidence from a new trade openness measure ［J］. Environmental Science and Pollution Research, 2017, 24（36）: 27813 – 27821.

［94］ GROSSMAN G M, KRUEGER A B. Economic growth and the environment ［J］. The quarterly journal of economics, 1995, 110（2）: 353 – 377.

［95］ HAMMAR H, LÖFGREN A A. Explaining adoption of end of pipe solutions and clean technologies—determinants of firms' investments for reducing emissions to air in four sectors in Sweden ［J］. Energy Policy, 2010, 38（7）: 3644 – 3651.

［96］ HANSEN B E. Threshold effects in non-dynamic panels: Estimation, testing, and inference ［J］. Journal of econometrics, 1999, 93（2）: 345 – 368.

［97］ HUSSAIN J, ZHOU K, MUHAMMAD F, et al. Renewable energy investment and governance in countries along the belt & Road Initiative: Does trade openness matter? ［J］. Renewable Energy, 2021（180）: 1278 – 1289.

［98］ LACITIGNOLA D, PETROSILLO I, CATALDI M, et al. Modelling socio-ecological tourism-based systems for sustainability ［J］. Ecological Modelling, 2007, 206（1）: 191 – 204.

［99］ LAU L S, CHOONG C K, ENG Y K. Investigation of the environmental Kuznets curve for carbon emissions in Malaysia: do foreign direct investment and trade matter? ［J］. Energy policy, 2014（68）: 490 – 497.

[100] LEE CG. Tourism and Economic Growth: The Case of Singapore [J]. Regional and Sectoral Economic Studies, 2008, 8 (1): 89 – 98.

[101] LEVY P I. A Political – Economic Analysis of Free – Trade Agreements [J]. American Economic Review, 1997, 87 (4): 506 – 519.

[102] LI CH J, YANG B Y. The Economic Impact of China's Outward Foreign Direct Investment on the Belt and Road Initiative Countries—Based on the Mediating Effect of Employment [J]. Journal of Economics, Business and Management, 2022, 10 (1).

[103] LI L, QI P. The impact of China's investment increase in fixed assets on ecological environment: an empirical analysis [J]. Energy Procedia, 2011 (5): 501 – 507.

[104] LIN B, BEGA F. China's Belt & Road Initiative coal power cooperation: Transitioning toward low-carbon development [J]. Energy Policy, 2021 (156): 112438.

[105] MAHESH A, JASMIN K S S. Role of renewable energy investment in India: An alternative to CO_2 mitigation [J]. Renewable and sustainable energy reviews, 2013 (26): 414 – 424.

[106] MAJEED T M, MAZHAR M. Managing economic growth through tourism: Does volatility of tourism matter? [J]. DECISION, 2021, 48 (1): 1 – 21.

[107] MARQUES A C, FUINHAS J A. Is renewable energy effective in promoting growth? [J]. Energy Policy, 2012 (46): 434 – 442.

[108] MA S N. Growth effects of economic integration: New evidence from

the Belt and Road Initiative [J]. Economic Analysis and Policy, 2022.

[109] MATTHEW O, JACKSON, et al. A Strategic Model of Social and Economic Networks [J]. Journal of Economic Theory, 1996 (71): 44 – 74.

[110] MENZ T, WELSCH H. Population aging and carbon emissions in OECD countries: Accounting for life-cycle and cohort effects [J]. Energy Economics, 2012, 34 (3): 842 – 849.

[111] OLIVEIRA C, ANTUNES H C. A multi-objective multi-sectoral economy-energy-environment model: Application to Portugal [J]. Energy, 2011, 36 (5): 2856 – 2866.

[112] PETROSILLO I, ZURLINI G, GRATO E, et al. Indicating fragility of socio-ecological tourism-based systems [J]. Ecological Indicators, 2005, 6 (1): 104 – 113.

[113] POLZIN F, MIGENDT M, TÄUBE F A, et al. Public policy influence on renewable energy investments—A panel data study across OECD countries [J]. Energy policy, 2015 (80): 98 – 111.

[114] SERRANO M A, Boguna M. Topology of the World Trade Web [J]. Phys Rev E Stat Nonlin Soft Matter Phys, 2003, 68 (2): 15101.

[115] STAVE A K. Using system dynamics to improve public participation in environmental decisions [J]. System Dynamics Review, 2002, 18 (2): 139 – 167.

[116] SU X, LI Y, FANG K, et al. Does China's direct investment in "Belt and Road Initiative" countries decrease their carbon dioxide emissions? [J]. Journal of Cleaner Production, 2022 (339):

130543.

［117］ WANG M, LIU J, RAHMAN S, et al. The effect of China's outward foreign direct investment on carbon intensity of Belt and Road Initiative countries: A double-edged sword ［J］. Economic Analysis and Policy, 2023 （77）: 792 – 808.

［118］ WEI W, ALVAREZ I, MARTIN S. Sustainability analysis: Viability concepts to consider transient and asymptotical dynamics in socio-ecological tourism-based systems ［J］. Ecological Modelling, 2013 （251）: 103 – 113.

［119］ WEI Z. Risk assessment of China's foreign direct investment in "One Belt, One Road": Taking the green finance as a research perspective ［J］. Socio – Economic Planning Sciences, 2023: 101558.

［120］ WILHITE A. Bilateral Trade and 'Small – World' Networks ［J］. Computational Economics, 2001, 18 （1）: 49 – 64.

［121］ WU Y, WANG J, JI S, et al. Renewable energy investment risk assessment for nations along China's Belt Road Initiative: An ANP – cloud model method ［J］. Energy, 2020 （190）: 116381 – 116381.

［122］ XUE, HAILI, LAN, et al. Assessment of the green development level for participating countries in the Belt and Road initiative ［J］. Annals of Operations Research, 2021, 326 （suppl 1）: 1 – 21.

［123］ YANG LISHA, NI MENGYING. Is financial development beneficial to improve the efficiency of green development? Evidence from the "Belt and Road" countries ［J］. Energy Economics, 2021: 105734.

［124］ YANG L Z. The Impact of Outward Investments in Countries along the "Belt and Road" on Domestic Employment: Evidence from Chinese Listed Companies [J]. World Scientific Research Journal, 2022, 8 (2).

[125] YANG Z, ZHANG M, LIU L, et al. Can renewable energy investment reduce carbon dioxide emissions? Evidence from scale and structure [J]. Energy Economics, 2022, 112: 106181.

[126] YI S S. Free-rade Areas and Welfare: An Equilibrium Analysis [J]. Review of International Economics, 2000, 8 (2): 336 – 347.